敦煌大歷史

從石窟出發的敦煌史，
從敦煌出發的中國史。

敦煌學學者
邢耀龍——著

A WIDE-FIELD HISTORY OF DUNHUANG

圖 1. 西王母畫像磚（四川博物院藏，胡郊攝影／提供）

圖 2. 犍陀羅彌勒佛立像（紐約大都會博物館藏）

圖 3. 懸泉置遺址（吳俊瑞攝影 / 提供）

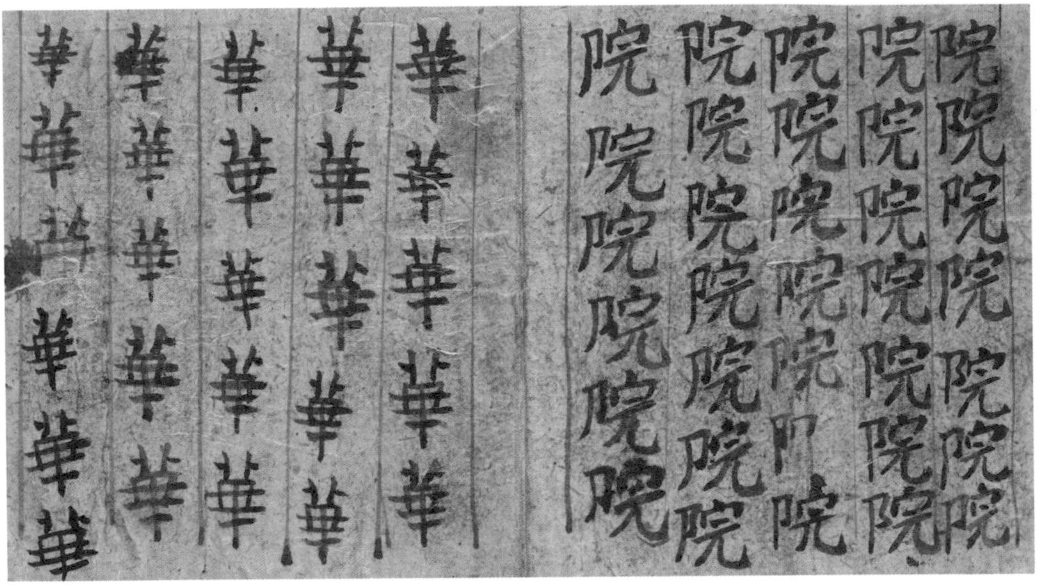

圖 4. 藏經洞出土的習字本

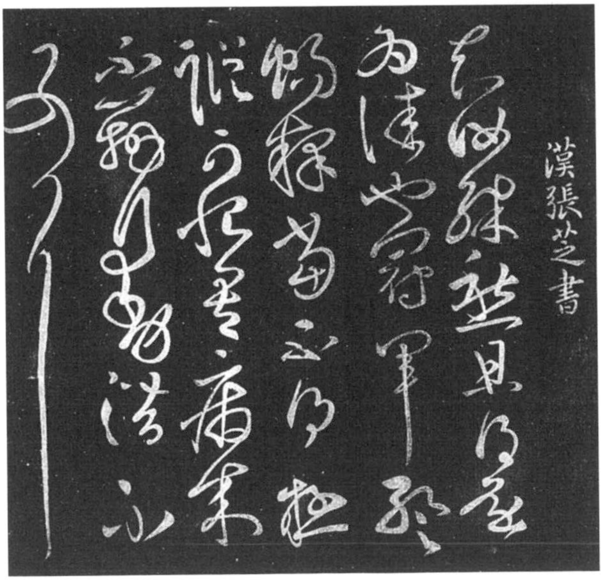

圖 5. 張芝《冠軍帖》（宋《淳化閣帖》）

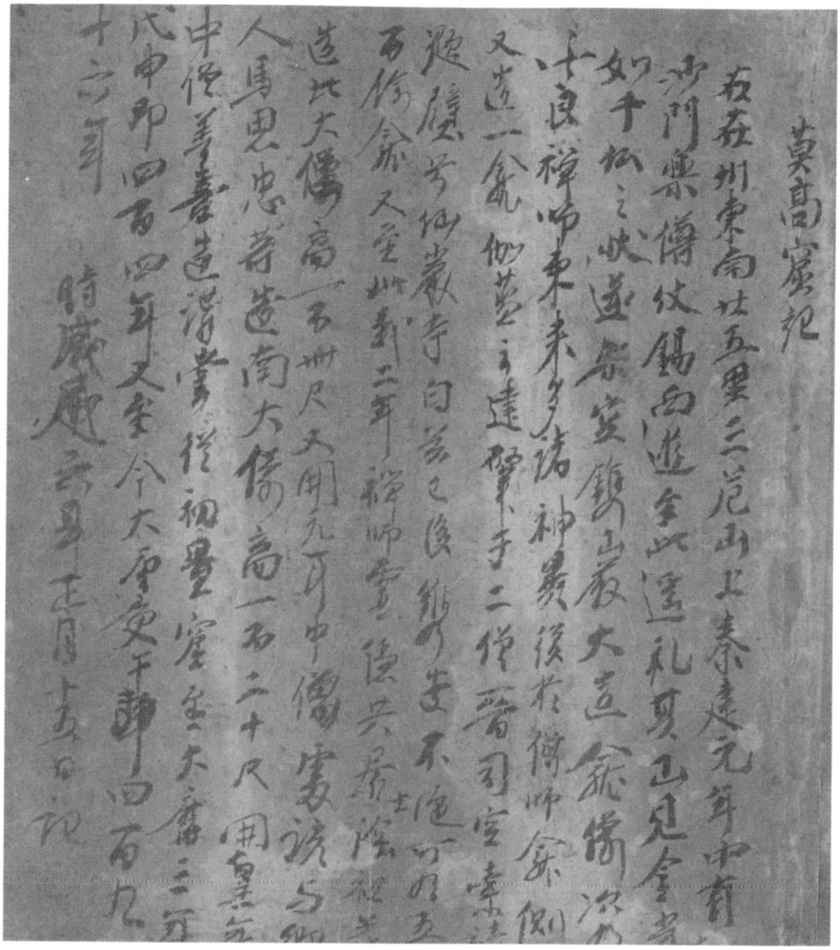
莫高窟記
右在州東南廿五里三危山上秦建元年中有
沙門樂僔仗錫西遊至此巡禮其山見金光
如千佛之狀遂架空鐫巖大造龕像次有
法良禪師東來多諸神異復於僔師龕側
又造一龕伽藍之建肇於二僧晉司空索靖
題壁號仙巖寺自茲已後鐫造不絕可有五
百餘龕又至延載二年禪師靈隱共居士陰祖
造北大像高一百卌尺又開元年中僧處諺與鄉
人馬思忠等造南大像高一百廿尺開皇年
中僧善喜造講堂從初鐫窟至大曆三年
戊申即四百四年又至今大唐庚午即四百九
十六年
時咸通六年正月十五日記

圖 6. 莫高窟記

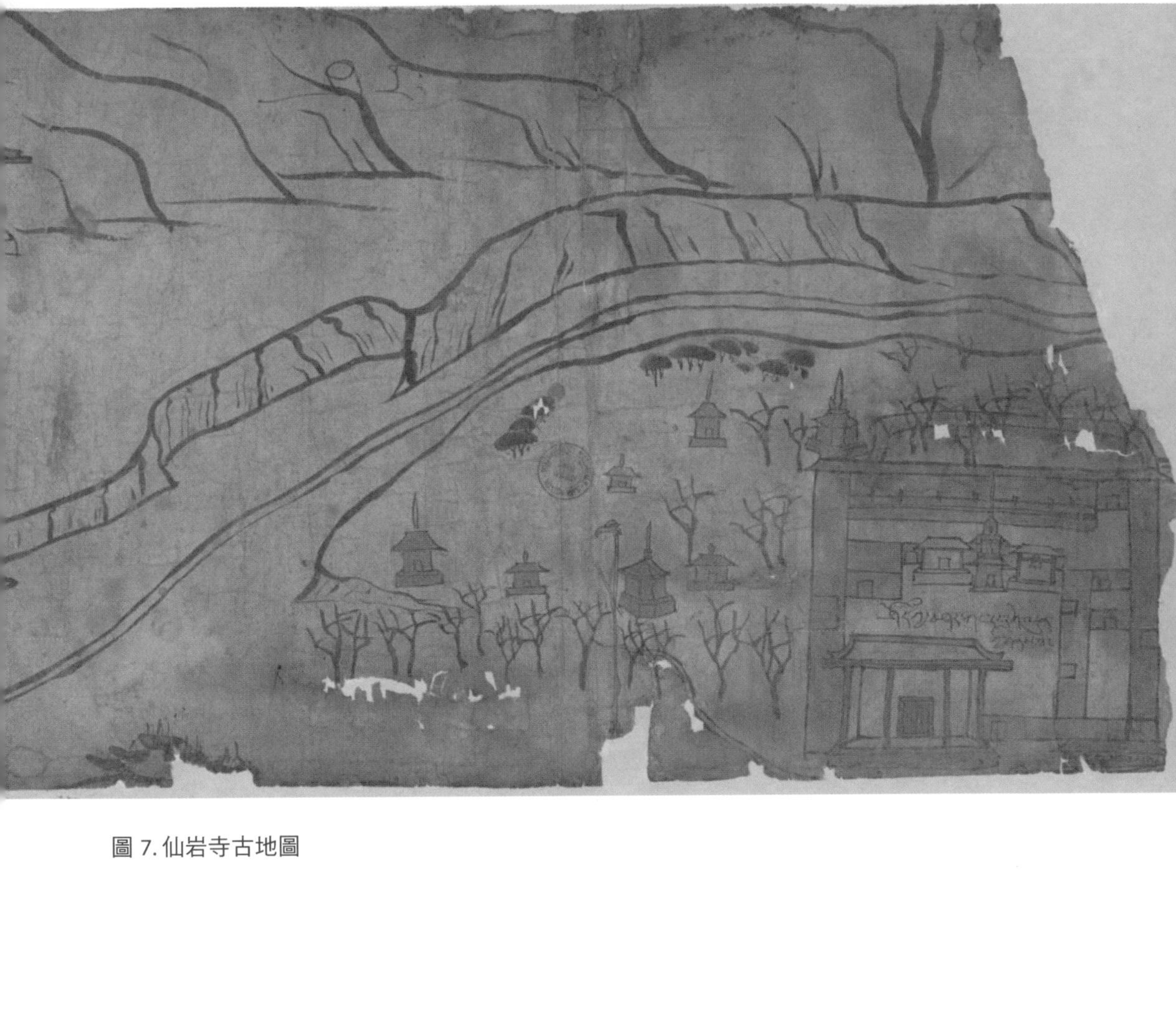

圖 7. 仙岩寺古地圖

圖 8. 城城灣遺址（馬德攝影 / 提供）

圖 9. 東千佛洞第 2 窟中的玄奘取經圖之一（瓜州縣博物館臨摹）

圖 10. 東千佛洞第 2 窟中的玄奘取經圖之二

圖 11. 藏經洞出土的毗沙門天王像

圖 12. 粉本實物（莫高窟藏經洞出圖）

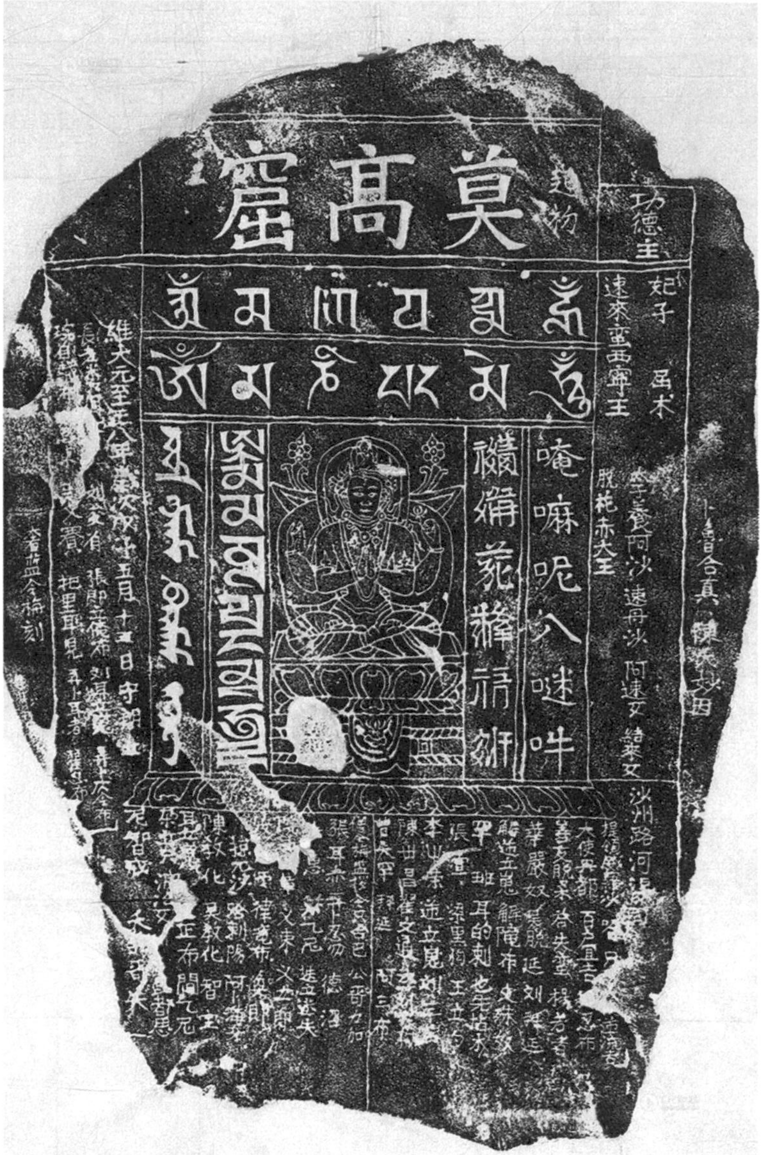

圖 13.《六字真言碑》拓片

圖 14. 象牙佛

莫高窟

莫高窟，第 96 窟是最大型建築物（朱月華攝影／ MOOK 出版提供）

莫高窟入口，立著一座飛天雕像（朱月華攝影／ MOOK 出版提供）

莫高窟（朱月華攝影／ MOOK 出版提供）

敦煌郊區月牙泉（朱月華攝影／ MOOK 出版提供）

敦煌郊區玉門關（朱月華攝影／ MOOK 出版提供）

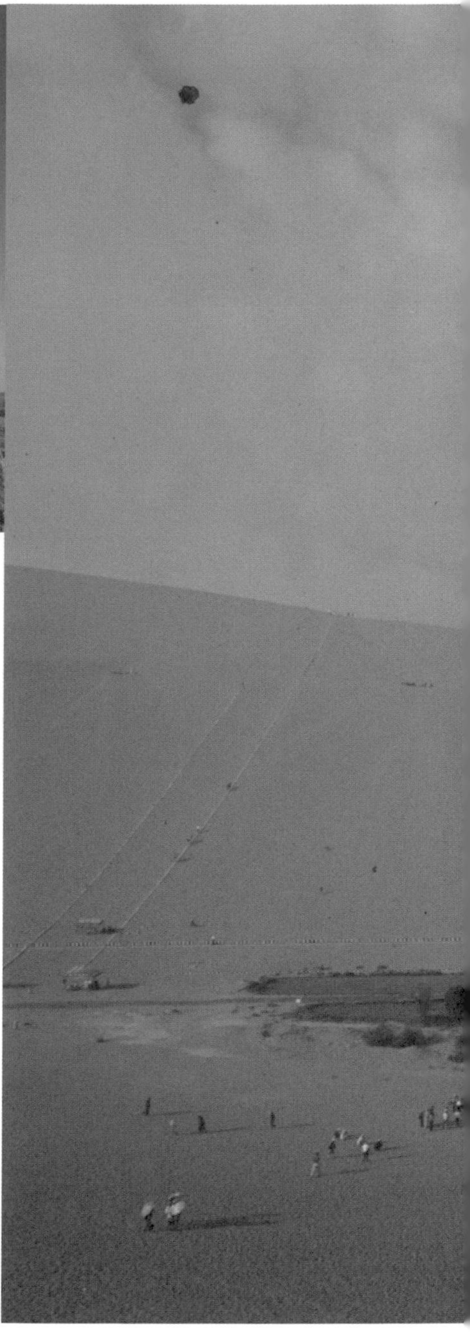

張掖郊區千佛洞（朱月華攝影／ MOOK 出版提供）

張掖郊區馬蹄寺石窟（朱月華攝影／ MOOK 出版提供）

天水郊區仙人崖，華嚴閣，中為釋迦牟尼像（朱月華攝影／ MOOK 出版提供）

天水郊區仙人崖，臥佛（朱月華攝影／ MOOK 出版提供）

蘭州炳靈寺，千佛洞石窟（周治平攝影／ MOOK 出版提供）

炳靈寺千佛洞石窟，大佛，左側為 169 窟（周治平攝影／ MOOK 出版提供）

目錄

【推薦序】歷史怎麼寫的，敦煌知道——公孫策 032
【推薦序】普及敦煌文化的驚喜之作——沙武田 035
【作者序】敦煌：中國歷史的一枚紡輪 038

第一章 **最早的敦煌人** 043
誰是最早的敦煌人／三苗的生存挑戰
三苗為何變成西戎／移民創造敦煌

第二章 **絲路開啟與佛教東傳** 061
玉石之路／冒頓的崛起／月氏的西遷
貴霜帝國與犍陀羅藝術／佛教的東傳

第三章 **漢匈戰爭與河西四郡** 077
將星出世／河西之戰／四郡的名稱淵源
漢武帝的星鏈計畫

第四章 **天馬傳說與漢武帝的偉業** 089
渥窪池裡出天馬／馬蹄金與漢武帝的心思
李廣利的慘勝／漢朝的「馬聯網」

第五章　**懸泉置裡的漢帝國**　105
大漢邊境國賓館／公主的信
漢朝的環境保護法／漢王朝的資料庫

第六章　**張芝父子與分裂時代的開啟**　121
草聖的養成／張芝父子與董卓
河西儒學的脈流

第七章　**敦煌石窟的開鑿**　137
佛教的早期傳播／最早的敦煌石窟
做為範式革命的敦煌藝術／古人的虛擬實境

第八章　**三大石窟背後的歷史脈絡**　153
鳩摩羅什與涼州模式／從涼州到平城／曇曜的兩次危機
佛教與皇權的矛盾／從平城到洛陽

第九章　**隋朝的佛教與煬帝西巡**　167
隋朝皇帝的佛教淵源／帝國的彌合劑
文化特區敦煌／隋煬帝西巡

第十章 玄奘取經與孫悟空的「誕生」 181
玄奘的成長經歷／一路向西／玄奘遇上石槃陀／孫悟空的「誕生」
玄奘與皇室的關係／玄奘與榆林窟的開鑿

第十一章 唐蕃互動與敦煌石窟 195
吐蕃崛起／瓜州保衛戰／大唐致癌物出世
安史之亂與河西局勢／吐蕃文化的影響

第十二章 家族秩序下的敦煌 211
歸義軍的誕生／到大唐去／兄弟相殘／曹氏的家族技能
曹氏祖先的「來頭」／「模範丈夫」背後的祕密
河西慕容氏的淵源／回鶻的歷史影響

第十三章 西夏的天命 227
党項的淵源／西夏崛起／宋夏競爭／「理工男」的壁畫技術
壁畫新高峰／翻譯的力量／玄奘取經圖的深意

第十四章 涼州會盟與八思巴 243
蒙古征服河西／卑微的畫師／涼州會盟
八思巴與忽必烈／一座廟抵十萬兵

第十五章 歷史分流時刻的敦煌 257
搶戲的傅友德／營建嘉峪關／海陸絲路的交替
中西方歷史的分流／敦煌的復甦
石窟裡的道家與儒家／左宗棠的守護

第十六章 王道士與藏經洞 275
王圓籙來了／藏經洞封閉的原因
藏經洞文物的流散／如何評價王道士

第十七章 另外一個道士的故事 291
郭元亨來到榆林窟／守護象牙佛
死裡逃生／重見天日

第十八章 守窟人的日常 305
敦煌守護神常書鴻／守窟人的賡續／守窟人的一天

附錄1 敦煌大歷史年表 316

附錄2 敦煌、瓜州歷史古跡一覽 319

【推薦序】

歷史怎麼寫的，敦煌知道

敦煌就是莫高窟壁畫而已，這是一般人的認識。但是，對本書有興趣的讀者，肯定「不一般」。

歷史是人們生活的紀錄，每一代人都「寫」了他們的故事，每一個地方也都「寫」了當地的故事，所有的人、地故事用時間串起來，就是歷史。然而，史書只記載了王侯將相的事蹟，也同時記載了那些事蹟發生的地點，通常那些事情都發生在國家首都、通都大邑或戰爭現場。

也就是說，史書記載的其實只是整個歷史的骨架，絕大部分的「血肉」並不能完整呈現，必須靠一些地方志、野史、雜記補充，而本書卻不是方志、雜記一類，而是以敦煌為聚焦點，以時間為軸線開展縱剖，從中看到了三千多年的歷史是怎麼寫的。能夠這樣，因為敦煌是個「不一般」的小地方。

推薦本書，首先得表達對作者下工夫之深的敬意，蒐集資料的用功直可以「上窮碧落下黃泉」形容，其次是感受到他對敦煌的熱愛，乃能夠對相關人物經過敦煌時的心境深刻體會，而使得閱讀起來能夠如臨現場——歷史於是活了起來，大歷史就如連續劇般呈現。

因為寫作《公孫策說歷史故事》系列，我每有機會到中國大陸旅行，總要嘗試讓自己進入歷史情境。二〇一〇年我到了敦煌，參觀莫高窟時只有跟一般遊客相近感受，在月牙泉努力嘗試感覺遠征軍在「出塞第一泉」的興奮與惶恐，在嘉峪關西望則體會到了明朝跟漢朝的朝代性格差異，為此還寫了一篇專欄。這些嘗試和心得在看到本書之後，實感汗顏。

閱讀本書最大的收穫，是知道了一個「戈壁灘邊的時空膠囊」懸泉置，且因懸泉置發掘出來的漢簡，重新評價一位歷史人物常惠，更由常惠的事蹟而更加體認，西漢「斷匈奴右臂」大戰略的真正有效手段，是和親而不是戰爭。

最早讀到常惠，是蘇武出使匈奴的團員之一，闖禍害蘇武在北海牧羊十九年的是副史張勝，而常惠跟著蘇武牧羊十九年，史書並不見記載，他隨蘇武回到漢朝後被任命為光祿大夫。後來常惠在漢朝和烏孫的外交方面扮演了非常重要的角色，《漢書》有記載，但由於烏孫被納在〈西域傳〉而不彰顯。本書在述及懸泉置出土《長羅侯過懸泉置費用簿》的部分，講了常惠（爵號長羅侯）和解憂公主的故事，更用心的體會了兩位肩負跟烏孫和親外交重任人物的心境，於是我因此體認，原來「斷匈奴右臂」的最重要部分是聯合烏孫。

我們讀歷史都自然因衛青、霍去病等名將振大漢天威、驅匈奴遠遁漠北的事蹟而產生光榮感，或為李廣、李陵的悲劇而嗟嘆，漢武帝建河西四郡更被認為起了斷匈奴右臂的關鍵作用。然而，衛青、霍去病的大軍遠征不可能成為日常，河西四郡得靠移民時邊經年累月方收其功，真正要讓匈奴不能輕易進入西域，得靠跟烏孫的結盟。

烏孫是西域大國，是唯一還有底氣對匈奴說不的國家，但烏孫單獨不足以對抗匈奴，所以需要跟漢朝軍事結盟，而維持盟約的重要元素是和親。漢宣帝時期跟烏孫和親的兩個重要角色，一位是解憂公主、一位是常惠（故事書中有詳述，不贅），而往來長安與烏孫之間的重要地點就是敦煌懸泉置。

懸泉置是一個驛站，主管官員是「嗇夫」。這個職稱在史書上第一次看到，是在《史記・張釋之列傳》裡的「虎圈嗇夫」，也就是皇家獵場上林苑裡的一個餵養老虎的基層公務員。也就是說，相同的職等相同的俸祿，在長安只管餵養老虎，在出塞驛站卻要張羅來往使節團的交通工具和所有飲食起居器用。

假設一個狀況，常惠那一次護送細君公主去烏孫，懸泉置的飲食衛生沒做好，使節團出了狀況……，歷史可能就要重寫了。也就是說，紀錄《長羅侯過懸泉置費用簿》的那位嗇夫能夠盡忠職守，他說好了自己主管懸泉置時的故事，於是成為大歷史裡一個微小但重要的角色。

以上是我閱讀本書的收穫之一，讀者閱讀本書必然會有更多心得與收穫。敦煌是個小地方，但卻是一個經歷很多大時代且扮演過重要角色的小地方，它曾經見證了歷史，也必然繼續見證未來。

公孫策

二〇二三年秋

【推薦序】

普及敦煌文化的驚喜之作

敦煌是文化寶庫，是學術海洋；「敦煌學」是「顯學」，也是冷門絕學。「為往聖繼絕學」，是一份沉甸甸的責任和擔子，需要的是甘坐冷板凳的清苦精神，也要有為歷史負責任、敬畏歷史的虔敬態度。同時我相信，從事敦煌研究是一份有特殊榮耀的職責，是一份值得驕傲的工作，這是敦煌特有的歷史定位、文化現象、藝術地位、學術魅力所決定了的。

其實，「敦煌學」應該是個廣義的大概念，不應是狹義的「冷門絕學」；「敦煌學」不應只是象牙塔裡少數人問津的高深學問，也應該是廣闊社會裡的普世知識。唯有如此，才符合敦煌作為人類文化遺產、絲路明珠、文化寶藏、藝術殿堂等諸多神聖而至高的榮譽稱號。敦煌作為人類歷史遺留下來的一份獨特的文化遺產，其歷史面貌保存之完好、歷史資訊之豐富，說獨一無二也不為過。正因為如此，敦煌也是全世界愛好歷史、熱愛藝術、鍾情文化的人們所嚮往的聖地和樂園，每年有數百萬人來到敦煌，接受傳統文化的教育，品味濃厚歷史的味道，感受神聖藝術的薰陶，驚歎敦煌的偉大。

面對博大精深的敦煌文化，學者們在從事專門性的學術研究的同時，也會想到敦煌文化的普及性問題。從文化弘揚的角度來講，這一問題就顯得更加緊迫。敦煌學的研究成果汗牛充棟，但如何把它們轉化為普及性的知識，如何惠澤更加廣大的普通民眾和愛好者？

只有解決了這些問題，學術研究的成果才能落地，才能真正實現文化惠民。

讀完邢耀龍的《敦煌大歷史》書稿，我有一種驚喜和驚歎。驚喜，是因為終於看到有人在普及敦煌文化方面走出一條很獨特的路子；驚歎，是因為作者的眼光和筆法頗為老練，不像初學者所為，頗有後生可畏的感覺。

讀這本書稿時，首先能夠感受到一位在敦煌文化遺產地工作的一線人員對其所面對和守護著的藝術寶庫的純粹感情。作者先是在瓜州縣文物局工作，後來到敦煌研究院做「守窟人」，和千年石窟日夜相伴，時間長了肯定是有了感情。當然對石窟的感情，不是那種普通的人之間的感情，一定是滲透進骨髓的文化浸淫，是歷史和藝術感染下的精神之戀。作者的文字中處處流淌這種文化的遺傳基因。他的這種感情，我是能夠理解的，因為我和他有同樣的經歷，有同樣深刻的敦煌情感。我們常說的「幹一行愛一行」，大概也是這個意思吧。但是要把對自己職業的熱愛轉化為普世的知識，也不是誰都能做到的。

其次，這本書的構思方式和對歷史問題的思考，頗有其獨到的一面。作者能夠關注歷史大背景，關心歷史現象的前因後果、來龍去脈，且往往有自己對相應歷史現象的不同思考與理解。書中所涉及的一些問題看似不起眼，或者是大家耳熟能詳的歷史，但作者力求有所突破，滲透進了自己長期的觀察與思考。雖然有的觀點大膽了些，但作為一本面向廣大愛好者的普及作品，這些思考凸顯了作品的個性，使之更有歷史參與感和說服力，也提高了閱讀的吸引力。

讀這本書時，還有一個強烈的感受，就是作者在歷史與現實之間的輕鬆轉換，能夠以特殊的筆觸把看似平常、甚至枯燥的歷史情節講得有聲有色，閱讀的帶入感十足。我們常說要把歷史寫活了，邢耀龍才華橫溢，加上他對寫作物件飽滿的感情，看似不經意中頗有駕輕就熟戲說歷史的筆法。整本書讀來朗朗上口，一氣呵成，文學感十足，但始終不失歷史的沉重。

至於全書體現出的作者對歷史材料的熟稔，組織材料的能力之強，包括對一些最新學術問題的敏感，都說明作者是花了大量的時間閱讀了難以統計的敦煌學、歷史學、考古學、藝術學的專著、論文。這為本書的學術嚴謹性奠定了基礎。

敦煌是偉大的，但敦煌仍然需要更多的人來閱讀、理解並接受。弘揚光大敦煌文化是一項社會性任務，相信這本書的出版在這方面會有積極正面的影響。

邢耀龍在學習之餘，能夠把日常所思所想匯總成這樣一部作品，實難能可貴，應該給予肯定。他本人勤奮好學、善於思考，不拘泥於傳統的羈絆，富於創新精神，癡迷於敦煌文化，扎根文物一線，百尺竿頭，更進一步，前途不可限量。

是為序。

沙武田謹識

二〇二二年八月二十四日於西安曲江自宅

【作者序】

敦煌：中國歷史的一枚紡輪

「你知道敦煌嗎？」

每個熱愛敦煌的人，大概都有這個想法：在中國大地之上，難道還有人不知道敦煌嗎？

答案是肯定的。那是在從武漢到福建的火車上，一對農民工夫婦正坐在我的對面，臉上流露出領到工資的喜悅。攀談之際，女人問我的來處，我語氣中略帶驕傲地說：「我從敦煌來。」

女人看向男人，然後兩人一起向我投來不解的目光，就像北極熊第一次遇見企鵝。那一刻，我的內心驚詫不已：怎麼還有人不知道敦煌？在綠皮車漫長的搖晃中，我彷佛一杯紅酒，逐漸醒悟過來。有人說：「世界上再廣為人知的事物，也有一億人不知道或不接受，而更多的時候是十億人。」

在這個世界上，人類認知豐富得你無法想像，而敦煌並不在所有人類個體的意義之中，我們不能因為熱愛而一葉障目，不能因為別人還不知道而心生嗔怒或輕視。

當我們從這種「障目」的情緒中解脫出來，理性地去面對敦煌時，敦煌對於中國究竟意味著什麼呢？

曾經，塞爾維亞一個不知名的青年出現在特定的場合，就將全人類帶入「一戰」的苦難之中。於中國歷史而言，敦煌也像一個小人物，它在數千年裡不斷地出現在特定場合，引發了諸多變革，也讓宏大歷史的具體線索落在了這塊土地上。敦煌不僅僅有壁畫和塑像，壁畫和塑像只是敦煌歷史的圖像語言之一，而語言本身也不是歷史，它所承載的具體的人和事才構成了敦煌的本來面目。

從「人」出發，我們可以看到：對炎黃二帝所代表的中原秩序不斷發起挑戰的三苗人，在三危山下篳路藍縷，開創了敦煌的地理、經濟和人口基礎；秦漢歷史的重要人物匈奴冒頓單于，在敦煌祁連間的月氏部落裡當人質時磨煉了堅毅的性格，並樹立了統一草原的雄心；被匈奴趕出故鄉的月氏人，在異鄉開闢新的家園和文化，他們創造的犍陀羅藝術又傳回到敦煌，成為中國文化的組成部分；漢武帝通過河西四郡建構的國家安全防線，奠定了後世中國疆域的格局；敦煌暴利長的「天馬奇跡」和遍布帝國的交通網，提高了整個民族的凝聚力和向心力；淵泉縣的草聖張芝一家，不僅引發了三國時代的風雲，也成為魏晉時代的儒學和風骨的先聲；曇曜不僅開創了中國石窟藝術的格局，也在宗教改革之中讓佛教陷入危機；隋煬帝吸收了從河西儒學和佛學傳承而來的精神，使之成為統一南北後的重要彌合劑；玄奘在瓜州度過取經之路最艱難的時刻，他的人格魅力和思想在此後的歷史中不斷產生影響；榆林窟玄奘取經圖的出現，透露了中華民族共同體孕育的具體過程……

凡此種種，就是敦煌歷史的特性。

敦煌是中國歷史上的一個邊境小城，像一枚看似微不足道的紡輪，但大歷史的很多線索卻都在這裡絲絲入扣。

風往往起自青蘋之末，那些社會中微末的振動，往往是下一個時代的星火，這個道理被敦煌一次次證實。

這本書中的「敦煌」指的是古代敦煌的地理範圍，因為敦煌與河西走廊的歷史往往很難分開，所以部分章節也涉及整個河西地區的討論。歷史是層累的，作為一個廣義上的敦煌人，我的生命就是敦煌歷史在一個具體的人身上的延續。因此，這本書中，我常常把敦煌歷史的相關事件投射到今日之我的身上，希望借此讓讀者瞭解敦煌歷史對於如今敦煌人的塑造。這是一個有趣的方法論，因為歷史創造的最偉大作品，就是一個個具體的人。怎樣的歷史就會塑造怎樣的人，所以，如果你能仔細地審視自己，就能看到歷史在你的血液裡奔騰的樣子。作為一個敦煌人，我打算帶你認真閱讀一座我生活著的小城，也試圖在這個過程中畫出一張不太一樣的中國歷史的剖面圖。

我曾經是敦煌石窟的一名講解員，是敦煌這個數千歲老人的後世子孫和轉述者。敦煌已經不能發聲，而我作為它的轉述者，必須保持專業和審慎，才能代它把千年之語說得平和而睿智。因為我知道，如果它可以開口說話，一定不會炫耀輝煌的大唐，也不會悵然感歎恥辱的晚清。它會用溫柔的目光撫過每一個來敦煌的人，語意悠長。

在某年七夕的傍晚，值班結束之後，我獨自走在榆林窟上方的戈壁灘上，與「敦煌」有過一次題為「觀照」的對話：

我是一隻夜貓子，等待著
樂僔再一次爬上沙丘

敦煌，等待著一個

愛貓的人

對話結束在廣袤的無人區，我一個人擁有這方無遠弗屆的天地，如此厚贈，還能有什麼其他欲念？

二〇二二年四月

第一章

最早的敦煌人

誰是最早的敦煌人

西元前一二六年，在西域喝了十三年西北風的張騫，終於回到了長安城。

此時，他極為不捨地放下誘人的白斬雞，就一把鼻涕一把眼淚地講述自己在河西走廊的荒野生存，漢武帝和朝臣們用崇拜的眼神盯著這個剛剛從自然界逃出來的「自然之子」，托著腮，聽了整整一個上午。

這是居住在中原的漢人第一次知道敦煌山川形勢、人民物產的場景。在張騫之前，中原有沒有人去過敦煌呢？答案肯定是有的，河西走廊本來就是十分便利的地理大通道，中亞和東亞之間的互動在先秦之前早已絡繹不絕，但因為這些人絕大多數都是不識文字的商賈、百姓和北方民族，所以並沒有留下十分可靠的記載。

那麼，誰是最早的敦煌人？這個問題是否無法追溯呢？

其實，這個問題的答案就藏在《尚書》之中。《尚書》的意思就是上古之書，是儒家最經典的教科書「六經」之一，也是我國最早的一部史書，所以很多上古歷史的謎題都需要從這本書裡尋找線索。《尚書》是我國上古時代歷史文獻的彙集，究竟是由誰所作，至今不得而知。秦始皇下令焚書時，伏生將《尚書》藏在自家的牆壁裡，才為天下保住了這本書。後來，漢文帝派提出「推恩削藩」的名臣晁錯到濟南郡的伏生家裡學習《尚書》，受伏生的影響，司馬遷和班固都認為《尚書》是孔子所作。

就在《尚書·舜典》中，有一條關於敦煌最早移民的記載，即「竄三苗於三危」。「竄」是一個貶義詞，如抱頭鼠竄、流竄、逃竄，這裡的「竄」是「使其流竄」的意思，也就是說舜把三苗部落流放到了三危這個地方。

讀完這則史料，我們有三個問題需要解答：一是三危在哪裡，二是三苗是什麼人，三是為什麼要把三苗遷移到三危。

關於「三危」的具體地理位置，學術界有多種看法：一說是今甘肅敦煌附近的三危山，二說是甘肅天水附近的鳥鼠山，三說在今陝甘川三省交界嘉陵江附近，四說在川甘交界岷江、岷山一帶。但主流觀點則認為，「三危」就是敦煌的三危山。

那此山為什麼叫「三危山」呢？這跟西王母有關，《山海經．西山經》中記載：「三危之山，三青鳥居之。」三危山位於今天莫高窟的對面，它的特點是三座主峰巍峨聳峙，因此稱三危山。這裡提到的三青鳥是上古神話中西王母的神獸，古代認為三危山就是三青鳥的築巢之地。兩晉著名史學家郭璞在注《山海經》時說：「三青鳥主為西王母取食者，別自棲息於此山也。」也就是說，三青鳥是西王母的外賣快遞員，當西王母肚子不餓的時候，三青鳥一般在三危山裡休息。

三危山是敦煌的第一名山，敦煌的歷史與它相伴相生，在我們後面的故事中，它還會多次亮相。

「三苗」是傳說時代南方氏族部落集團。《尚書正義．舜典》中記載：「三苗，國名，縉雲氏之後，為諸侯，號饕餮。」這裡說三苗是縉雲氏的後裔，而縉雲氏是黃帝時期的官名，據傳其封地就在今浙江省縉雲山的仙都山一帶。有趣的是，三苗號稱饕餮，饕餮是《山海經》中記載的神獸，十分貪吃。蘇東坡的外號就叫做老饕。三苗人的農業很發達，飲食自然不差，青銅器上常見的饕餮紋是否隱含著商周政權對南方蠻族的印象呢？此事不得而知。

也有學者認為三苗是九黎的後人，如鄭玄在注解《尚書．呂刑》時就曾提到：「苗民，謂九黎之君也。」九黎是中國上古傳說中的一個族群集合，中國古人可不像今天的人一樣愛做大數據，所以只要你在古文中看到「三」、「九」這樣的數字，可千萬別當真，大多數情況下的真實意思是：「看起來有很多，我也懶得數，就那樣吧。」九黎部落信奉鳥、獸，差不多同一時期的良渚文化玉器上的神祕圖案中也有鳥、獸，所以被推測是九黎的一支。九黎在上古傳說中的勢力很大，三皇五帝中的天皇伏羲、地皇女媧、人皇神農皆從東夷九黎出（三皇的版本不止一種）。後羿、帝俊、羲和等神話體系也來自東夷九黎。傳說九黎有九個部落，每個部落有九個氏族，以蚩尤為首領，共八十一個兄弟。

後來炎帝與黃帝結盟，與蚩尤在涿鹿（今河北涿鹿、懷來一帶）大戰，蚩尤以失敗告終。因此，有人認為中原人最初是由炎黃部落和九黎部落共同構成的，「黎民百姓」中的「黎民」就是九黎之後。

三苗在東南，三危在西北，兩者本來風馬牛不相及，它們之間發生關聯的主要原因與歷史上著名的大禹的父親鯀治水有關。

涿鹿大戰後，蚩尤戰敗，九黎中的三苗人一部分逐漸融合於炎黃所代表的華夏族；另一部分退回到南方江漢流域，建立了三苗部落聯盟，依舊與中原相互敵視。到了堯的時代，恰逢黃河氾濫（黃河經過筆者的老家黃土高原時攜帶大量泥沙，在下游平緩的華北平原上堆積，導致黃河很容易改道），治水成為中原部族共同要做的事。縱觀天下，似乎只有鯀才有這個能力，所以《史記》中記載：「四嶽舉鯀治鴻水，堯以為不可，岳強請試之，試之而無功，故百姓不便。」意思是四岳舉薦鯀治理黃河水患，堯不贊同，四嶽逼迫堯起用鯀，鯀果然沒有治理成功，百姓們怨聲載道。四嶽是堯、舜時期的官名，與十二牧共同構成了當時治理天下的組織機構，學者們推測應該是中原部落聯盟中選舉出來的代表，他們是四個人，還是一群人，我們也不清楚。

因為堯、舜是四嶽選舉出來的執政官，所以四嶽才是當時的實權派，他們共同推舉大禹的父親鯀來治水，可見大禹家族的治水能力和政治實力都是很強的，這為後來大禹的兒子啟建立家天下的夏朝埋下了伏筆（夏朝究竟是否真實存在呢？目前學界還無法給出定論，只能說疑似存在）。可惜鯀治水九年，並沒有治理好黃河水患，治水的同時也消耗了中原部族的財力和人力。江南部族看準機會對中原發動暴亂，三苗就在其中。

《史記》中記載：「三苗在江淮、荊州數為亂，於是舜歸而言於帝……遷三苗於三危，以變西戎。」一面對三苗的反叛，堯起用軍事天才舜平亂，舜迅速用雷霆手段將其制服。舜得勝歸來之後，向堯建議將戰敗的三苗部族遷到三危山附近。

《史記》的這條史料還告訴我們一個非常重要的資訊，那就是三苗後來變成了在中國歷史上扮演重要角色的「西戎」。

三苗的生存挑戰

我做為一個敦煌當地人，深知這片土地，到處是戈壁、荒漠、禿山，這對來自長江流域的三苗人是巨大的生存挑戰，他們是怎麼在敦煌活下來的呢？

《史記正義》引吳起的話說「三苗之國，左洞庭而右彭蠡」。這就是說，三苗原來主要聚居在洞庭湖和鄱陽湖之間。這裡北是雲夢大澤，南有三湘兩湖，作為九黎後裔，三苗充分發揮了良渚文明的成果，把發達的稻穀農業的生產技術與治水經驗帶到江漢平原。

江漢平原屬亞熱帶季風氣候，年均日照時數和無霜期長，10℃以上持續期每年約兩百三十天，年均降水量1100-1300毫米，光、熱、水等資源極為豐富。千萬不要看輕這些看似冷峻的數字，這是一方水土十分重要的資源稟賦，再加上十分平坦的平原地形，極為適宜水稻等喜溫作物的栽種。另外，江漢平原河網稠密，湖泊眾多，水域面積廣大。據統計，水域面積占其總面積的18%，其中湖泊面積達1605.4平方公里。因此這裡是中國十分重要的水產區，不僅盛產青、草、鰱、鱅四大家魚，鯉、鯽、桂、烏鱧等魚類也非常豐富，還盛產蝦、蟹、貝類、蓮藕、菱、蘆葦和水禽。

一方水土養一方人，一個地方的地理資源往往是其文化根脈的重要誘因，就像在草原上無法生發出宋明理學、西子湖畔不會有父子同妻一樣。地理決定歷史，歷史層累出文化。三苗在江漢平原這樣的自然地理條件下，發展出了十分成熟的種植業和漁業，正是因為有這樣得天獨厚的農業經濟條件，他們才有了在堯舜之際爭雄的實力。

這一點在考古學上也可以證明。江漢平原的農業自古以來就很先進，在三苗同期的屈家嶺文化遺址（今屬湖北省荊門市）、石家河文化遺址（今屬湖北省天門市）中，均有大量的稻穀出土。

以一九五四年發現的屈家嶺遺址為例，浮選出炭化植物種子及硬果核殼共計一千五百九十九粒；經鑒定，確認農作物種子有一千二百四十五粒，其中包括五百四十一粒水稻和六百三十八粒水稻基盤、三十三粒粟、二十七粒小麥及六粒大豆。最有趣的是這三十三粒炭化粟粒，經過碳 -14 年代測定，發現它們距今五千六百年至五千三百年，是北方旱作農業傳入這裡的最早證據，也證明了三苗與北方互動的歷史。

石家河文化承襲屈家嶺文化演變而來，是中國長江中游地區的青銅文化。在一九七八年開始發掘的鄧家灣遺址（今屬湖北省天門市）中發現了青銅銅塊和煉銅原料孔雀石，這標誌著冶銅業的出現。發達的青銅製造業是三苗部落軍事力量的體現，於是有了以青銅為武器、銅頭鐵額的兵主「蚩尤」的神話形象。後來，在此地發展起來的楚國，其水稻為主的農業生產、鐵農具代表的耕作水準、積極開發的水利渠系等也逐步提高，奠定了楚王問鼎中原的底氣。

但是，當以水稻農業和漁業為主的三苗部族遷到敦煌時，他們正面臨著一個十分棘手的問題。我們所熟知的敦煌關鍵字是荒漠、戈壁、禿山、駱駝、沙塵暴，對於在稻花鄉里的三苗而言，這是完全無法想像的。作為以種植水稻和捕魚為生的三苗人，他們無法在短時間內學會我們的生存技能，比如種小麥、扯麵、放羊、燒烤、盤炕等。千萬不要覺得放羊是一件簡單的事，如果從零開始，你要學會配種、剪毛、擠奶、治病、尋草場等，這都需要長期的經驗積累。最有趣的是「盤炕」,「炕」等於土床，是北方冬季農村家庭保暖最重要的設施，在敦煌最低攝氏零下二十八度的氣溫下，本地人完全無法想像沒有炕的日子。這些生活技能的學習都需要時間，可三苗人有時間嗎？

誠然，如果四千年前敦煌的自然條件和今天一樣，三苗人最可能的結果是在敦煌的第一個冬天裡凍就餓而亡。但我們都知道，三苗人最終還是在敦煌活了下來，這是為什麼呢？

通過對敦煌地區的環境考古，人們發現四千年前的敦煌環境與三苗人所居住的江漢平原有很多相似之處，我們對比來看看。

地形方面，荊湘一帶是江漢平原，敦煌一帶則是安敦盆地，在古敦煌的地域中平坦的地形占絕大多數；光熱方面，江漢平原有亞熱帶季風氣候的滋養，而敦煌是中國太陽輻射率最高的地區之一，光熱資源十分豐富，今天已經成為中國光熱發電的核心地帶。

河流方面，江漢之人依長江而居，敦煌則有中國第二大內流河疏勒河，還有從祁連山發育出來的多條小型河流，四千年前河網密布，水量豐沛；湖泊方面，江漢之人有鄱陽湖、洞庭湖，敦煌則有冥澤、南湖。

正因為有以上這些地理共同點，從江漢地區遷到敦煌的三苗人，可以按照舊有的生活方式居住在這裡。前面提到，屈家嶺文化的農業結構為以稻為主、粟為輔；粟是一種旱作農作物，種粟的農業經驗可以讓三苗人在敦煌以聚居的方式生存下來。

除此之外，依託古代優良的水熱條件，敦煌也是可以種植水稻的。河西走廊本來就有種植水稻的傳統，張掖烏江鎮的稻米到了明清時期更是成了朝廷的貢米。凡此種種得天獨厚的條件，為三苗人在敦煌的安居，提供了長期且穩定的保障，他們就在這片土地上生存了下來。

三苗為何變成西戎

西戎第一次進入中原人的視野，是在歷史上著名的「周穆王西巡」事件之中。《列子．周穆王》對這件事的記載是：「（穆王）不恤國事，不樂臣妾，肆意遠遊，命駕八駿之乘……遂賓於西王母，觴於瑤池之上。西王母為王謠，王和之，其辭哀焉。」意思是說周穆王不喜歡上班，也不喜歡回家，只想躲到自己的寶馬車裡浪跡天涯，享受片刻的寧靜。這真是十分準確地描述了一個中年男人面對職場和老婆的窘境！他最後找到了自己網戀已久的女神西王母，兩人在瑤池上把酒言歡。可惜美好的時光總是短暫的，兩人以歌謠傳情，在昆侖山依依惜別。《穆天子傳》把這一段描述得更加詳細而精彩：

「道裡悠遠，山川間之。將子無死，尚能複來？」

（剛剛見面，卻又分別，西王母含情脈脈地說：山遙路遠，你回到中原之後，還能再來見我嗎？）

「予歸東土，和治諸夏。萬民平均，吾顧見汝。比及三年，將複而野。」

（穆天子望著眼淚汪汪的西王母，信誓旦旦地表示：我回到中原，一定好好工作，等天下百姓安居樂業後就來看妳，最晚不超過三年。）

西王母十分不捨地望著穆天子遠去的背影，真是個「日暮酒醒人已遠，滿天風雨下西樓」。穆天子亦久久不想離去，為了紀念這次美好的相遇，就在石壁上刻下了一行大字：西王母之山。足見其情深意切。

呵呵！歷史的真相是，回到中原的周穆王並沒有好好工作，也沒有讓百姓安居樂業，更沒有再次西巡，這些誓言都是騙女孩子的鬼話。原因可能在於西王母的長相，《山海經．西山經》中說「西王母其狀如人，豹尾虎齒而善嘯，蓬發戴勝」，即西王母長得像人一樣，但身上長著豹子的尾巴，嘴裡長著老虎的牙齒，頭髮旺盛，且時常發出虎嘯聲。這裡的「戴勝」是一種獨特的頭飾，類似於一把展開的扇子。一九五五年，四川省成都市新都區新繁鎮清白鄉出土的東漢畫像磚上就有西王母的形象（圖1）。我們可以試想一下，當穆天子看到露著齙牙，長著尾巴，還時不時虎嘯一聲的西王母，想必早已心灰意冷，三年的歸期想必也是求生欲之下的隨口一說罷了。其實，周穆王西巡的真正原因並不是與女神西王母網戀奔現，而是對西戎的征伐。

《國語．周語》中記載，西元前九六七年，周穆王對西北部族犬戎（即西戎）進行大規模征伐。當時犬戎首領桀驁不馴，多次襲擾周朝邊民，掠奪生活物資，於是穆王率軍親征，抵達了先秦時期中原天子能夠抵達的最西之境。

三苗人在移民敦煌的早期，基本上保持了他們原有的生活方式，但我們在歷史上讀到的「西戎」則完全是一副遊牧民族的面孔，這是為什麼呢？

從考古發掘的結果來看，在商代晚期到西周早中期（前一五〇〇年—前九〇〇年），在包括中國西北部的甘肅省、內蒙古鄂爾多斯地區、內蒙古草原地區東緣大興安嶺西麓在內的廣大地區，出現了一次廣泛的生產方式變革，具體表現為大型居址減少、大量定居點被廢棄、墓葬中殉葬牲畜由以豬為主轉向以羊為主，殉豬現象在後期甚至消失了，陪葬品中陶器和青銅禮器減少而武器增加；這顯示出這些區域正在由傳統的農業生產方式轉向畜牧生產方式，同時部落戰爭開始增加。究竟是什麼原因造成的呢？是地理環境和氣候的變化。

大概在西元前一五〇〇年，北方大部分地區發生了降溫事件，降溫幅度在6.5℃至8℃。降水量也隨之減少到二五〇毫米左右，不及原來的一半，敦煌西部出現大面積活化沙丘，荒漠草原成為敦煌的主要地貌。

在這種背景下，三苗人擅長的農業種植的面積逐漸減少，生活和生產方式面臨從農業到牧業的轉型。好在此時的三苗人已經在敦煌生活了五百餘年，他們擁有了充足的學習時間，隨著自然環境的變化，三苗人逐漸變成馬背上的西戎。這種自然環境的變遷一直在西北民族生成史上持續發揮著重要的作用。

降溫事件並沒有停止，西元前一〇〇〇年前後，是全新世以來溫度和降水量最低的時期，年平均溫度在0℃以下。學術界認為，這次氣候變化導致西戎面臨十分嚴峻的生存壓力，草場退化，牲畜大量被凍死。

為了活下去，凍得瑟瑟發抖的西戎人被迫東進，他們湧進中原地區，顛覆了西周王朝。所以西周的滅亡，並不是由傳說中「烽火戲諸侯」的遊戲而決定的。當時的犬戎和周王朝之間激烈衝突的根本原因，是北方草原地區的氣候變化，這導致遊牧民族向暖濕地區遷移，以尋找新的生存空間。遊牧人口為了生存，開始一代一代地湧向關中平原。在這種環境背景和人口遷移的大趨勢之下，只要氣候沒有好轉，饑餓的草原居民就會不斷衝擊周王朝的邊境，這就是商周歷史表像背後的演化邏輯。西元前七七一年，西戎攻破鎬京，夏、商、西周所代表的三代時期到此結束，春秋戰國波瀾壯闊的歷史自此開啟。

此時，為逃避西戎的鋒芒，平王將都城東遷至洛邑（今河南洛陽），使這裡成為此後一千五百年中國的政治中心地帶。另外，平王東遷的時候，秦襄公高舉大旗護送，這讓周平王十分感動，為了表彰秦襄公，就把被西戎佔領的周朝土地全部賜給他。這顯然是領導要流氓的行為（我封你土地了，但是你有沒有本事去拿就不是我的事了），但秦人卻對這張「空頭支票」十分欣喜。後來，正是因為秦國一直受到西戎的軍事威脅，經過六世秦王與西戎的對抗，終於磨煉出一支虎狼之師，從而為秦始皇吞併六國積累了資本。

人類是自然之子，氣候的變動使人類面臨巨大的生存挑戰，人類面對這項挑戰的最常見策略就是遷移，而一個民族一旦開始遷移，就擁有了移動性。在古代，移動性決定了一個人或一個民族創造歷史的能力。

中國歷史的每一個時代之開啟，似乎都是因為一個人或一群人的突然闖入而引發的。張騫出塞，漢帝國便開啟了波瀾壯闊的西域時代；五族入華，單調了數百年的中原就進入了風雲激蕩的南朝和北朝。

如果歷史是沉寂的荒原，擁有移動性的人或民族，就是燎原的星星之火。

那麼，三苗人和他的繼任者們又在中國歷史的荒原上點燃了什麼呢？

綜合來看，三危山前的三苗人擁有多重身分，他們身上藏著中國先秦歷史的重要線索。他們在中國大地之上東奔西竄，成為很多重要事件的參與者和見證者。

第一重身分：九黎之後。做為蚩尤的部下，他們與炎黃二帝爭雄於中原，而他們的失敗使黃河流域逐漸成為中華文明的中心。
第二重身分：良渚文化的繼承者。他們繼承了良渚的農業技術，為長江流域和後來遷入的敦煌的農業開發打下了基礎。
第三重身分：堯舜治理天下的挑戰者。他們不斷挑戰北方，形成了堯舜政治和軍事上的長期壓力，在一次次的南北方互動中，促成中原政治的不斷成熟，國家逐漸誕生。
第四重身分：最早的敦煌移民。面對敦煌的荒原，三苗人用他們的智慧積極開發敦煌，掀起了中國西北邊境開發的序幕。
第五重身分：西戎的前身。中原與草原之間互動，是中國古代歷史的主旋律，由三苗人演化成的西戎是先秦歷史的重要推手。

移民創造敦煌

西元前一一一年，有一位中年人在三危山下畫了一個圈，無數懷揣夢想的人來到這裡，創造了一座叫敦煌的城市。
中年人的尊號是漢武帝。
敦煌是一個由移民建立起來的城市。三苗人是敦煌的第一批移民，之後的烏孫、月氏、匈奴都是敦煌移民。
漢代是敦煌移民的巔峰時期，為了營建河西四郡和西域的軍事防禦體系，兩漢四百年不斷往敦煌地區「徙民實邊」，人次累計百萬以上。

曹魏時期，在邊地大規模實行軍屯和民屯，敦煌地區也是移民不斷。西晉「永嘉之亂」後，放眼天下，只有河西走廊和長江以南社會安定，中原人民紛紛西遷或南渡，才有了五涼的名儒和東晉的名流。

唐代為了治理西域、鞏固河西，政策性移民接連不斷，造就了繁華的唐代敦煌。宋代時期，西夏佔領敦煌，此後西夏的党項人、甘州的回鶻人、元代蒙古人都曾在這裡繁衍生息。

直到明代嘉靖年間封閉嘉峪關，敦煌地區的居民全部遷回內地，敦煌陷入無人之境。清代初期平定準噶爾叛亂，雍正三年（西元一七二五年），清政府從甘肅五十六州縣向敦煌有計劃、大規模地移民，組成今天敦煌居住的主要人群。直到一九九〇年，敦煌仍然有大規模的移民，即從甘肅省定西、白銀、蘭州、天水四個地區的十個縣、市遷入移民四百八十五戶，共一千九百二十七人，形成了今天敦煌的「定西村」。

敦煌歷史上的移民主要有如下幾種類型[1]：

第一，官宦宗族的政治性移民。漢代，中原地區的一些世家大族，如漢武帝元鼎六年（西元前一一一年），太中大夫索撫因「直諫忤旨」而獲罪，從鉅鹿（今河北省巨鹿縣）遷到敦煌，後來成為敦煌歷史上著名的索氏家族。漢成帝河平元年（西元前二八年），氾雄同樣也是因為直言進諫而被治罪，從濟北盧縣（約在今濟南西部）遷到敦煌，成為敦煌氾氏家族。漢建威將軍令狐邁因起兵討伐王莽而失敗身死，他的三個兒子都逃到了敦煌，令狐也成為敦煌大姓。還有一些家族是因為躲避中原戰亂來到敦煌，這些人往往是舉家、甚至舉族遷徙而來。在此以前，由於他們大多身居高位，有著豐富的社會閱歷和從政經驗，社會影響很大。在遷往河西後，就迅速發展成為當地頗有聲望的家族勢力。他們被朝廷「強制拆遷」，卻在敦煌「異地重建」，從而成為敦煌望族，成了敦煌歷史中的大人物。

第二，平民災民的政策性移民。如元鼎六年，敦煌郡剛剛建立，但當地沒有百姓，所以從中原遷移了大量的平民。漢成帝建始四年（西元前二九年）秋，黃河在館陶及東郡決口，兗、豫二州有四郡三十二縣受災，為安置災民，將大量人口遷到河西走廊地區。這些民眾是中原地區擁有豐富生產經驗的農業人口和手工業工人，他們來到敦煌開墾荒地、建立聚居地、發展城市和手工業，構成了敦煌歷史的人口基礎。

第三，少數民族的商業性和軍事性移民。敦煌地處西域、漠北草原、青藏高原、河西走廊四大地理單元的交會之地，歷史上很多少數民族都曾在這裡生活。如羌、鮮卑慕容、粟特、吐蕃、回鶻、党項、蒙古等等，他們或是因為商業貿易，或是因為軍事戰爭，都曾在敦煌留下令人難忘的面孔，成為敦煌文化多樣性的基礎。

在移民入遷之前，敦煌長期是荒原或遊牧草場的面貌，人口密度很小。最初的移民就是敦煌最早的「創業者」，他們篳路藍縷，不斷根據環境變化調適生活方式，經過多年發展，當地自然地理的潛力被發掘出來，農業得到長足發展，文化逐漸積澱，有時甚至反哺

1. 可參考《先秦兩漢敦煌、瓜州移民述論》、《絲綢之路，肅州文化遺產保護與旅遊產業發展學術研討會論文集（上冊）》，邢耀龍／著，甘肅文化出版社，二〇一七年版。

中原（無論是物質上還是精神上）。除此之外，商業貿易從無到有，敦煌興起了一大批的商業市鎮，使本地成為聯結中原與西域的樞紐和東西方文化交流的薈萃地，是西域路上極為重要的中轉站。這就是敦煌作為中國歷史上最早對外開放城市的資源稟賦，但任何事物都逃不開「資源的詛咒」，敦煌因移民而興，也因移民而衰。

自敦煌在中唐時期被吐蕃佔領，河西走廊這條通往中原的地理大通道開始變得封閉起來，大規模的人口流動減少了，這種情況一直延續到宋代初期。敦煌不再擁有大量的新移民，前期大規模的移民開發導致了環境失衡和沙漠化嚴重，頻繁的戰爭再加上間歇性的自然災害，敦煌漸漸失去了往日的輝煌。嘉靖三年（一五二四年）明朝下令封閉嘉峪關，敦煌被徹底遺棄了。直到清代初期，敦煌歸入大清的版圖，移民活動又開始了，但此時的敦煌已經喪失了邊境要地的作用，成為中國西部一個十分平凡的小鎮。

直到一九〇〇年發現藏經洞，敦煌才再一次進入世界的視野之中。

筆者是在十五歲時舉家搬到瓜州的（瓜州縣屬古敦煌文化地理範疇），作為新時代的敦煌移民，深知這片土地對於移民的意義。

歷史是由人創造的，移民創造了敦煌。四千年的移民浪潮為敦煌提供了各個維度的多樣性，造就了多元豐富的敦煌文化。史料記載的最早敦煌移民是三苗，後因西北環境的變遷，演變成為改寫後世中國歷史的重要人群——西戎。

然而，三苗的影響似乎遠不止於此。它恰如一隻貪婪的蚊子，曾在中國這個房間裡的很多人身上停留，在引發很多人搔癢的同時，吸食了很多人的血液，從而餵養出一個更為強大的孩子，這個孩子的名字叫「匈奴」。沒錯，司馬遷在《史記》中認為匈奴「其先祖夏后氏之苗裔也」，也就是說匈奴是三苗人的後裔；王國維更篤定地認為，匈奴是一個群體性民族，而西戎是其重要的一支。

雖然從吃魚的三苗變成了吃羊的匈奴，但匈奴人依然繼承了三苗覬覦中原的雄心。漢高祖七年（西元前二〇〇年）的那個冬天，劉邦已經在白登山吃了五天的草根，而山下就是啃著羊腿的冒頓單于。

第二章

絲路開啟與佛教東傳

玉石之路

「提上來吧。」考古學家鄭振香對一位拿著探杆的工人說。手持探杆的工人小心翼翼地將探杆一點點向上提，當探杆整個被提上來後，只見探杆的鏟子內沾滿了濕漉漉的紅色漆皮，圍觀的眾人興奮不已。

這是一九七六年夏，殷墟婦好墓的發掘現場。這是唯一保存完整的商代王室墓葬，出土隨葬品一千九百二十八件，超過以往殷墟出土器物的總和，幾乎每一件都是國之重器，轟動了當時的考古學界。發掘現場的考古隊並沒有興奮太久，就立刻投入工作之中。工人在清理這把鏟子時，又在泥土裡發現了一件閃光的東西，原來是一枚玉墜。

可是，中原並不產這種透閃石玉，這塊玉究竟來自哪裡？

首先想到的答案是和田。和田玉也就是史書上著名的「昆山之玉」，西王母跟穆天子在昆侖山之巔分手時就贈給他和田玉（可參看第一章）。《穆天子傳》中記載說「取玉三乘」，即拉了滿滿三大車，可見當時玉石貿易之盛。所以，早在絲綢之路興起之前，這條路一直都是東西交流的重要通道。先秦時期，這條路上最主要的貨物就是玉石。

當然，這裡所說的和田，並不是專指今天的新疆維吾爾自治區和田市，古代人對西北地理十分陌生，直到漢朝佔據西域時才有相對清楚的認識。所以，昆侖山在當時也是個十分模糊的地理概念，大概等於今天的祁連山、阿爾金山、天山、昆侖山、喀喇昆侖山等西部大山脈的合體，這些山脈中出土的玉料都屬於昆山之玉的範疇。

隨著研究的深入，學者們認為新疆玉太遠，中原絕大多數西北玉器的原料可能是「禺氏之玉」。

那麼，禺氏在哪裡呢？

故事起自另一場驚人的考古發現，二〇一五年，甘肅省文物考古研究所在敦煌發現了旱峽玉礦遺址。遺址位於三危山後山，已確認玉礦礦脈有三條，僅礦坑就有一百五十三處，均為露天開採。在此之前，在敦煌附近的馬鬃山也發現了徑保爾草場玉礦遺址和寒窯子玉礦遺址。這三處玉礦遺址是目前中國可以確定的年代最早的透閃石玉採礦遺址。另外，通過檢測得知玉礦的開採時間從西元前一七〇〇年一直延續到了西元前六〇年左右，山西下靳遺址（位於山西省臨汾市堯都區）發現的玉器玉料就來自敦煌旱峽玉礦，從而可見敦煌玉石與中原之間的交流。

敦煌之所以成為東西方文化交匯的樞紐，首先因為它是古代玉文化中，西玉東輸運動的樞紐。敦煌附近發現諸多玉礦，無論在品質、規模、產量等方面都是十分穩定的，且因為距離中原近和開採時間早，成為中原早期玉料的重要產區。當一車車的美玉從敦煌輸送到中原的時候，它們經過的第一個關口就叫玉門關。

在中原，人們把敦煌及其周邊得來的玉就叫做「禺氏之玉」。為什麼不叫「敦煌之玉」呢？因為「敦煌」這個名字在此時還沒有誕生，這裡居住著一個繼西戎之後更為強大的民族——月氏。

《史記》中記載「始月氏居敦煌、祁連間」，可見他們是傳統的遊牧民族，早期一直居住在祁連山下水草豐茂的地方。中國主流學者認為，月氏就是古代典籍中的「禺氏」，而

「禺氏之玉」就是月氏的玉。

野火燒不盡，春風吹又生。

遊牧民族就像草原上的青草，一場春風過後，月氏在犬戎生活過的草原上長大。月氏人究竟是誰的後人呢？

《舊唐書》中記載他們是「戎人」的後裔，也就是河西走廊上的原住民們分裂演化之後的族屬。他們究竟來自哪裡，現在還無法完全確定。但可以肯定的是，他們替代了西戎，成為這片草原上的主人，同時也是秦漢歷史的主角之一。

商業的本質是物與物的等價交換，物物交換就需要人的移動。在歐亞大陸上，最具移動性的人群就是遊牧民族，所以最早的商業交換也是由遊牧民族肩負的。

居住在河西走廊的月氏人佔有了這條天然的地理大通道，因此在中亞和黃河流域之間的早期經濟文化交流中起著媒介作用，再加上他們擁有大量優質的玉礦，玉石是早期文明貿易的硬通貨。坐擁交通要道和玉石產地的月氏人開闢了一條從塔里木盆地至黃河中游地區的通商大道。

這條商道從塔里木盆地出發，通過河西走廊，至鄂爾多斯，經今山西境內，抵達洛陽，成為後來絲綢之路的主幹道。

所以，絲綢之路早在四千年前已經被河西先民開通，張騫只不過是重新發現了它。

冒頓的崛起

秦始皇征伐六國的時候，月氏也開始了征伐烏孫的行動。烏孫與月氏都在河西走廊放牧，可是草場就這麼大，為了讓牛羊填飽肚子，東邊的月氏人（大概居住在今天的武威市和張掖市一帶）開始侵佔西邊烏孫人的牧場（大概在今天的酒泉市一帶）。最後，烏孫王被殺，月氏人一鼓作氣，兼併了整個河西走廊，成為北方草原的霸主。

此時的匈奴日子並不好過。匈奴的頭曼單于素來以驍勇善戰著稱，如果他生在以後的歷史時期，必然是舉世無雙的將星。可命運就是這麼捉弄人，他剛好生活在秦朝，他的對手是蒙恬。

蒙恬是率領三十萬秦軍北上修長城的，歷史上第一座萬里長城——秦長城，就是蒙恬的傑作。這麼看來，蒙恬是秦朝的建築師兼包工頭，為世界留下了珍貴的物質遺產。然而，這個包工頭身分可不簡單，蒙家是秦國的將門世家，祖上三代都是帝國名將。

此時，白起、王翦、李牧等神將已死，項羽和韓信還是十來歲的孩童，蒙恬是那個時代的中華第一名將。而且，他身後站著的是剛剛屠滅六國的三十萬虎狼之師，頭曼單于完全不是對手，剛一接觸就被蒙恬擊敗，只好遠遁漠北。

在帳篷裡啃著草根的頭曼十分惆悵，因為除了在南邊修長城的蒙恬，匈奴的東邊是東胡，西邊是月氏。為了不被他們吞併，匈奴只好和月氏結盟。草原上的結盟需要把自己的兒子送到對方地盤當作人質，冒頓就是頭曼單于送去月氏的質子。

冒頓是頭曼單于正妻生的第一個孩子，也就是頭曼的嫡長子。但是結髮妻子年老色衰，頭曼單于看厭了這個老太婆，他當然更喜歡那位更年輕的小老婆，何況她為頭曼單于剛剛生了一個大胖小子。偏心的頭曼單于想讓自己的小兒子在未來繼承單于大位，於是帶著除掉冒頓的目的，把他送去了月氏。

十幾歲的冒頓來到了居住在「敦煌、祁連間」的月氏，我們不知道他具體在什麼地方當人質。古代「敦煌」的概念比今天的敦煌地理範圍要大得多，月氏也是遊牧民族，逐水草而居的他們也許帶著冒頓來到今天敦煌境內。可以確定的是，河西走廊的水草果然比漠北豐茂得多，但冒頓可完全沒有心思欣賞胭脂山（一說今張掖焉支山，一說是張掖丹霞）的美景，他看得見的只有仇恨。

是的，只有仇恨。

把冒頓送去當人質不久，頭曼單于就挑起了和月氏的戰爭。究竟是不是想用背叛盟約的行為激怒對方殺了冒頓呢？真相已不得而知，此時憤怒的月氏人卻真要殺掉這個匈奴質子。冒頓得到消息，趁亂搶了月氏的一匹良馬，終於逃回匈奴。

父子倆相見的那一刻肯定十分尷尬，尷尬到頭曼單于可以用腳趾頭摳出一個居延海子[2]。冒頓看著頭曼單于什麼話也沒說，牽著馬徑直走進了自己的破帳篷。草原上的漢子肯定不會像中原皇帝一樣虛偽，如玄武門事變之後，李淵與李世民父子還能在太極宮裡相擁而泣（這是皇權的遊戲中扮演者的自我修養），沒有演員天分的冒頓是做不出來的。

此時的冒頓，已經不是幾年前任命運擺佈的少年，他在月氏當人質的時候，不僅學會了騎射、隱忍、權術，還有一顆復仇的雄心。

頭曼單于並沒有發現兒子眼中的變化，為了安撫冒頓，就封他為萬騎長。冒頓高超的騎射技術和練兵手段，讓匈奴兵馬很快成為一把鋒利的刀，而這把刀第一次出鞘，就插在了頭曼單于的心臟上。

據說事情的經過是這樣的；天才發明家冒頓製造了一種響箭，他在訓練部下騎馬射箭時說：「凡是我響箭所射之處，你們就要萬箭齊發，違令者斬。」首先，冒頓用響箭射擊自己的愛馬；有人不敢射擊，冒頓立即殺了他們。之後，冒頓又用響箭射擊自己的愛妻；有人不敢射擊，冒頓又把他們殺了。等時機成熟，最後一箭，冒頓射向了頭曼單于，頭曼當場身亡。

冒頓成為新的單于。統一漠北之後的冒頓，不再滿足於在草原上喝風，當時的天下，任何人都知道長安城的繁華，於是，冒頓計畫越過長城。幸運的是，就在九年前，蒙恬已經被趙高害死，項羽也在一年前自刎於垓下，天下已經沒有自己的敵手。西元前二〇一年（漢高祖六年），冒頓率軍圍住了馬邑（今山西朔州）。此時，城裡的韓王信（戰國時期韓國王族之後，不是名將韓信）急忙向劉邦求救，劉邦卻認為是韓王信和匈奴演戲，終於逼反韓王信，使其投靠匈奴。

剛剛統一天下的劉邦自認為兵強馬壯，西元前二〇〇年（漢高祖七年），親率大軍迎擊匈奴。冒頓佯裝失敗逃跑，引誘漢軍；劉邦輕敵冒進，一直追到了白登山，這裡正是冒頓為劉邦準備的完美陷阱。匈奴圍困其七天七夜，劉邦餓得滿眼綠光，好在打敗仗在劉邦那

2. 西北人習慣把湖泊叫海子，居延海子位於內蒙古阿拉善盟額濟納旗，為匈奴故地。

裡已經司空見慣，他很快鎮靜下來，說出那句經典的句式：「為之奈何」。幸運的是他身邊還有陳平。

陳平建議劉邦，派使者祕密送珠寶去給冒頓的愛妻閼氏，並陳述利害：「長安美女如雲，冒頓單于久居漢地，如果得到新的年輕女子，就不再喜歡正妻了。」因為有自己的公公頭曼單于厭棄婆婆的前車之鑒，閼氏害怕冒頓也沾染上這樣的惡習，果然聽信了使者的說辭，勸冒頓返回草原。再加上漢朝大軍已經開始向白登山會合，冒頓只好暫時撤回漠北。

冒頓並不是無功而返，韓王信此時已經是匈奴的將軍，他指揮匈奴軍隊長期騷擾北境，劉邦只好實行和親政策。冒頓為自己的新婚忙前忙後，才稍稍停止對漢朝的侵擾活動。

西元前一九五年，劉邦駕崩，冒頓還不忘調侃呂后，寫信說道：「我是孤獨寂寞的君主，你也是孤獨寂寞的寡婦，要不咱倆湊一對，也算是漢匈一家親了。」

使者回來後，冒頓收到了一堆美女和珠寶，當然，還有呂后的一封信：「現在我已經人老珠黃，頭髮和牙齒都快掉光了，根本配不上單于。另外，我患上腿疾，走不到漠北，所以把我常用的馬車送給您，希望牠能陪伴在單于左右。」

當然，這是假話，此時四十多歲的呂后風華不減當年。但十六歲的劉盈剛剛即位，孤兒寡母確實不能與冒頓撕破臉，只好寫信草草應付了冒頓。

冒頓當然也不敢帶領草原的兒郎輕易越過長城，孤軍深入中原是一件極其危險的事，此時的冒頓還沒有成吉思汗那種摧枯拉朽的實力。

月氏的西遷

因為在月氏當過人質，冒頓繼承了月氏人的商業頭腦。草原之狼與中原之虎搏鬥，最常見的結果是兩敗俱傷。所以，冒頓就盯上了月氏，這是一隻美麗的梅花鹿。

做為人質，甚至是俘虜，冒頓顯然在月氏過得並不好。因此，在冒頓成為單于的時候，他急切地想要把月氏從敦煌、祁連間趕出去。

也是因為曾經做人質，冒頓對於月氏的戰力、地形、軍事部署和優缺點了然於胸。於是，大約在西元前二〇五年至前二〇二年，冒頓舉兵進攻月氏，月氏的結果只能是失敗。西元前一七六年前後（賈誼被貶的那一年），冒頓派右賢王西征，再次擊敗月氏，迫使月氏西遷到東天山一帶（今新疆哈密）。

西元前一七四年，冒頓去世，兒子繼位稱老上單于。為報父親質子之仇，老上單于聯合烏孫再次襲擊月氏，殺死月氏王。他還把月氏王的頭顱割下來做成酒器。自此匈奴統一漠北草原，實力達到巔峰。

西元前一三八年，年僅兩歲的霍去病正在小姨媽衛子夫的懷抱裡嗆著食指，並新奇地打量著這個即將屬於他的時代。此時，一旁的漢武帝欣喜不已，他聽說了這一場殘酷的血案之後，決定利用大月氏的仇恨，和他們結成聯盟共同夾擊匈奴。於是漢武帝下令選拔人才出使西域，二十六歲的郎官張騫積極上書，接下了這個任務。

老上單于在帳篷裡搖晃著特製的酒器，月氏人則正在向西方逃亡的路上。

大部分月氏人從河西走廊遷至伊黎河流域，這個地方原來居住的是塞種人。《漢書・張騫傳》中記載：「月氏已為匈奴所破，西擊塞王。塞王南走遠徙，月氏居其地。」可見馬背上的月氏人雖然打不過更加慓悍的匈奴人，但欺負西域小部落塞種人還是綽綽有餘的。吃了敗仗的塞王只好學習月氏人逃跑的本領，留下的塞種部眾則成為月氏人的臣僕。

不幸的是，伊黎河流域的北部剛好是烏孫，他們被月氏趕出河西走廊之後就逃到了這裡。所謂「仇人見面，分外眼紅」，烏孫人眼見昔日的仇人也淪落至此，要報當年被驅趕的仇恨，所以就把月氏人趕出了伊黎河谷。大月氏不得不再次向西南遷徙。他們先翻越蔥嶺，再渡過錫爾河，居住了一段時間之後，又越過阿姆河（今烏茲別克斯坦、塔吉克斯坦與阿富汗之間的界河），攻佔了大夏國（今阿富汗地區）。

與此同時，張騫穿過河西走廊的時候，被匈奴人發現，捉到草原上放羊。十年後，他趁著衛青攻下龍城之後引發的混亂，逃出匈奴王庭，來到了月氏人的王國。月氏人佔領了土地肥沃的錫爾河和阿姆河所在的廣大區域，軍事實力強盛，成為中亞地區最強大的國家之一。這樣的實力完全可以與匈奴一戰。張騫十分興奮，正在宮殿裡慷慨激昂地說著宏偉的計畫：「匈奴當年是多麼殘忍，殺了敬愛的月氏王，還把他的頭顱當做酒器，日夜把玩！此仇不報，非大丈夫！國王您率軍東征，我大漢必助一臂之力，我們東西夾擊，定能消滅匈奴。到時候，國王您就可以回到您的故鄉了！」

張騫神采飛揚，月氏王無動於衷。

除了語言的障礙之外，月氏王實在對征伐匈奴提不起興趣。因為此時的月氏王從小就在阿姆河河畔長大，這裡才是故鄉。那位頭顱被做成酒器的月氏王確實挺可憐的，但自己又不認識他，「敦煌」更是一個十分陌生的詞語。為了這個會講故事的中年大叔拋棄自己現在富饒的家鄉，回到被匈奴控制的河西走廊實在不划算，所以國王回絕了張騫。

張騫繼續在月氏境內遊說，可始終不能達成漢武帝交給他的使命，在月氏當了一年外語教師的他只好回國。

貴霜帝國與犍陀羅藝術

霍去病在酒泉灑下漢武帝御賜美酒的時候，月氏人依舊在風景如畫的阿姆河河畔生活。新月氏王搖晃著銀製的酒器，而那件用老月氏王頭蓋骨做的酒器已經成為霍去病的戰利品，它正跟匈奴的祭天金人一起被放在馬車上，搖搖晃晃地趕往長安。

漢武帝統一河西走廊的時候，月氏卻分裂了。

月氏從河西走廊一直遷到今天阿富汗地區，東西跨度近三千公里，在這一路上不斷吞併西域和中亞的綠洲民族。征服大夏的時候，月氏已經成為一個多民族政權，很快內部勢力山頭林立，最後分裂為五部翕侯。根據《漢書》記載，這五部翕侯分別為：休密翕侯、雙靡翕侯、貴霜翕侯、肸頓翕侯、高附翕侯。

大約在西元一世紀初，王莽當上皇帝的時候，西邊的貴霜翕侯部開始強大。到了劉秀登基時，貴霜翕侯丘就卻兼併了其他四個翕侯，統一了大月氏，創立了貴霜王國，但中國文獻中一般仍稱「大月氏」。

貴霜王朝與漢王朝一直保持著良好關係，在班超管理西域的時候，貴霜曾經幫助班超平定疏勒和莎車。此時的國王是閻膏珍，他自認為貴霜是大國，想要像烏孫一樣求娶漢朝公主為妻，但遭到班超的拒絕。西元九〇年，閻膏珍派大將率精兵七萬餘攻打班超，貴霜將領自然不是軍事天才班超的對手，結果只能是敗退求和。敗給班超的貴霜國王清楚地認識到了與漢朝的差距，從此不敢染指西域，而是把目光投向了南方。軍人出身的閻膏珍雖然不是班超的對手，但打敗中亞的綠洲國家還是綽綽有餘的。其勢力鼎盛時期一度攻佔了北印度，是當時中亞和南亞的第一強國。

由於貴霜王朝的發源地在今天阿富汗地區，正好位於東亞、中亞與南亞三個地區的交界處，所以絲綢之路的大部分貿易都需要經過當地。除了大力發展經印度通往中國的海路和經大夏、大宛進入中國的陸路貿易外，又經營經康居、花剌子模渡裏海西行的新商路，貴霜成為絲路貿易中獲利最多的國家。

經濟發展與文化昌盛是一對姐妹花。

佛教自印度誕生之後，就北傳到大夏地區，月氏人深受佛教的影響。到了迦膩色伽王的時代，佛教已經成為貴霜的國教，迦膩色伽王本人更是虔誠信仰佛教，佛教歷史上的第四次結集就是由他完成的。

在佛陀涅槃五百年後的迦膩色迦王時代，佛教典籍因為翻譯、傳抄、曲解等，摻雜了很多與佛教原理不符的觀點，所以迦膩色迦王決定進行一次「結集」。結集就是召集當時佛教界的名僧，一起來談論、整理、校勘佛教典籍，是佛教理論發展的盛會。此前已經結集過三次，上一次結集由阿育王發起，距此時已經三百年了，所以很有必要對佛經做一次系統的修正。於是，迦膩色伽王在喀什米爾召集了眾多僧侶，開啟了第四次佛教結集大會。貴霜帝國一時成為佛教的中心。

除了佛教理論外，貴霜帝國也是佛教藝術的中心。因為貴霜曾經依附於希臘王赫爾謨尤斯，所以深受希臘藝術的影響。當貴霜人把弓箭射到印度河河畔時，也將希臘藝術帶到了北印度。當希臘雕塑藝術遇上了佛教，就產生了著名的「犍陀羅藝術」。

犍陀羅地區位於今巴基斯坦的白沙瓦一帶。迦膩色伽王在位期間，犍陀羅地區的富樓沙成為帝國之都。早在西元前三世紀，馬其頓國王亞歷山大大帝征戰到此，希臘藝術隨之傳入此地。於是希臘文化和印度佛教文化在此地碰撞與融合。犍陀羅地區成了古代印度文明與希臘文明的洞房，在此基礎上，其雕刻、建築、繪畫更融入了波斯、大夏、羅馬等地的藝術風格，多種文明的結晶就是犍陀羅藝術。

犍陀羅佛像的特點是在佛陀「三十二相」基礎上，更多地保留了希臘藝術中的人體寫實特徵。「三十二相」是佛像的造型標準，如雙耳垂肩、雙手過膝等，共三十二個樣貌特點。犍陀羅佛像（圖2）一般呈現為希臘人的面龐，深眼窩、高鼻子，穿的袈裟衣褶也較為厚重，與古羅馬雕塑藝術中的長袍十分相似，所以也有人稱犍陀羅佛像為「阿波羅式的佛像」。

佛教的東傳

當佛經和佛像都準備好之後，佛教準備進入中國了。

有人說，佛教最早傳入中國與霍去病有關。上節說到霍去病繳獲了匈奴的兩個祭天金人，《魏書》就認為是佛像。回朝後，他把這兩尊金像獻給漢武帝，漢武帝命人將金像供奉在甘泉宮內，常帶領著大臣們去朝拜。因為不知道金像的名號，所以才派張騫出使西域弄清楚佛的名號。這一幕就畫在莫高窟初唐第323窟的牆壁上，也是目前中國僅存的張騫出使西域的壁畫。這裡將張騫出塞的目的變成了取經問佛，張騫成了漢朝的唐僧。很顯然，這是佛教徒的一廂情願，是後世為了提早佛教傳入中國的時間而篡改的故事。

佛教傳入中國的因緣，還要從一個夢說起。

根據《後漢書》記載，一天夜裡，漢明帝睡覺夢見一個閃著光芒的金人從天上飛到了床榻邊，金人周身散發著萬丈光芒，形象莊嚴。從夢中醒來的漢明帝對金人念念不忘，上早朝的時候就把這個夢講給群臣。眾人都無法解夢，唯獨博學多才的太史令說：「據傳西方有大聖人，名號叫佛，周身常常有光明，跟陛下夢中的金人十分相似。」

漢明帝聽了十分高興，認為這是祥瑞，於是就派秦景和王遵等十八人西去求佛。永平十年（西元六七年），他們在大月氏遇到攝摩騰和竺法蘭兩位高僧，邀請兩人回國面見聖上。於是，眾人用白馬載著佛像和經書，經大夏、西域、河西走廊之後抵達洛陽。

後來漢明帝為兩位高僧修建的寺廟就叫白馬寺，洛陽白馬寺是佛教在中國的第一座寺廟。從此以後，中國就有了佛僧、佛寺、佛教。

洛陽有了攝摩騰和竺法蘭，敦煌則有了竺法護（西元二三一年—三〇八年）。竺法護是貴霜王國的月氏人，因為一生中絕大多數時間在敦煌生活和傳播佛法，因此被稱為「敦煌菩薩」。他通曉西域各國三十六種語言文字，是鳩摩羅什之前最著名的佛教譯經僧人，譯出了一百五十餘部經論，種類繁多，幾乎囊括了當時西域流行的主要經典。後世對他的評價是：「經法所以廣流中華者，護之力也」，他是佛教傳入中國的先驅者，是鳩摩羅什的精神導師，為大乘佛教在中國的弘傳打開了廣闊的局面。

除了佛經之外，佛教藝術也傳播到了敦煌。

犍陀羅獨特的藝術是隨著貴霜的僧人們來到中國的。這種藝術風格第一站抵達了巴米揚地區，之後越過蔥嶺（今帕米爾高原）抵達西域，魏晉時期已經在竺法護所居住的敦煌流傳開來。

在莫高窟早期如北涼和北魏的洞窟中，就保存有犍陀羅藝術風格的壁畫和塑像，奠定了敦煌藝術的基礎。這些佛教造像中的人物形體健壯，比例適中，衣服厚重，衣紋表現得自然而寫實。這種風格成為莫高窟最早的藝術流派，其原因是佛教從印度傳來，對於當時的人們來說，這種外來樣式的佛像具有權威性。另外，中國的雕塑家們還沒有一套表現佛像的成熟技法，還需要學習和採用外來的雕塑手法。

這種藝術在敦煌獲得了中原藝術的匯入和改造，成為更成熟的藝術模式，在北魏統一北方中國後傳到平城（今山西大同）和洛陽，再由中原傳入朝鮮，最終傳入日本。

當貴霜人創造出來的文化和藝術在世界上開枝散葉時，貴霜帝國卻迎來了它的終局。

西元二二四年，劉備死後的第二年，波斯薩珊王朝崛起，開始向中亞、阿富汗和印度擴張。薩珊王阿爾達希爾一世率軍攻入貴霜，佔領了貴霜北部的絕大多數領土，貴霜實力大減。

西元四世紀，東印度的笈多帝國興起後，再次統一北印度，貴霜又丟失了印度地區的領土。貴霜禍不單行，中國北方的嚈噠沿著月氏人的老路從漠北遷到中亞，這個同樣在中國混不下去到國外跑生活的後浪，攻打老鄉後裔時完全不留情面。西元四二五年，創建了最後一個匈奴王國的赫連勃勃去世，而匈奴人的老對手月氏人所建立的貴霜王國，也在同一年被嚈噠所滅，兩個老對手同時退出了歷史舞臺。

嚈噠人的族源眾說紛紜，其中一種說法認為他們是塞種人和大月氏人的後裔。西方史學家認為他們應該是匈奴西遷中的變種，所以一般稱之為「白匈奴」。

月氏、匈奴、嚈噠，這不能不說是一種歷史的宿命。

那些曾在歷史上呼嘯而來的遊牧民族，春風吹過後，又在草原上呼嘯而去，沒有留下任何痕跡。

只有長安城外，那位少年英雄的陵墓前，「馬踏匈奴」的石雕下，保留著一副匈奴人的漫漶面孔。

第三章

漢匈戰爭與河西四郡

將星出世

外交家：張騫、蘇武、常惠、解憂公主。

軍事家：衛青、霍去病、李廣、公孫敖、李陵、李息。

經濟學家：桑弘羊。

史學家：司馬遷。

政治家：衛綰、竇嬰、田蚡、主父偃、張湯、公孫賀、霍光。

儒學家：董仲舒、公孫弘。

這些是漢武帝時代的大臣。無論是家喻戶曉的張騫出塞、蘇武牧羊、李廣射虎、衛青長征，還是影響深遠的桑弘羊的經濟、司馬遷的史學、張湯的法律、董仲舒的儒學，都在歷史上留下了濃墨重彩的一筆。

歷史似乎太過偏愛漢武帝了，他們中的每一個人放在之前或之後的時代都是中流砥柱，而群星卻同時出現在漢武時代的天空。當漢武帝在建章宮的御座上看著這些濟濟一堂的人才時，一定像大獲豐收的老農一樣露出富足的微笑。

當然，在眾多臣子中，漢武帝最鍾愛的是霍去病。

西元前一四〇年，這是劉徹成為皇帝的第二年，他創造了一個叫「建元」的年號。這是中國歷史上的第一個年號，中國人的年號紀年從此開始。也是在同一年，兩個嬰兒出生了：一個叫蘇武，一個叫霍去病。

那是在平陽公主府的一間小柴房裡，一名叫衛少兒的婢女咬著一塊柳木，悄悄地誕下了一名男嬰。在古代生產力低下的環境裡，生下一個男嬰，全家人都要好好慶祝一番，衛少兒為何要躲在柴房裡呢？《資治通鑑》中記載了這件事的起因：「初，平陽縣吏霍仲孺給事平陽侯家，與青姊衛少兒私通，生霍去病。」這個私生子就是後來鼎鼎大名的霍去病。

他的父親霍仲孺是平陽縣裡一個沒有品級的衙役，在平陽侯家裡做事時，與府裡的婢女衛少兒私通。這在當時是一種重罪，所以衛少兒只能躲在柴房裡生孩子。

然而，霍仲孺卻在結束平陽侯府裡的差役後，辭職躲回了老家。《漢書．霍光金日磾傳》的記載是：「仲孺吏畢歸家，娶婦生光。」可見他回家之後又有了新歡，還結婚生了孩子。這個孩子就是霍光。

雖然霍仲孺的品行我們不敢恭維，但就是這個小人物生下的兩個兒子卻幾乎決定了西漢歷史的發展進程。漢武帝臨終時將霍光任命為四大托孤大臣之首，也許也暗含著對早逝的霍去病的追思。霍光在漢武帝死後權勢滔天，把控著漢昭帝和漢宣帝時期的朝局，甚至決定了劉賀的廢立，掌控著皇帝的生死。

霍去病小時候在柴房裡啼哭的命運，就像是他舅舅衛青命運的延續。

衛家的女人似乎都不甘於平淡的生活，衛少兒就深受她母親衛媪的影響。衛媪與丈夫生了四個孩子：長子衛長君、長女衛孺、次女衛少兒、三女衛子夫。衛媪後來成為平陽侯家中的奴婢，在後勤部門做事時，與平陽縣的縣吏鄭季私通，生下了衛青。鄭季倒是一個負責任的人，把衛青抱回自己家撫養。但鄭季家裡的其他成員並不接受衛青，將他當成奴僕一樣虐待。衛青稍大一點後，不願再受鄭家的奴役，就跑到了母親身邊，做了平陽公主的騎奴。

西元前一三九年，衛青和霍去病的命運都被衛子夫改變了。衛子夫是衛青的三姐，霍去病的小姨。這年春天，漢武帝來到姐姐平陽公主家做客，公主為他準備了歡迎晚宴。漢武帝被歌女衛子夫的歌聲迷得神魂顛倒，當夜就臨幸了她。入宮後的衛子夫為多年無子的漢武帝生下了第一個兒子劉據，一躍成為天下最尊貴的母親。

身為衛子夫抱大的外甥，霍去病也在小姨父漢武帝的膝下慢慢長大。漢武帝不僅是霍去病的君主，還是教他戰略決策和軍事眼光的老師。在漢武帝膝下玩耍的霍去病，常常聽到一個陌生的詞——匈奴。他知道高祖劉邦被圍困在白登山，文帝與景帝兩位皇帝委曲求全採取和親政策，都是因為匈奴。

十八歲，霍去病被漢武帝任命為票姚（漢代對將軍的稱號，意思是勇猛勁疾）校尉，跟隨大將軍衛青出擊匈奴。這是霍去病的第一次出征，他從舅舅衛青那裡獲得了八百名「壯士」當作自己的屬下。「壯士」相當於大漢帝國的特種部隊，而霍去病在部隊中是兵王的角色。隨後，霍去病率領輕騎兵孤軍深入數百里，匈奴軍隊從未見過這種不要命的打法，看到遠處奔襲而來的紅色戰袍，以為是天兵降臨，一接觸就潰不成軍。這是霍去病第一次統兵。據《漢書》記載：「票姚校尉去病斬首捕虜二千二十八級」，並且俘虜了匈奴單于的叔父。戰後，漢武帝封霍去病為冠軍侯（取勇冠三軍之意），劃南陽郡穰縣、宛縣的部分土地（今河南鄧州境內）為冠軍侯國。從此，大漢王朝升起了四百年內最耀眼的將星，失敗的喪鐘已經為匈奴而鳴。

河西之戰

西元前一二一年，霍去病二十歲，漢匈河西之戰拉開了帷幕。河西走廊因位於黃河以西，南面祁連山、北面合黎山夾峙，故名河西走廊。它是中國內地通往西域的要道，具有重要的戰略地位，但當時仍在匈奴的控制之下。匈奴橫跨漠北，佔據河西，聯繫青藏，對漢朝形成了半包圍的態勢。漢武帝為了打通去往西域的道路，割裂匈奴與青藏地區羌人的聯繫，決定展開河西之戰。

此時，霍去病已經迅速成長為成熟的軍事將領，不再需要舅舅衛青的保護。他再次率領騎兵團走出長安，成為這次戰役的主角。

霍去病率精騎萬人穿過隴山，渡過黃河，翻越烏鞘嶺後，進入了河西走廊。他依舊採取突襲戰法，長驅直入，在短短的六天內連破匈奴五王國。稍作停頓之後，越過焉支山（今甘肅山丹大黃山），急行一千多里，最終在皋蘭山下（今蘭州南部）遇到匈奴主力。霍去病借助地理優勢，率領全軍像山洪一樣直接從山坡上俯衝下來，以弱勢兵力重創匈奴，殺死匈奴折蘭王、盧侯王，渾邪王、休屠王狼狽逃走，渾邪王子、相國、都尉等全部被俘。

史料記載，此役，漢軍共斬首八千九百六十級，並俘獲了休屠王的祭天金人。後來，有些佛教徒為了把佛教傳入中國的時間往前推，也為了蹭一蹭霍去病和張騫的影響力，就把繳獲的祭天金人認作中國最早的佛像。如果真是這樣，霍去病就是把佛教帶入中國的第一人。

當時的霍去病當然不知道自己會有這樣的功績，因為他正在營帳裡規劃下一場戰役。

的經濟來源和戰馬產地，因此使匈奴喪失了軍事騰挪空間和經濟中心。他們遠徙漠北苦寒之地，惡劣的自然環境導致人畜銳減。從此，匈奴再也沒有能力對漢王朝構成大的軍事威脅。

四郡的名稱淵源

戰爭勝利之後，為了鞏固勝利果實，漢武帝開始對河西走廊進行移民、屯田，並開始在水草豐茂、地勢緊要的地方修建城市，河西四郡就此登上歷史舞臺。

河西四郡的命名多與霍去病有關，比如酒泉。酒泉，原名應該稱作金泉。東晉的闞駰在《十三州志》上說：「酒泉原名金泉，有人飲此泉水，見有金色，照水往取，得金，故名金泉。」

從這條文獻可以看出酒泉的黃金產量十分豐富，甚至不用淘沙取金，可以直接在泉水沖擊成的河床上撿到狗頭金。酒泉地區金礦儲量確實豐富，北山地區的南金山金礦和小西鄉金礦，南山地區的鷹咀山金礦都是富礦，黃金年產量能達到一萬五千兩。酒泉市下屬的瓜州縣是金礦最集中的區域，黃金儲量排全國第六名，是甘肅省的「重點產金區」。

那麼，金泉為什麼又改名為酒泉呢？唐代的顏師古解釋說：「城下有金泉，泉味如酒。」清代的程世綏特別愛喝這種像酒一樣的泉水，他在《酒泉》一詩中說：「芬芳不減洞庭春」、「香甘一掬已陶然」。洞庭春是清代名酒，用它來比喻酒泉的泉水，實在妙不可言。

更多的人認為，酒泉的得名應該和「漢武禦酒」的傳說有關。

河西之戰勝利之後，漢武帝大喜過望，特地派遣使者來到霍去病的軍帳賜三壺禦酒。

霍去病認為功勞都是將士們的，自己不能獨享，但禦酒太少，分不了數萬將士，於是將酒倒入「金泉」，與全軍將士共飲泉水。這樣的佳話傳開之後，漢武帝為新建立的河西四郡定名時就將這個地方稱為「酒泉」。

除了酒泉，武威的名字也與霍去病有關。

西漢元狩二年（西元前一二一年），漢武帝派霍去病遠征河西，他率軍翻越烏鞘嶺，從武威境內開始連連擊敗匈奴，彰顯了大漢帝國的武功軍威，武威由此而得名。

元鼎六年（西元前一一一年），這是霍去病去世的六年後，為了加強河西走廊的建設，將武威郡的一部分獨立出來設置張掖郡。張掖的名字取「張國臂掖，以通西域」之意。這個名字同樣是漢武帝對霍去病的追思，紀念他開拓河西走廊的驚天一戰，終於使大漢帝國可以舒展地張開手臂。

河西四郡的以上三郡得名由來比較清楚，且都跟霍去病有關。唯獨敦煌的名字從何而來，在歷史上一直是個謎團，引發了無數的爭論。

敦煌在古代中國的歷史上是那麼耀眼，所以東漢應邵注解《漢書》的時候解釋說：「敦，大也。煌，盛也。」唐朝的李吉甫也仰慕敦煌的繁華，在《元和郡縣圖志》中進一步發揮道：「敦，大也。以其廣開西域，故以盛名。」然而，這是後來人對敦煌建郡之後繁榮景象的肯定，但在漢武帝的時代，敦煌是荒蕪人煙的無人區，它的由來一定有更古老的根源。

有人認為，敦煌得名來自「敦薨」一詞。《山海經．北山經》中記載：「又北三百二十里，曰敦薨之山……敦薨之水出焉，而西流注於泑澤。」學者考證認為泑澤就是今天的新疆羅布泊，古代由東向西注入羅布泊的河流只有一條，那就是源於祁連山，流經玉門、瓜州、敦煌的疏勒河，是古敦煌人的母親河。所以「敦薨之水」、「敦薨之山」的地名都在疏勒河流域內，這與古代敦煌郡的地理範圍剛好重合，因此「敦薨」可能就是敦煌名字的來源。專家們認為，「敦薨」很有可能是古敦煌當地民族語言中的一種稱呼，漢朝建立郡縣的時候，尊重當地居民的習慣，用漢語把「敦薨」拼成「敦煌」繼續使用。

漢武帝的星鏈計畫

武威、張掖、酒泉、敦煌四郡沿著河西走廊自東向西分布，它們的命名也反映了漢王朝對待疆域由近及遠的態度。武威距離中原僅一山之隔，必須以強大的武力震懾，以保證帝國核心區的安全；張掖位於河西走廊中部，也是青藏高原和蒙古草原交流的通道，肩負重要的政治責任，是施展帝國政治手段的重鎮；酒泉和敦煌是漢王朝建設共同體的示範區，兩郡的命名不再以漢王朝為主導，而是積極接受和尊重當地的民族習慣和舊俗，表達了因地制宜地推進行政建設，促進民族和諧共建的期許。

漢王朝建立河西四郡之後，把中原的大量貧民遷移到河西，開始了西部大開發建設。這些移民主要是在內地缺地、無地的農民，他們是帶著內地先進的農業生產技術到這裡來的。

那麼河西地區的農業生產條件怎麼樣呢？河西走廊中部都是平原地形，平坦的土地讓移民免去了平整土地的辛勞。祁連山是河西走廊的水塔，發育了石羊河、黑河、疏勒河等內流河，河網密布整個河西走廊，可以十分便利地引水灌田。河西走廊屬溫帶大陸性氣候，是全國光熱資源最豐富的地區之一。基於這些條件，河西走廊很快發展出了成熟的灌溉農業，成為漢王朝的重要糧倉。

四郡的設立，使河西地區逐步由遊牧區變成了發達的農業區，產業結構的轉型和經濟基礎的改變，對河西歷史產生了深遠影響。

四郡設置以前，在中國大地上，秦長城以南為農業區，以北為遊牧區。蒙古高原、河西走廊、青藏高原有連續的畜牧帶，匈奴可以翻越河西走廊兩山之間的河谷地帶與青藏高原的羌族聯繫，構成對中原王朝的包圍圈，在長城沿線的任何一點都可以長驅直入。

河西走廊長達一千多公里，天然地從中間把青藏高原和蒙古高原區隔開，兩側還有高山作為隔擋，只要守住要害道路，兩地就完全無法聯繫了。通過漢朝四百年的農業建設，河西四郡在經濟基礎和生活方式上，分隔了同為遊牧生活的匈奴和羌族的聯繫，這也導致兩個民族群體逐漸走向各自演化的道路。後來，漢朝在敦煌又設置了陽關和玉門關，並將秦長城從令居（今甘肅省永登縣）延伸到了羅布泊附近，進一步加強了隔絕的作用。這就是《漢書》中說的「斷匈奴右臂」。

河西走廊的建設，也為新疆納入中國版圖提供了基礎。四郡的農業發展，使漢朝農業區與天山以南的農業諸國相連，增進了新疆地區的民族認同感，後來天山以南的農業諸國都歸附了漢朝。河西四郡的建設，也把漢王朝與巴爾喀什湖一帶遊牧的烏孫地理位置拉近，從而結成了抗擊匈奴的聯盟。

河西地區與新疆毗鄰，兩者在政治、經濟與文化上的聯繫是很密切的。敦煌在很長的一段時間內是整個西域的行政中心，比如東漢中期，西域校尉的辦公室就在敦煌，行使著西域都護的職權。後來人手緊張的時候，直接由敦煌太守兼管西域事務。

伊隆．馬斯克有星鏈計畫，河西走廊上遍布的農業區、城市、長城也組成了密集的星鏈，為絲綢之路提供了交通、經濟、軍事等各方面的保障。河西走廊本身也成為陸上絲綢之路的主幹道，是兩千年絲路互動最頻繁的地區。

敦煌在河西四郡中尤為重要，它日漸成為絲綢之路的分叉點和樞紐。季羨林先生曾說：「世界上歷史悠久、地域廣闊、自成體系、影響深遠的文化體系只有四個——中國、印度、希臘、伊斯蘭，再沒有第五個；而這四個文化體系彙聚的地方只有一個，就是中國的敦煌和新疆地區。」歐亞大陸上各個國家的文化因素都開始在這裡匯流，造就了多元文化的敦煌。

第四章

天馬傳說與漢武帝的偉業

渥窪池裡出天馬

二〇一一年三月，一個驚人的消息從江西省南昌市新建區大塘坪鄉傳出來：一座古墓被盜了！

文物考古工作隨後緊鑼密鼓地展開。一年後，人們知道了這座墓的主人——海昏侯劉賀。劉賀是一個悲劇性的人物，他是漢武帝劉徹的孫子，西漢的第九位皇帝，同時也是西漢歷史上在位時間最短的皇帝。這個悲劇還要從霍去病的弟弟霍光講起。

元平元年（西元前七四年），漢武帝駕崩十三年後，他的兒子漢昭帝駕崩，因為沒有兒子，只好從侄子中挑選一位當皇帝。霍光為了能夠控制朝局，選擇了胸無大志的劉賀當皇帝。沒想到劉賀成了皇帝之後更加荒淫無道，前任皇帝的靈柩還停放在前殿，劉賀就叫人在後殿裡擊鼓歌唱、吹奏樂器、扮演戲子。大臣們實在看不下去，霍光也迫於壓力只好廢黜他的帝位。

當了二十七天皇帝的劉賀被廢為庶人，史稱「漢廢帝」，這是一種極大的侮辱。

劉賀對此滿不在乎，回家後依然我行我素。新任的漢宣帝怕霍光重新立劉賀為皇帝，讓張敞監視劉賀的行為。張敞給皇帝的密摺上是這樣評價前皇帝的：「荒淫、貪婪，言語舉止形同白癡。」漢宣帝終於放心了，他封這個瘋癲的叔叔為「海昏侯」，以顯示他的仁慈和孝道。

當然，海昏侯也終於放心了。他是漢朝皇帝中最棒的演員，真是個「世人笑我太瘋癲，我笑他人看不穿」。他通過一系列的裝瘋賣傻，終於從漢帝國的權力漩渦中逃了出來，把真相藏在了海昏侯墓。

截至二〇一九年，墓室中出土了五千多枚竹簡，包括《論語》、《易經》、《禮記》、《孝經》、《醫書》等文獻。果然，知識分子真是好演技！然而，為世人最津津樂道的卻並不是他的學問，而是他的黃金。墓室中出土的金器超過一百一十五公斤，而最獨特的是一種形狀怪異的「馬蹄金」，這種橢圓、底凹、中空、形似馬蹄的黃金，與遙遠的敦煌有關。

元鼎四年（西元前一一三年），劉備的老祖先中山王劉勝逝世，就在這一年，一個敦煌人帶著一個故事和一匹馬來到長安，漢武帝接見了他。

等漢武帝召集來群臣，敦煌人也開始講起關於這匹馬的故事。原來，這個人是南陽郡新野縣的暴利長（或許是官名），因為犯了罪，被官府發配到敦煌屯田種地。有一天，暴利長剛幹完田裡的農活，打算在田地一旁的渥窪池邊休息一下時，一群野馬也來到池邊飲水。他躲在草叢裡觀察，發現野馬群中有一匹神采奕奕的馬，這匹馬差不多有一丈高，渾身雪白，四蹄黝黑，嘶鳴的時候像龍吟一樣響亮。

據敦煌當地傳說，渥窪池的水底曾經跑出來一匹天馬，難道就是牠？暴利長十分想得到天馬，當他繞到馬群的後面，猛然朝天馬撲過去的時候，馬群受驚，一下子逃遠了。看著天馬遠去的背影，他才意識到自己的愚蠢：天馬多麼靈敏，又在馬群之中，自己這麼衝過去捉，如果沒有套馬杆，是不可能得到天馬的。

回到家，他一直為自己的心急而後悔。要是能再次遇見天馬就好了，他這樣想著，輾轉反側，一夜未眠。第二天在田裡幹活的時候，同樣是中午，雪白的天馬又來到渥窪池邊喝水。原來這方圓幾十里，只有渥窪池有清澈的泉水，天馬每到中午就會來這裡飲水。摸清了天馬喝水的習慣，暴利長開始謀劃捉天馬的計畫。一連想了幾天，暴利長都沒有頭緒，因為天馬靈性太強了，沒有十足的準備，一定套不住它。要是這一次再失敗，天馬肯定不會再來渥窪池喝水了，所以必須想個萬全之策。皺著眉頭的暴利長繼續去田裡幹活，等他除完田裡的草，坐在田埂上休息的時候，看到兩隻麻雀站在稻草人的草帽上，正嘰嘰喳喳地叫。

嘿！我有主意了！暴利長在路邊割了一大捆芨芨草，當晚就開始紮稻草人。他技巧嫻熟得就像一位優秀的雕塑家，天亮的時候，一個跟自己同等身高的稻草人就紮好了。暴利長把自己的一件舊衣裳穿在稻草人的身上，還在稻草人的手裡插上一根套馬杆，趁天馬還沒有來到渥窪池邊喝水的時候，就把稻草人插在泉水旁。

中午時分，天馬又和眾多野馬朋友來到渥窪池邊飲水。剛走到泉邊，猛地發現泉邊站著一個手拿套馬杆的人，馬群嚇得回頭就跑，跑了幾里後，牠們發現人並沒有追過來。牠們繞到泉水的另一邊喝水，發現泉水對面的人一動不動。第二天來到泉水邊喝水時，馬群也看到了那個人，此後一連幾天都是這樣。時間一長，天馬的警惕性就減弱了，馬群喝水的地方漸漸離稻草人越來越近。膽子大的野馬發現了稻草人身上的芨芨草，甚至開始啃食露出衣服的長草，天馬也漸漸習慣了稻草人的存在，時不時還會在稻草人的身上蹭癢。

這些天，暴利長也沒閒下，他天天藏在蘆葦叢中觀察著天馬的變化。當天馬已經和稻草人成為朋友時，暴利長笑了，他知道捉天馬的時機已經成熟。第二天，暴利長起了個大早。他搬走渥窪池邊的稻草人，給自己的身上綁了芨芨草，抹上一些馬糞，又穿上稻草人穿過的那一套衣服，然後手拿套馬杆，一動不動地站在那裡，等著天馬到泉邊喝水。

天馬如期而至，朝著老朋友稻草人歡快地走過來。暴利長屏住呼吸，雙手緊握著套馬杆，等待著天馬雪白的脖子，只聽蹄聲越來越近，十丈，五丈，三丈……就在天馬剛要在杆子上蹭癢的時候，暴利長的套索突然勒住了牠的喉嚨。天馬終於到手了。

這是一個近乎完美的計畫，當暴利長牽著馬進城時，全城的人都異口同聲地驚呼這匹馬是天馬。酒泉太守知道這件事之後，當即上報到了朝廷，並派遣暴利長親自牽著馬前往長安獻馬。（這時距離敦煌建郡還有兩年，所以屬於酒泉郡管理。）

漢武帝聽了這個故事之後十分高興，當即獎賞了暴利長和酒泉太守。這匹馬成為漢武帝的坐騎，養在著名的上林苑中。張騫從安息（今伊朗）帶回來的苜蓿種子已經長成，天馬樂此不疲。

後來，漢武帝封禪泰山時撿到黃金，為了紀念「渥窪水出天馬」的祥瑞，決定製造一批馬蹄狀的黃金。《漢書．武帝紀》中把這種黃金叫做「麟趾褭蹄」（褭代指馬）。這種錢幣形狀一直被繼承下來，唐代為了方便鑄造，變成了實心的馬蹄金；宋元時又變得更加規整形象；元代把它視作寶物，所以叫做「金元寶」，就是我們在影視劇中常常可以看到的那種貨幣，所以馬蹄金是後世金銀元寶的始祖。

馬蹄金與漢武帝的心思

武帝改鑄馬蹄金，其實有非常重要的政治考量。天馬作為政治性瑞獸，它是一種交通工具，所以代表著德行天下，也代表禮樂征伐自天子出，這顯然是皇帝對諸侯王的一種警示。西漢自高祖以來，有不少諸侯王反叛中央，導致身死國滅。

就在漢武帝出生的第三年（西元前一五四年），漢朝就發生了「七國之亂」，吳王劉濞、楚王劉戊、趙王劉遂、濟南王劉辟光、淄川王劉賢、膠西王劉昂、膠東王劉雄渠七個宗室諸侯王，拒絕削藩，以「清君側」的名義聯兵反叛，後被周亞夫平定。

從漢武帝登基之初到宣布鑄馬蹄金的時候，史書記載，諸侯王因為謀反、投敵、矯命、枉法、詛上、匿罪、弄虛、作假等罪名，被殺、奪爵、削國的人幾乎年年都有；甚至，連衛子夫和太子劉據都被牽連。《漢書》中記載，太子被殺之後，與太子相關的其他犯人大多數被發配到了敦煌做苦役。這種現象暴露出西漢統治集團內部的矛盾重重，漢武帝在《天馬歌》中就提到了「以征不服」。

馬蹄金鑄成之後，漢武帝給每一位諸侯王都賞賜了。表面上是表達自己對敦煌天馬的喜愛，其實是對諸侯王的再一次提醒。他要給諸侯王戴上馬籠頭了，這就是後來的「推恩令」。

這樣看來，海昏侯獲得大量馬蹄金的原因就十分明顯了。諸侯王是皇帝權力的潛在威脅，海昏侯可是直接當過皇帝的，漢宣帝的皇位從法統上來講，是從海昏侯那裡繼承過來的，這對於漢宣帝來講，是極大的隱患。所以，即使他看到的海昏侯是個「傻子」，但畢竟這位前皇帝還活著，於是就賜給他大量的馬蹄金以作警示。

從這一點來看，漢武帝似乎不是一個純粹的寶馬愛好者。那麼，渥窪池出天馬的事究竟是不是真的呢？

當然是假的！馬怎麼可能是從水裡面出生？千古一帝的漢武帝又不是傻子，他當然不會相信暴利長拙劣的演技。但是，漢武帝為什麼還是仔細聽完了整個故事，並且把這個故事載入史冊、大肆宣揚呢？因為，暴利長帶來的是一套「皇帝的新裝」，而漢武帝聰明地把新裝賜給了天下人。這是一個謊言，為了讓這個謊言變成真的，所有人都開始說謊，所有人都成為這個謊言的編造者和組成部分。謊言的起源是因為需要。那麼，漢武帝的「需要」是什麼呢？

這個需要就是：張國臂掖，以通西域。

暴利長是個聰明人，他從張騫和霍去病的足跡裡十分清晰地讀到了這個需要，這就像漢武帝睏意十足，而暴利長正在敦煌為他繡製枕頭，同時繡製了一段關於天馬的美夢。暴利長這麼用心說謊，根源在於他的身分。史書記載他是南陽郡新野縣人，《三國演義》裡的劉備就是在新野縣與臥龍崗上的諸葛亮相遇的，而在三百年前，暴利長犯罪了。但他究竟犯了什麼罪，史書中並沒有說明，河南人暴利長就被官府發配到五千里外的敦煌做苦役。

暴利長原來應該是個小官，但此刻卻在敦煌的荒原裡種田，他一定十分想回到故鄉。當他在渥窪池看到一匹好馬時，暴利長有了一個驚天的計畫：和漢武帝一起說個謊。他知道漢朝目前最缺的東西就是良種馬，這是與匈奴作戰時最重要的軍事裝備。另外，河西走廊此時已被漢武帝收入囊中，下一個目標就是西域。但插足西域總得有個由頭，於是渥窪池水出天馬的故事就被創造出來了。

這個故事最後的定稿應該是酒泉太守寫的，經過反復推敲，謊言終於編造得順理成章，以保證在暴利長去長安時他也能爭上一份功勞，否則他絕對不會允許治下的暴利長去犯欺君之罪。

果然，漢武帝一下子就從故事裡聽出了精心謀劃的痕跡，也當即獎勵了這兩個苦心說謊的人。漢武帝正致力於開拓西域，成就千古一帝的功業，所謂名不正則言不順，他特別需要上天降下「天命」，為他的開拓提供神靈輔助。暴利長獻來的天馬，就像伏羲時代的龍馬負圖和大禹時代的神龜馱書一樣。

因此，建章宮內，當暴利長說出這個謊言之後，沒有人敢去揭穿。暴利長最終獲得什麼賞賜，史書並沒有記載，但我們推想，暴利長大概會如願以償，由一名被流放的罪犯一下子變成了漢武帝的功臣。

興奮的漢武帝還為這匹天馬寫下《天馬歌》，詩曰：「天馬徠，從西極，涉流沙，九夷服……」意思是神馬來自天賜，牠體貌不凡、不遠萬里而來，投效王庭，意味著天下臣服。此後，天馬成為漢王朝一個鮮明的政治符號，被漢武帝不斷提升它的政治作用，所以才有了漢武帝鑄馬蹄金的故事。

馬文化從此成了河西文化的重要組成部分，在持續地發酵中，銅奔馬誕生了。

一九六九年九月十日，甘肅武威新鮮人民公社新鮮大隊第十三生產隊的村民正在挖防空洞，無意間發現一座有大量青銅俑的古墓。就在這座古墓中，出土了著名的「馬踏飛燕」。

「馬踏飛燕」是東漢青銅器，屬於國寶級文物，是甘肅省博物館鎮館之寶，也是中國旅遊標誌。奔馬三足騰空、一足超掠飛鳥的瞬間，飛鳥回首驚顧，更增強奔馬急速向前的動勢，全身的著力點集中在超越飛鳥的一足之上，準確地掌握了力學的平衡原理，代表了漢代青銅製造的高超工藝水準。

為什麼要持續編造這個謊言呢？因為這匹天馬來自漢武帝剛剛獲得的新邊疆——敦煌。中國傳統神話敘事在敦煌以及河西地區的持續發生，不僅表明河西已經成為漢帝國和漢文化的一部分，也代表著敦煌即將成為統治西域的戰略中心。

後來在敦煌郡下面建縣的時候，就把渥窪池所在的地方取名為龍勒縣。古代一般把天子之馬稱做「龍」，龍勒的意思就是「天子之馬的籠頭」。馬籠頭是制服天馬的寶器，漢武帝的目標已經昭然若揭。

李廣利的慘勝

失我焉支山，
令我婦女無顏色。
失我祁連山，
使我六畜不蕃息。

這是遠走他鄉的匈奴人在漠北草原上傳唱的一首歌。祁連山對於匈奴人太重要了，然而，這裡遼闊的草場已經成為大漢的領土。漢武帝終於有了一塊可以養馬的寶地，卻沒有好馬。中原地區的馬大多體形矮小，只能用做勞力，不能用來打仗。漢武帝的天馬確實不錯，但只有一匹，不能繁殖，所以他迫切需要更多的好馬。

出使過西域的張騫告訴漢武帝，在大宛國（今費爾幹納盆地，位於烏茲別克斯坦、吉爾吉斯斯坦交界地區）他曾經見過一種馬，這種馬的耐力和速度都十分驚人，一日能行千里，因為奔跑之後會從肩膀附近流出像血一樣的汗液，所以叫做「汗血寶馬」。漢武帝打算用牠來改良漢朝軍隊的馬種，從而組建強大的騎兵。

西元前一〇四年，儒學大師董仲舒逝世，與此同時，一隊漢朝使者攜帶大量財物和一匹用黃金鑄成的金馬，前去大宛國換取汗血寶馬。也許大宛國國王是這樣想的：畢竟漢朝距大宛太遠了，中間還隔著沙漠和高山，而匈奴人就在北邊的草原上，如果拒絕了漢朝的交易，麻煩不會馬上來；可是惹惱了匈奴，自己的頭也許就會像月氏王的一樣變成酒杯。所以，大宛國王拒絕了漢武帝。

不合作倒罷了，也不知大宛國國王腦子裡的哪根弦不對，自從見了金馬之後就心生強烈的佔有欲，在漢朝使者回國途中，金馬竟然在大宛國境內被劫，漢朝使者也被殺害。漢武帝聞之大怒，當即下令漢軍征討大宛國。

大宛國國王正在自己的王宮裡把玩金馬時，漢朝的軍隊已經開拔。他以為有塔克拉瑪干沙漠和蔥嶺的阻攔，漢軍無法到達大宛，但他似乎低估了漢武帝有仇必報的決心，也忘記了十幾年前霍去病從草原上呼嘯而過時匈奴人驚恐的表情。

漢武帝在大怒之下決定出兵，可是在派誰為主將的問題上犯了難。十五年前，飛將軍李廣自殺；十三年前，天才少年霍去病逝世；兩年前，小舅子衛青病逝。此時的漢武帝已經沒有獨當一面的主將了，迫於無奈，只好選擇自己的大舅哥李廣利。

李廣利就是海昏侯的親舅姥爺，因為妹妹李夫人的關係，他獲得了出征大宛的差事。漢武帝是一個對自己老婆家的親戚極好的人，他疼愛自己的大舅李廣利就像疼愛小舅子衛青一樣。趙破奴曾經率領七百騎兵就攻破了西域強國樓蘭，霍去病帶著一萬騎兵攻打匈奴的時候簡直就像放羊。大宛是個小國家，漢武帝給李廣利正規軍六千人和刑徒數萬人征討大宛，想讓李廣利借這次出征積累戰功，從而拜將封侯。

可是，李廣利並不是霍去病，也不是趙破奴。

李廣利從敦煌集結出發，沿途經過西域的時候，發現各國並沒有像他想的那樣看到漢軍就瑟瑟發抖，而是紛紛關緊城門，拒絕為漢軍提供任何補給。漢軍行軍的過程苦不堪言，李廣利無奈，只能率軍攻打一些較小的城池，從而暫時獲得補給。

這些城池與李廣利無冤無仇，卻遭到了漢軍的洗劫。西域各國聽說了這件事後，紛紛拒絕李廣利所率領的漢軍，漢軍陷入了被抵制、圍困的泥潭。漢軍在攻打小城的時候，也急速消耗著有生力量，當他們抵達大宛邊境時，活活像個乞丐軍團，個個饑腸轆轆、疲憊不堪。大宛軍隊依託地形，展開頑強抵抗。李廣利軍事能力平庸，再加上勞師遠征，軍隊傷亡慘重。漢軍只能狼狽班師，匆匆撤回敦煌。

失敗的消息傳來，武帝震怒，遇上一個這樣的大舅哥，漢武帝的晚年一直處在期待、震怒、失望之間，身體越發不好。李廣利本來想回到長安的，可漢武帝實在不想看到他，更不想看到大臣們對他偏袒李廣利卻沒有戰果的嘲笑。於是派使者擋住玉門關，命令李廣利不拿下大宛，不准回家。李廣利無奈，只好先住在敦煌反思自己。

為了汗血寶馬，也為了李廣利的名譽，漢武帝又徵調士卒、民夫十萬人在敦煌集結，命李廣利率軍再征大宛。就在這一年（西元前一〇一年）的年初，趙破奴被匈奴擊敗，兩萬騎兵精銳全軍覆沒，此時的漢軍騎兵所剩無幾，財政也開始吃緊。所以大多數朝臣不同意再征大宛，但漢武帝再一次顯現出他作為戰略家的眼光。

漢武帝的目標從來都不是小小的大宛，而是整個西域。此時的漢王朝十分需要一次招搖的行軍和漂亮的勝利來展示肌肉。一旦征服大宛，西域就會在匈奴和大漢之間的權衡中站到漢王朝這一邊。

為了保證行軍補給和戰爭的勝利，漢武帝先後徵集了十萬頭牛及四萬匹騾馬，用於運輸軍器糧草。在長安城裡當後勤大隊長的時候，漢武帝一定十分想念霍去病，如果霍去病在，他會像一道閃電一樣出現在蔥嶺的山坡上，而他的後勤部長就是大宛國王。沒有對比，就沒有傷害。

不過人多也有一個另外的好處，就是氣勢看起來浩浩蕩蕩。這對於西域小國來講，很有威懾力，因為這次走在路上的漢軍兵力比一個西域小國的人口還要多。他們再也不敢抗拒漢軍，沿途城市紛紛打開城門，為大軍提供糧食和水源。只有輪台城（今新疆輪台縣東南）聽說是李廣利領兵，還要抗拒。可是輪台城的軍隊數量都沒有漢軍的廚師多，所以被漢軍輕而易舉地攻破。西域各國聽說後，再也不敢抵抗，漢軍順利抵達大宛邊境。

李廣利打敗大宛邊軍之後，直撲大宛國都。漢軍切斷城外水源，依仗優勢兵力，從城牆全線圍攻。大宛國從來沒有經歷過這樣的場面，為了讓漢軍退兵，大宛貴族殺了國王，派遣使者拿著國王的頭和金馬，到李廣利的營帳裡請求投降。

李廣利受降後，立大宛貴族昧蔡為王，挑選了三千多匹汗血寶馬之後率軍回國。雖然李廣利最終取得了戰爭的勝利，但由於路途遙遠、連續征戰和水土不服等因素，最終牽著馬回到敦煌的兵卒只有十之二三。

漢朝的「馬聯網」

李廣利是漢武帝國的敗家子，幾乎花光了桑弘羊好不容易積攢出來的家底，卻僅僅帶回來一些戰馬而已。因此，詩聖杜甫在《兵車行》中感歎道：「邊庭流血成海水，武皇開邊意未已。」唐代詩人李頎也諷刺說：「年年戰骨埋荒外，空見蒲桃入漢家。」

漢武帝征伐西域，真的只換來寶馬和葡萄嗎？

雖然大宛之戰犧牲巨大，但這是漢軍對西域的一次「殺雞儆猴」。漢武帝時期的亞洲大陸與美蘇爭霸時期的國際形勢十分相似，西域小國在漢匈兩大軍事陣營的夾縫中生存，養成了「牆頭草」式的外交策略，誰強大就倒向誰。大宛之戰後，西域各國紛紛認漢王朝為帶頭大哥，漢王朝開始有計劃地在西域駐軍、屯田。強大的軍事和經濟實力不僅保障了絲綢之路的暢通，也為後來漢宣帝時期西域都護的設置打下了基礎。

就在李廣利第一次出征大宛的四年前，漢軍滅掉了衛滿朝鮮，在朝鮮半島建立樂浪郡、真番郡、臨屯郡、玄菟郡四郡，這顯然是對河西四郡的模仿。從此，漢王朝自東向西擁有朝鮮、中原、河西、西域，對北方的匈奴形成長達六千多公里的包圍圈，一改漢初匈奴對漢王朝形成的青藏—河西—蒙古包圍圈的局面。這是一次偉大的戰略勝利，而這個戰略的核心，就是敦煌所在的河西地區。

自此，漢帝國終於算是張開了朝鮮和河西這東西兩條臂膀。

除戰略意義之外，馬的引進也深刻地塑造著中國的歷史面貌。漢王朝獲得了優良的馬種，祁連山的草場也終於有了用武之處。自霍去病之後，山丹軍馬場誕生了，它依託於地跨甘青的大馬營草原，開始肩負起為中原養馬的歷史重任。自原蘇聯頓河軍馬場解體後，山丹馬場的規模佔據了世界第一的位置，至今仍然是中國良馬的培育基地，是世界上歷史最悠久的馬場。

從漢朝開始，歷代都對河西養馬的事業十分重視，甚至還制定了專門的馬政。

交通工具的變革往往是一個新時代開啟的先兆，如同第一次工業革命的代表是蒸汽機一樣，馬作為古代最重要的交通工具，牠的優劣很大程度上決定了古代社會發展的水準。交通行業是一個具有強連結屬性的行業，它的每一次技術進步往往會迅速影響整個社會。在沒有蒸汽機的古代，馬的速度就是社會速度的上限，如同互聯網世界的頻寬一樣，優良的馬種是降低時延的最佳方案。從這個角度上來講，河西走廊類似於漢朝的互聯網基地，它培育出大量的良馬，成為交通行業最新鮮的血液。

強大的移動能力，不僅保證了漢武帝國遼闊疆域的政治軍事控制和國家安全，維繫了邊疆民族團結和社會穩定，而且促進了各國及帝國內部各區域之間經濟、文化上的交流和互鑒。這樣的頻繁互動，加速了中華民族的融合，促進了以漢文化為核心的國家共同體建設，引發了絲綢之路烈火烹油的時代。

為了進一步鞏固「西域戰略」的成果，漢王朝在從蘭州到敦煌，再從敦煌至天山南北的沿線修築長城、驛站、兵營、烽火臺，並遣兵戍守。如此巨量的工程在幾十年間就初見規模，可見漢王朝也是基礎建設狂魔。這些基礎設施就像今日之高鐵一樣，把觸角深深地嵌入西域的各個角落，西域各國圍繞著這些基礎設施也發生著巨大的社會變革。

這些長城、烽燧、驛站，既是鋒利的矛，也是堅固的盾。它們用文化和經濟之矛，向世界展示了漢王朝的魅力和實力；用軍事和政治之盾，守衛祖國疆土，保證了絲綢之路的暢通與安全。

而在眾多絲綢之路的驛站中，最具代表性的就是懸泉置。

第五章

懸泉置裡的漢帝國

大漢邊境國賓館

一九八七年，莫高鎮的古墓群部分區域已規劃用於敦煌機場建設，考古學家何雙全正在考古現場緊張地工作。八月十五日，敦煌市博物館榮恩奇館長告訴何雙全，他們發現一處新的遺址，邀請他一同前往。幾個人好不容易在敦煌的戈壁灘上找到遺址，可整整一個下午都沒有發現文物的痕跡。

三天後，敦煌刮了一場大風，我們考古學界有句諺語：「西北風裡有文物。」何雙全當即又去現場查看，果然就撿到了絲綢碎片，從而揭開了絲綢之路的一個微觀世界。

因為敦煌當地文物部門力量薄弱，還沒有條件發掘和看護大量的野外遺址，所以何雙全和榮館長只能封鎖消息，留待以後再說。兩年後，他們乘著一場大風再去考察，發現遺址的上面已經有了五個盜洞。時不我待，他們立即上報國家文物局，請求搶救性發掘。一九九〇年六月，發掘文物批覆下發到了甘肅省。

甘肅省考古隊是在十一月十一日開始發掘的，何雙全只記得那天寒風瑟瑟，天冷異常。他們頭上裹著敦煌農婦平時幹活用的花頭巾，身上穿著軍大衣，窩在一棵稀疏的駱駝刺後面避風。我們現在都把這天叫「光棍節」，而每年的這一天，何雙全也常常想起二十年前的寒冷和期待。

兩年的發掘，遺址的全貌逐漸在荒涼的戈壁灘上顯露出來，通過對出土簡牘的整理，我們知道了這個遺址的名字——懸泉置（圖3）。

為什麼叫「懸泉」呢？

《西涼錄．異物志》中記載：「漢貳師將軍李廣利西伐大宛，回至此山，兵士眾渴乏，廣乃以掌拓山，仰天悲誓，以佩劍刺山，飛泉湧出，以濟三軍。人多皆足，人少不盈。側出懸崖，故曰懸泉。」

原來，這泉的誕生與李廣利有關。當年李廣利征服大宛回國，行軍到這裡的時候已經離開敦煌兩天了。士兵們很久沒有水喝，焦渴難熬，於是李廣利一掌劈開山崖，對天起誓求水。這樣看來，李廣利簡直是中國鐵砂掌第一人。發完誓之後，他取出佩劍刺在山崖上，泉水就從山崖裡湧出來，三軍喝了個水飽。

因為水是從山崖裡懸空流出來的，因此叫做「懸泉」。我們當地人一般把它叫做「吊吊水」，因為峽谷內風景優美，又位於敦煌和瓜州的中間，所以成為當地人遊玩的勝地。上面這條史料還記載了一個十分神異的現象：人多的時候，水流就多；人少的時候，水流就會變少。這當然是騙人的，我在峽谷裡穿行過很多次，從未見過這樣的神跡。懸泉水是地質斷層溢出來的水，之所以一時水多、一時又水少，其原因是豐水期和枯水期的變化；夏天的時候經過絲綢之路的人多，懸泉剛好是豐水期，冬天則剛好相反，所以才有了這樣神奇的記載。

「置」則是漢代郵驛系統的一個行政單位，漢代的政策一般是五里一郵，十里一亭，三十里一置。在絲綢之路上密布的郵、亭、置，像一個個信號基地台和快遞服務點，是區域的資訊和物流的集散中心，從而組成絲綢之路發達的神經網路。自漢武帝從西域引進良馬之後，河西地區的軍馬大量繁殖，這個系統也開始飛速運轉，保證了中原王朝對邊遠地區的管理和控制。

最能反映絲綢之路郵驛盛況的，就是出土於嘉峪關新城魏晉墓中的《驛使圖》，它現藏於甘肅省博物館，是鎮館之寶。畫面中有一位元信使，左手舉木牘文書，右手握著轡繩，驛馬四蹄騰空，看來是一份六百里加急的書信，信使卻穩坐馬背，反襯出驛馬速度的快捷與信使業務的熟練。有趣的是，圖中的驛使臉部的五官中獨獨缺少了嘴巴，專家們認為這表達了驛傳保密的重要性。郵驛作為中國傳統通信組織，是現代郵政的前身之一，這幅圖生動地再現了當時絲綢之路上驛使馳送文書的情景。

除傳遞消息和物流的功能之外，懸泉置還有絲路住店服務和外交接待功能。《後漢書．西域傳》中談到，設置驛站的規則是：「列郵置於要害之路」，要害之路就是東西交通必經之地。從西域到長安路途遙遠，再加上這一路剛好是中國荒漠、戈壁集中分布的地區，在古代的交通條件下，絲綢之路的正常運轉需要沿途提供物資補給。為了官員們出差的方便，為了軍隊行軍的物資供應，為了西域各國與大漢的交流，漢王朝就在絲綢之路上那些有水源、交通便利、能遮風蔽雨的地方修建了驛站，懸泉置應運而生。

從目前發掘的結果來看，懸泉置由塢院、馬廄、房屋及附屬建築構成。其中塢院總面積二千五百平方米，平面呈方形，門朝東，四周是邊長五十公尺的高大院牆，東北與西南兩角各設角樓一座。院內有二十七個房間，大小不等，有的供來客住宿，有的是工作人員的辦公區。院旁還有馬廄、庫房和廚房。

專家們認為懸泉置常駐人員有三十幾位，養馬四十匹，專用於傳遞檔案的馬車十到十五乘、牛車五輛，庫房存糧大約七千一百石，一次可接待五百人左右。由此可以看出，懸泉置內部生活設施齊全，自成系統，是敦煌官方的招待所。它始建於漢武帝在敦煌設郡之後，敦煌郡負責監督管理重大接待事務，效穀縣為它供給後勤物資，具體工作則由置嗇夫負責（「嗇夫」是基層小官吏的統稱）。

整個機構管理制度相當完善，食物出入庫都有記錄，如果有採買和庫存不匹配的，敦煌郡還要派「紀檢幹部」查證是否存在貪污腐敗的現象。

懸泉置管理者良好的記帳習慣，為我們瞭解漢代生活，提供了珍貴的證據。

作為官方驛站，從目前出土的文物來看，懸泉置僅服務於漢朝和西域各國的公務員，尤其是接待過很多西域使團，如鄯善（樓蘭）、精絕、于闐、康居、莎車、疏勒、龜茲、且末、小宛、焉耆、渠犁、尉犁、扜彌、烏壘、車師等，幾乎囊括了西域三十六國。可以說，懸泉置就是漢朝外交部西北辦事處兼大漢邊境國賓館。

敦煌作為古代中國最早的對外開放城市，也是漢朝西部大開發的北大倉，經濟實力應當不俗。懸泉置作為敦煌郡的接待服務中心之一，從出土簡牘的記載來看，其建築設施和物資配備規格頗高，是漢王朝綜合國力的縮影。

絲路漫漫，每當西域使團喝了數月的西北風之後來到敦煌，懸泉置溫暖的燈火就在眼前，這是他們期待已久的停泊之處，所有需求一應俱全，無須抵達京師長安，大漢的天威和國力就已深入西域的人心。

「臣不敢望到酒泉郡，但願生入玉門關。」

我們也終於能夠理解在西域勞苦半生之後的班超，思戀故鄉時的感歎了。

西元一〇二年，班超終於回到祖國。三十年前，他跟著大將軍竇固出征匈奴，就在懸泉置的那個夜晚，他抱著寶劍徹夜難眠。明天就要出敦煌了，這是他第一次丟下毛筆，他的內心充滿建功立業的激動和喋血疆場的恐懼。當他再次回到懸泉置的時候，滿臉滄桑的定遠侯已經找不見當年睡過的那個土炕，因為懸泉置剛好在他來之前廢棄了。

兩千年後，在懸泉置的垃圾坑裡，考古人員發掘出大量的文物，共計七萬件，其中漢簡三萬五千枚，有文字的二萬三千枚，一時震驚世界。這些漢簡的內容十分豐富，包括了兩漢時期社會生活的各個方面，是十分重要的研究材料。

下面，我們先從一封信和一部法說起。

公主的信

西元前五二年，凱撒征服高盧，開始準備寫他的名著《高盧戰記》。同年二月的一個傍晚，懸泉置的長官「弘」收到了一封來自烏孫的信（弘是西元前六三－前四五年在任的懸泉置長官，漢簡中並未記載其姓氏）。

烏孫原來也是居住在敦煌的草原民族，月氏在秦漢之際崛起的時候將他們趕到了西域。漢朝為了聯合烏孫對抗匈奴，積極與烏孫和親，此刻弘手中的信就是解憂公主的家書。弘立刻叫醒懸泉置的驛使朱定，讓他趕緊備馬啟程送信。朱定連夜將信送往下一個驛站。弘失神地聽著遠去的馬蹄聲，長長地舒了一口氣。

不久後，漢宣帝收到了姑奶奶解憂公主的信。長羅侯常惠是解憂公主的老朋友，當他在一旁讀到「年老思故鄉，願得骸骨歸漢地」，頓時老淚縱橫。

西元前一〇〇年，常惠和解憂公主在長安城的門口依依惜別，歷史的考驗同時降臨到兩個十幾歲的少年身上。就是這一年，蘇武手拿著漢朝的持節，正打算出使匈奴，身後跟著的是使者常惠。也是這一年，漢武帝的姪女解憂公主坐著花轎，正要出發前往烏孫，成為一位和親公主。

其實早在八年前，漢武帝已經把細君公主嫁給了烏孫王。但是久居長安的劉細君適應不了西域的環境，七年之後就病逝了。細君公主沒有完成國家使命，於是漢武帝又把楚王之女劉解憂嫁給新的烏孫王軍須靡。

那個時候，沒人會問劉解憂願不願意嫁給一個散發著羊膻味的烏孫老頭。歷史的宏大敘事下，一個女人的感受顯得那麼微不足道。當解憂公主歇腳在懸泉置，度過在漢朝土地上的最後一個夜晚時，只有守在這裡的置嗇夫才能讀懂她眼中的不捨和憂愁吧！諷刺的是，滿腹憂思的她，名字叫做「劉解憂」。

十九歲的劉解憂即將住進充滿馬糞味的帳篷裡，只是為了解決叔叔漢武帝的憂愁。更不幸的是，她的夫君沒過幾年就病逝了。草原民族的王位多是兄終弟及，兄弟不僅要繼承哥哥的王位，還要繼承自己的嫂子，所以解憂公主又嫁給了堂弟翁歸靡。

好在翁歸靡非常寵愛解憂公主，兩人生育了三兒兩女。因為解憂公主的努力，在翁歸靡時期，漢朝與烏孫的關係發展到頂峰，烏孫也成為西域最強大的國家。匈奴忌憚烏孫的崛起，聯合車師共同侵略烏孫，解憂公主向漢昭帝上書請求支援，不巧正遇上皇帝駕崩。等漢宣帝即位之後，打算派人前去烏孫探查情況，他想到了常惠。

常惠跟隨蘇武出使匈奴，結果一起被扣留，在北海邊跟著蘇武放了十九年的羊之後，終於被釋放回到長安。草原上的寒風磨礪了他堅韌的意志。此時，他已經成長為大漢帝國最優秀的外交使者之一。

西元前七二年，常惠出使烏孫。分別二十八年之後，曾經無憂無慮的青絲變成了蒼蒼的白髮，兩位飽經滄桑的老人肩負著沉重的國家使命在異國他鄉相遇。

執手相看淚眼，竟無語凝噎。

烏孫形勢緊迫，來不及與解憂公主互訴衷腸，常惠立即上書求援。漢朝出兵十五萬，常惠親自帶兵與烏孫王一起擊敗了匈奴。經此一役，常惠展現出極高的軍事天賦，解憂公主在烏孫國的威望也到達了頂峰！

在解憂公主時期，烏孫和漢王朝互動十分頻繁，兩國交流的書信進入敦煌之後，全部經過懸泉置儲存和轉發。在懸泉置出土的簡牘中，有十九枚的內容涉及烏孫，其中最重要的就是《長羅侯過懸泉置費用簿》。

常惠是懸泉置的常客，這是他在懸泉置一次請客的帳單；帳單上記載，常惠吩咐置辦了牛、羊、雞、魚、酒、豉、粟、米各種食品。專家猜測這應該是一次喜宴，是為相夫公主準備的。劉相夫是解憂公主弟弟的女兒，漢宣帝打算把她嫁給解憂公主的兒子元貴靡，常惠帶著她來到了懸泉置。

翁歸靡去世後，他的侄子泥靡即位。按照習俗，劉解憂又嫁給了侄子。這時的劉解憂已經五十多歲了。後來在漢朝的干預下，解憂公主的兒子成了烏孫之王，不過在位沒多久就去世了。

打從漢武帝時期解憂初嫁，到如今漢宣帝甘露初年，她在西域已經生活了五十年。在遠隔千里的草原上，她經歷了四朝三嫁，為國家的前途做了巨大的犧牲，當年是粉白玉嫩的及笄少女，此時已是雞皮鶴髮的老太婆。烏孫境內再也沒有牽掛之人，老太太只想落葉歸根，於是上書請求回國。

漢宣帝接到信後，再次派常惠前往烏孫接她回家。

紅顏離家，皓首歸來，解憂公主在去國五十年後（西元前一〇〇年—前五十一年），終於被老朋友帶回到故鄉長安。懸泉漢簡也記載了解憂公主歸國的路線。

漢武帝的歷史，不僅僅是衛青、霍去病、李廣等鐵血男兒的喋血疆場，也不僅僅是張騫、蘇武、班超等柱國棟樑的夙興夜寐，同時也是細君公主、解憂公主等紅粉佳人的合縱連橫。英雄建功的鮮血與美人思鄉的熱淚，共同寫成了漢武雄風。她們將汗水與青春灑在異國，卻將心留在了故鄉，是大漢帝國溫柔的脊樑！

西元前四十九年，解憂公主在長安逝世；同一年，曾經和解憂公主共同維護西域安全穩定的大漢第一任西域都護鄭吉逝世；一年後，漢宣帝逝世；三年後，常惠逝世。這四個人的接連去世，代表著漢朝歷史上的「孝宣之治」到此結束，西漢的疆域、經濟、文化達到頂峰之後，迎來漫長的衰落期。

同時，西域和河西走廊的榮光也開始暗淡，甚至遭受了「三絕三通」的跌宕歷程。

漢朝的環境保護法

西元前四十五年，就在常惠逝世的第二年，王莽出生了。

王莽這個人和他所建立的新朝，在歷史上充滿了爭議。他本來是一個道德高尚、學識淵博的完美儒家，可是他當上皇帝之後，為了解釋權力的合法性，又陷入了托古改制（又稱王莽新政）的迷狂。有人認為他是巨奸大盜，也有人認為他是中國歷史上第一位社會改革家，胡適甚至認為他是中國的第一位社會主義者。這種兩極分化的評價，暗示了王莽所創造的是一個混沌的時代。連白居易都感歎道，如果在元始五年（西元五年）的時候，王莽得一場大病去世，他將在歷史上留下一張完美的面孔。

那麼，我們就來到元始五年的朝堂上，來看看王莽遞給姑姑王政君（當時的皇太后）的一份奏摺：

「我承蒙皇帝和百姓的錯愛，擔任安漢公的重任，不敢懈怠。我看到百姓們常常違背天時勞作，隨意砍伐山林、捕捉鳥獸，因為不順應自然規律，雖然勤勤懇懇，但終年沒什麼收穫。想到這裡，我心痛得吃不下飯，熬夜制定了不違農時的環境法規，請求頒布全國。」

「可」。這幾乎是王政君給王莽提出的施政建議的統一回復，她實在太喜歡這個侄子了，其他王家的親戚仗著外戚的身分橫行霸道，而這個侄子不僅孝順，還具有極高的道德標準和聰明智慧，給王家長了臉面。

於是，這份詔條以皇太后的名義頒布，通行全國。

今天我們能夠知道這份詔書，也是因為懸泉置一九九二年，懸泉置考古工作進入了尾聲，就在考古人員清理塢院東北角辦公區的時候，發現草泥的底部有墨書的痕跡，這樣的碎泥一共有兩百餘塊。為了探清上面究竟寫了什麼內容，考古人員將泥塊整體封存。回到蘭州之後，六個人用了半年的時間才完成拼合，再用漢代敦煌傳統牛糞和泥的辦法黏合復原，這就是著名的《使者和中所督察詔書四時月令五十條》，簡稱「四時月令五十條」。

原來這份詔條是寫在懸泉置辦公室的土坯牆壁上，類似於村集體的政策布告欄，是兩千多年前「制度上牆」文化的珍貴資料。王莽和王政君的對話就寫在詔條末尾，我們這才得以知道王莽政策在民間運行時的生動細節。

所謂「四時月令」，就是在春、夏、秋、冬四季和每個月份的法令，記錄的是一年四季生產、生活中人們需要注意的禁忌和事項。王莽從「四時月令」中選出最重要的五十條，內容是對先秦和秦漢時期「天人合一」思想下，人與環境和諧相處的總結，對於指導民間社會活動有很強的操作性。其中，甚至還有指導怎麼生孩子的，比如在驚蟄期間不能生孩子，否則「必有凶災」。

四時月令中最獨特的內容就是關於生態資源保護的規定。

王莽十分關心森林覆蓋率和水土流失的問題。在春、夏兩季的規定中，多次出現「禁止伐樹」、「毋焚山林」等詞，因為春季、夏季都是林木生長的季節，如果此時砍伐樹木，會打破森林的生態平衡。只有在秋季，才有了砍伐樹木的許可，但砍伐的時候只能選擇枯樹或枯枝，不能砍伐大樹。這就有效地保護了森林的持續利用，不至於破壞區域小環境。

王莽還十分關心動物資源和生物鏈。春季是動物繁殖、鳥類回巢的季節，詔條規定不能摘鳥巢、掏鳥蛋和捕殺動物幼崽。

每當讀到這條月令時，我的後背就會驀然生出一絲寒意。小時候的生活是十分寡淡的，記憶中雞窩裡的蛋從來不會用來炒菜，因為蛋是換學費的重要經濟來源（一個蛋一毛錢）。好在我和小夥伴們都有敏捷的身手，總能在春天的鳥窩裡摸出蛋來煮著吃，撫慰乏味的童年。直到七歲的一天下午，我爸在灶台下發現了鴿子蛋的蛋殼，老牛皮製成的皮鞭落在我渾圓的屁股蛋上。從此，我再也不去爬樹，故鄉叢林裡又煥發出生機。後來，母親煮了一顆碩大的雞蛋給我吃，父親似乎也完成了王莽交給他環境保護教育的任務，這分明是中國古代自然精神的千年延續。

作為西漢行政體系中的邊疆基層組織，懸泉置把漢朝官方的「生態環境保護法」，書寫在了辦公室的牆上。兩千年後，懸泉置牆壁上的墨蹟雖然已經漫漶不清，但與自然和諧相處的生活方式依然在諄諄教誨中得到承傳。

雖然這部環境保護法減緩了敦煌自然環境的惡化，但隨著敦煌人口的逐漸增加，開墾的屯田超出了綠洲的承載量，環境還是逐漸沙漠化了。

懸泉置的一枚木牘上記載：「二月中送使者黃君，遇逢大風，馬驚折死一匹。」這是說官府派人去執行公務，在路上突然遭遇風沙，車子被刮壞，馬也受驚跑丟了。可見當時已經從漢初的水草豐茂變成飛沙傷人了。

懸泉置的考古地層中，在地面以下約0.8公尺、1.2公尺、1.4公尺處都發現了厚達一釐米左右的黃沙層。所以專家推測，在漢代，大約每隔五年，此地就會有一場大規模的沙塵暴，這從側面印證了這條記載。

由此看來，敦煌的歷史，也是一部環境的變遷史。

漢王朝的資料庫

敦煌的沙塵暴一次次襲來，從戈壁上漫天而過的時候，沙子總會竄入我的頭髮和鼻腔。我所守護的敦煌石窟壁畫也在經年累月的黃沙磨礪中日漸暗淡，最令人憂心的是沙塵暴的天氣在敦煌越來越頻繁，牽動著每一位文物人的心。

有趣的是，有時候風沙過後，漢長城的牆根下會吹出來一些漢簡，因為它們往往是在流沙裡被發現，所以歷史學家就把它們稱為「流沙墜簡」。

敦煌所在的酒泉市被稱為「中國簡牘之鄉」。

我們簡要梳理一下這裡簡牘的發掘情況：

一九〇七年和一九一四年，斯坦因在敦煌考察，於長城沿線挖掘出三千餘枚；

一九三〇—一九三一年，中瑞合組的西北考察團成員貝格曼在居延地區發掘出一萬零二百枚；

一九七三年，甘肅省考古隊在居延地區發掘出一萬九千六百三十七枚；

一九七七年，在玉門花海鄉出土一百零三枚；

一九七九年，在敦煌馬圈灣烽燧出土一千二百餘枚；

一九八一年，敦煌博物館在黨河鄉發掘出七十六枚；

一九八六年，甘肅省考古研究所在居延地區發掘出近二千枚；
一九八六—一九八八年，敦煌博物館在文物普查時，在漢代烽燧發掘出一百三十七枚；
一九九〇年，敦煌博物館在清水溝發掘出四十一枚；
一九九〇—一九九一年，甘肅省考古研究所在懸泉置發掘出三萬五千餘枚。

截至目前，中國簡牘史上著名的居延漢簡、敦煌漢簡、懸泉漢簡、玉門漢簡等相繼被發掘。全國出土的有字漢簡約八萬枚，僅酒泉市境內就出土了近六萬枚，占全國出土量的82%。這些漢簡除三千枚左右藏在大英圖書館，一萬一千萬枚收藏在臺北之外，其餘全部藏在甘肅。甘肅所存漢簡具有極高的學術研究價值，其中以敦煌漢簡的存量及內容最為豐富，涉及漢代政治、經濟、軍事、法律、中外交流、民族關係等各個方面。

司馬遷的《史記》、班固的《漢書》、范曄的《後漢書》為我們記載的是大人物的歷史，是宏觀的漢朝和絲綢之路。在這種宏大的敘事背景下，敦煌僅僅是一個被折疊了的詞，一個邊境上的小城。

在敦煌漢簡中，敦煌卻是一個豐富、宏大、多元、鮮活的世界，而懸泉置就像漢代的麻六甲一樣，它把宏大的絲綢之路清晰且深刻地落實到一個具體的點上來。

漢簡裡的歷史是小人物的歷史，絲綢之路不再是《史記》裡張騫的功績，而是千萬人為了生計走出來的一條生存之路，絲綢之路的每一個變化都關乎他們的生死存亡。所以漢簡裡的家長里短，是每一個具體的絲路人的喜怒憂思悲恐驚，漢簡帶我們走進的是一個微觀的絲綢之路。

在這個意義上，懸泉置就是漢王朝的一個大資料儲存庫，絲綢之路上發生的人和事都曾被它默默記錄下來。同時，它也是漢王朝歷史的參與者，作為大漢帝國的國賓館，親歷了一次次危機與榮耀。也正因如此，它既有旁觀者的冷靜，又有親歷者的深刻，書寫漢簡的都是當地的小人物，他們不會像廟堂之上的那些史家一樣，用統治者的角度解釋歷史，而是成為忠實的記錄者，在「汗青」之上細細刻畫出每一個具體人和事的本來面目。

歷史的空白和微末，在漢簡中得以填補、細化，以至於在兩千年後的今天，我們還能有幸窺見這些激蕩的故事。

中國的歷史是保存在典籍裡的，而中國古代民間史料和典籍存量最大、內容最豐富、延續時間最長的地方就是敦煌。關於漢代，有敦煌發現的一系列漢簡；漢代以後，敦煌又有舉世聞名的藏經洞。敦煌漢簡加上藏經洞文獻，基本上涵蓋了中國兩千年的古代歷史，這是世界上延續最久的檔案史資料，也是世界最大的文化藝術寶庫之一。

可以說，敦煌石窟是圖像裡的敦煌，簡牘和藏經洞是文字裡的敦煌。懸泉漢簡，不僅記錄了更真實的敦煌，同時也成就了草聖張芝。

第六章

張芝父子與分裂時代的開啟

草聖的養成

張芝祖籍清河，即今河北省邢臺市清河縣。周公後裔在西周初期被封為邢侯，建邢國，他的子孫便以國名為姓。「邢台」這個地名也是這麼來的。從這個意義上講，出身邢氏的筆者跟張芝屬於同鄉。

漢宣帝時，張芝的先祖張襄任司隸校尉。此時，霍光所代表的霍氏家族權傾朝野，霍光的妻子為了讓自己的女兒當上皇后，竟然謀殺了現任皇后。此事一出，天下譁然。張襄不畏強權，上書彈劾霍光的妻子，遭到霍氏的記恨，他只好帶著家人逃到天水郡。後來張襄病逝，他的兒子又帶著張氏家族遷到了敦煌。

史書記載，張芝一家住在敦煌郡的淵泉縣。漢武帝時期建立敦煌郡，下設敦煌、冥安、效穀、淵泉、廣至、龍勒六個縣。淵泉縣的遺址，就在今天甘肅省瓜州縣三道溝鎮四道溝村五隊的玉米地裡。筆者在瓜州文物局做文物普查和土遺址研究的時候，曾多次來這裡考察和看護，可惜往日宏偉的城牆早已不見，只剩下變成田埂的低矮夯土。

回顧張氏家族的遷移過程，與筆者家族的遷移路徑幾乎完全重合，二十一世紀初筆者也是從古隴西郡遷移到今天的瓜州。所以每當書寫起關於張芝的文字，總覺得這是隔著兩千年時光的一種彼此觀照。

張芝受到父親張奐的影響，十分喜歡書法，少年時勤於練習，甚至到了廢寢忘食的地步。父親看到張芝這麼勤奮好學，專門讓人雕鑿了石桌和石凳，方便張芝習文練字，並且挖了一處池塘用來取水研墨、洗筆。張芝整天圍在石桌前，用家裡的布帛當作紙張，臨池學習書法，練寫後漂洗再用，日復一日，年復一年。

直到有一天，池水全部變黑，甚至可以當作墨汁寫字，人們就把這個地方叫做「張芝墨池」了。

這裡有人會有疑問，張芝是東漢末年的書法家，此時已經是蔡倫改進造紙術一百年之後了，紙還是很貴嗎？

當然是的，有一個成語叫「洛陽紙貴」，指的是晉代左思寫了一篇《三都賦》，寫成之後抄寫的人太多，洛陽的紙因此都漲價了。洛陽作為中原經濟中心和紙張製造中心，因為一篇文章竟然也弄得洛陽紙貴；淵泉縣是西北小縣，製紙的能力較差，即使張奐貴為度遼將軍，也沒有那麼多錢用來買紙。因此，張芝採用了可以重複利用的布帛。

在懸泉置出土的漢代文物中，用紙張的多數是地圖，而在藏經洞出土的唐代文物中則出現了紙張做的習字本（圖４），由此推測，紙張在唐代才成為百姓日常用得起的練字材料。

張芝就這樣在淵泉縣刻苦學習書法，以至於到了如癡如醉的境地。據《沙州都督府圖經》的記載：「張芝於此學書，其池盡墨，書絕世，天下名傳。」等池水染黑的時候，他的書法已經達到了爐火純青的境界，墨寶從敦煌傳到洛陽，震驚天下。

張芝的書法藝術之所以能夠有如此高的成就，是受到了敦煌漢簡藝術的啟發。東漢雖然已經改進了造紙術，但在眾多書寫材料中，簡牘是最便宜、最方便、最耐磨的文字載體，所以簡牘上的漢字藝術是民間書法藝術的結晶。敦煌屬於漢王朝的邊境重鎮，人口中有大量從中原各地徵發過來服役的兵卒，所謂「烽火連三月，家書抵萬金」，所以懸泉置的驛使奔赴在絲綢之路上送信的時候，也將中原各個地區的書法藝術通過簡牘帶到了敦煌。

從懸泉置的出土情況來看，簡牘一般是謄抄公文，所以書寫的速度往往很快，再加上簡牘這種木質材料的特點，書寫不再嚴格遵守漢隸的結構和點畫規則，而是採用不拘一格、隨心所欲的方式。漢簡因此呈現出率真天成、奔放灑脫、矯若遊龍的藝術風格。

漢簡藝術是對隸書的突破和改革，這種風格被草書繼承下來，成就了草書的筆法及草法。甚至，行書和楷書的部分筆法也是師承簡牘藝術的，比如在敦煌簡牘中隨處可見楷書的提按頓挫、轉折、捺畫等用筆技巧，筆劃末端波勢出現了逐漸收縮的特點，這些都具有了魏晉楷書的影子。因此北宋時期的大書法家米芾曾說：「河間古簡，為法書祖。」可見簡牘書法對後世各種書體的影響。

敦煌是古代簡牘藝術最集中的地區之一，張芝深受其影響，不過草書並不是張芝的首創。史書記載，東漢初年的北海敬王劉穆就善寫草書。此時的草書應該是「章草」，即筆劃節省但有章法可循的草書，特點是保留隸書筆法的形跡，上下字獨立而基本不連寫。

張芝最開始也寫章草，師承東漢書法家崔瑗、杜操，少年時就將崔、杜的筆法爛熟於心。他通過潛心研究，在敦煌簡書中發現了大量的豎畫，其章法雜然雋美，那種放縱揮灑、縱情恣肆的面貌深深打動了張芝。於是，他把章草「橫」的氣勢改成了「縱」的氣勢，獨創了一種新書體，這就是「今草」。

今草的特點是筆劃連綿回繞，字的體態和氣勢一筆寫成，雖然筆劃偶有不連，但是筆勢不斷，被稱為「一筆書」。雖然張芝的真跡並沒有被保存下來，但在宋代的《淳化閣帖》中有五幅碑帖傳說是出自張芝的墨寶，使我們從《冠軍帖》那氣勢如虹的筆法中（圖5），依然能夠感受到他激揚的精神。

張芝創造今草之後，影響了整個中國書法的發展，為書壇賦予了新的藝術生命和蓬勃的生機。唐代張懷瓘在《書斷》中感歎張芝的今草：「若清澗長源，流而無限，縈回崖谷，任於造化……精熟神妙，冠絕古今。」

後來的書壇有很多人學習張芝，其中學得最深刻的就是索靖。

索靖是敦煌郡龍勒縣人，他是西晉名將，被稱為敦煌五龍之一，也是張芝的外孫。他深受外祖父張芝的影響，以善寫草書知名於世。

人們評價說：「精熟至極，索不及張；妙有餘姿，張不及索。」

由此可見索靖書法的水準。他的書法對後世影響也很大，唐代書法家歐陽詢就十分推崇索靖，曾路見一塊索靖書寫的碑石，竟然睡在石碑下看了好幾天，最後蓬頭垢面，路人以為是乞丐。

然而，受張芝書法影響最深遠的還是王羲之。王羲之中年筆法師承張芝，他在《顧書論》中說：「臨池學書，池水盡墨，好之絕倫，吾弗及也。」通過對張芝的學習，王羲之的草書和行書都達到登峰造極的境界，成就了「書聖」的美名。

後來，今草又引發了狂草的誕生。唐代草聖張旭一直以張芝為師，狂草大師懷素也說草書得於「二張」（張芝、張旭）。

由此來看，張芝作為中國書法史上的第一個聖人，起著承前啟後的作用，他變革隸書，創造今草，開創了中國書法新的天地。

不過，張芝和他的家族在中國歷史中的影響還不止於此。

張芝父子與董卓

張芝的父親是張奐，與皇甫規和段熲合稱「涼州三明」，都是東漢末期的名將。《三國演義》描寫的是一個英雄的時代，其中名將很多，但很多事蹟都是羅貫中誇張附會的結果。在漢末的諸多英雄中，要說軍事天賦第一，當數張奐。因為張奐在平生經歷的眾多戰役中，無論怎樣的地形和兵力，他都沒有出現敗績，是真正的常勝將軍。

接下來，我們就來看一看張奐的軍事天賦。

永壽元年（西元一五五年），張奐任安定屬國都尉，南匈奴七千餘人起兵反漢，東羌也出兵策應，共同進攻張奐的駐地。此時因為士兵都駐防在郡縣的各處，張奐營帳裡只有兩百多人。張奐當機立斷，率領兩百壯士突襲叛軍大營，趁對方還沒有形成包圍圈時突出重圍，兩百人竟然毫髮無傷。張奐一邊突圍，一邊召集各地士兵，切斷南匈奴與東羌的交通。他採用各個擊破的策略，最終南匈奴和東羌退無可退，全部向張奐投降。

此戰完勝！

延熹元年（西元一五八年），張奐任護匈奴中郎將，南匈奴各部聯合烏桓、鮮卑進攻漢朝邊境，圍困張奐大營。張奐是研究國家關係的高手，他首先誘降了弱小的烏桓，然後主攻領頭的南匈奴叛軍，使用精準打擊的戰法誅殺了各部首領，群龍無首的匈奴士兵紛紛投降。接著，張奐引導他們戴罪立功，聯合匈奴降兵一同打敗了鮮卑。此戰完勝！

延熹六年（西元一六三年），張奐任度遼將軍，代表朝廷處理北方外交事務。鮮卑、烏桓等北方草原民族聽說張奐任職，再也不敢南下牧馬。

延熹九年（西元一六六年），張奐任大司農，掌管國家經濟（軍事、外交、財政無一不精，堪稱奇才）。鮮卑聽說張奐調離的消息後，在草原上挨餓三年的他們勾結南匈奴、烏桓大肆南下，劫掠漢朝邊境的郡縣，後來甚至聯結東羌、沈氏、先零等圍攻張掖、酒泉。也許因為太過饑餓而昏了頭腦，他們竟然搶到了張奐的老家淵泉縣附近。為了平息叛亂，張奐任護匈奴中郎將，南匈奴和烏桓聽到張奐來了，當即率領二十萬人跪在張奐的營帳前投降。沒辦法，他們聽到這個名字就頭痛欲裂，還打什麼仗。

此戰敵方不戰而降，張奐完勝！

延熹十年（西元一六七年），東羌與先零劫掠中原，張奐部將尹端、董卓二人率兵進擊，俘虜敵軍萬餘人。此戰完勝！

此戰之後，張奐把家從敦煌搬到了弘農郡華陰縣（今陝西華陰市），張芝也來到了關中。張奐的一生中，所經歷的戰爭不僅僅是單純的勝利，他的每一戰幾乎都是完勝，堪稱軍神。以至於草原民族一看到張奐的帥旗，就望風而降。張奐幾乎以一人之力延續了此時已千瘡百孔的東漢王朝生命。然而，他沒有想到的是，東漢王朝的掘墓人此時已經來到了他的軍中，而這個人就是他一手培養的學生——董卓。

董卓是隴西臨洮（今甘肅省岷縣）人。隴西郡與長安之間僅僅隔著一座隴山，又是與羌胡的交界地帶，所以民族構成比較複雜。

董卓性格開朗，樂善好施，少年時與當地的羌人首領結為兄弟。有一次董卓在家招待羌人朋友，把家裡的耕牛殺掉大擺宴席，羌人十分感動，回到部落之後把上千頭牲畜贈送給董卓。董卓在隴西郡與羌人交好，又十分熟悉羌人的風俗習慣，為後來加入張奐的軍隊提供了優勢。

董卓成年後，在隴西郡任職。當時匈奴人經常劫掠涼州，涼州刺史知道了董卓的才能，把他從隴西郡調到涼州軍隊中任職。此時任武威太守的張奐與董卓結識。因為董卓對胡羌非常熟悉，而且作戰勇猛，逐漸成為張奐的愛將。董卓對這位軍神一般的人物也是十分崇拜，常常以其弟子自居，從張奐那裡學習了很多作戰要旨。董卓在張奐的影響下脫胎換骨，後來單獨領兵大破匈奴，在涼州建立首功。

後來與張奐同為涼州三明的段熲升任並州刺史，就把董卓推薦到朝廷公府中任職，董卓進入了東漢的朝局。

西元一六六年，張奐被再次任命為護匈奴中郎將時，董卓跟隨著老主子一同出征，擔任司馬（類似今天的參謀長）。大軍很快平定了幽、並、涼三州的叛亂。第二年，羌人進犯關中，張奐派董卓出戰，大破敵軍，董卓從此名聲大噪，被認為是張奐的接班人。後來，董卓一路高升，成為並州刺史。與此同時，他的野心也顯露無遺，在朝中見風使舵，為保仕途不惜陷害同僚。

東漢末年的官場已然腐敗透頂，外戚和宦官相互仇殺，皇帝變成權貴們愚弄的玩偶。

東漢的喪鐘已經敲響，這不是一個張奐能夠挽救的朝局。張奐無可奈何，只好辭官回家。董卓知道舊主張奐隱居在華陰縣，就派人拿著百匹絲綢去孝敬張奐。張奐厭惡董卓的為人，將絲綢扔出院門，與董卓絕交。

中平六年（西元一八九年）八月二十五日，大將軍何進與司隸校尉袁紹謀劃殺掉宦官，於是征董卓率兵進入京師。之後消息走漏，何進反被宦官謀殺，袁紹又殺光宦官。隔岸觀火的董卓找到皇帝劉辯之後，就進入了洛陽城，從此權傾朝野。這一段故事是《三國演義》的開頭部分，後面的故事我們就非常熟悉了。

初平三年（西元一九二年）四月二十三日清晨，董卓乘車前往皇宮，呂布突然襲擊，斬殺了董卓，歷史進入了三國英雄們的風雲時代。在董卓被殺的同一年，住在一百公里之外的張芝也在華陰縣逝世。

董卓是個十分重情義的人，這是作為西北漢子的本性。在他的一生中，張奐對他的影響很大，張芝也是。董卓作為張家的家將，且與張芝是同齡人，兩人本來是摯友。董卓一生最崇拜的武聖是張奐，而文聖就是張芝。

但是，歷史的大勢滾滾向前，兩個人也在各自的人生選擇中不斷成長，一個變成了禍國殃民的奸雄，一個變成了流芳百世的草聖。如果兩人都是普通人，作為西北漢子，他們的友情應該是熱烈且純粹的。

據說，董卓成為相國之後，曾邀請張芝出任高官，但遭到張芝的嚴詞拒絕。張芝保有了和他父親一樣的脾氣和本性。如果他接受了董卓的邀請，《冠軍帖》的筆跡裡就不會再有飄若遊雲的逍遙，而歷史上會多一個有污點的草聖，魏晉的風骨也會少一份守正的精魂。

墨池雖黑，唯心月白。

河西儒學的脈流

在東漢末年那個風雲詭譎的陰暗時刻裡，張奐實在是燦若星辰，他的身上兼具了軍事天才、道德標杆、特級教師、官吏楷模、經濟學家等多重身分。除此之外，他也是一名儒學大師。

儒學自被漢武帝尊為官學之後，到漢末已經經過了三百年，其間儒學大師輩出。張奐早年師從經學大師朱寵研習《歐陽尚書》，在讀完《牟氏章句》之後，他認為文章多有重複不通的地方，於是重新刪改整理，將四、五十萬字減為九萬字。後來，他將這本九萬字的《牟氏章句》上奏給漢桓帝。桓帝下詔嘉獎。張奐成年後被舉為賢良，在策試中獲得第一名，成為儒學新秀，後因黨錮之禍被免官。

黨錮之禍是東漢末期宦官對士人的迫害，張奐是河隴地區唯一受到迫害的士子，因此成為河西儒學的代表，贏得了中原儒學的認同。張奐晚年回到華陰之後閉門不出，跟隨他學習的儒家弟子有上千人，著《尚書記難》三十餘萬字。

張芝一生深受父親的影響，勤奮好學。當朝太尉對少年時的張芝十分喜愛，認為他將來不是儒學宗師就是朝廷名將。從保存在《淳化閣帖》中傳為張芝的草書作品中可以看出，筆法線條張弛有度、收放自如，筆勢的灑脫與線條的和美相濟共生，這可以說是漢魏儒學精神在書法中的顯化。

從名將張奐到草聖張芝，體現出東漢後期河西地區的世家大族從武力豪強轉向文化世族的變化。這不僅僅是河西一地的特點，中原各地的大家族幾乎都出現了棄武從文的現象，這是漢武時代轉向魏晉文風的先潮。尤其是張芝創造了「今草」，這種對官方漢隸的突破，也代表了當時士子們個體意識開始覺醒。

張芝一生潛心學習，朝廷屢次徵召他出來做官，他都不屑一顧，甘做布衣。這種不貪高官厚祿、潔身自好的境界大受當時士人的追捧，張芝從此就有了「張有道」的名號。這可以說是魏晉風骨的先聲。

張芝的書法和行為，對魏晉時期的士人們有很大的影響。當淵泉人張芝搬到華陰時，這種精神也帶到了中原，人們紛紛效仿張芝的隱居生活和瀟灑性情。魏晉的儒生們在學習張芝書法的同時，逐漸從兩漢的那種倫理綱常中解放出來，開始走向自己的內心，追求自我的覺醒。這種覺醒的聲音似龍吟，更像曹丕的那聲驢叫。

王粲是「建安七子」之一，是曹丕的摯友，四十一歲時病故。王粲喜歡放驢，活著的時候喜歡學驢叫。筆者的童年常在故鄉的山坡上放驢，學驢叫恐怕還要勝王粲一籌。

王粲下葬時，魏文帝曹丕親臨喪禮，並對同行的人說：「王粲喜歡驢叫，我們每人學一聲送他。」於是在場的人就都學起了驢叫。

張芝之後，建安七子在銅雀臺上對酒當歌，竹林七賢隱於山林之間撫琴長嘯，書法藝術開始像劉伶的酒一樣淋漓揮灑，繪畫如洛神一般傳神阿堵。就如中國史學家李澤厚先生描述的那樣：「兩漢五彩繽紛的世界讓位於魏晉五彩繽紛的人格。」（寫下這段文字是二〇二一年十一月三日傍晚，筆者剛剛解除疫情隔離回家，就得知了李澤厚先生仙逝的消息，特此再奉上一聲驢叫。）

魏晉風骨的生命力越來越旺盛，魏晉王朝卻迎來了它的衰亡。

西元二九一年，西晉王朝爆發了「八王之亂」，這是中國歷史上最為嚴重的皇族內亂之一。為了挽救國家，張芝的外孫索靖挺身而出，被朝廷任命為游擊將軍，率領雍、秦、涼三州兵馬攻擊河間王司馬顒。索靖不僅傳承了外祖父張芝的書法，也傳承了曾外祖父張奐的軍事天賦，洛陽一戰大破敵軍。但不幸的是，索靖在這場戰鬥中身受重傷，最終不治身亡。

八王之亂後，西晉社會經濟遭到嚴重的破壞，匈奴、鮮卑、羯、羌、氐五個胡人大部落乘機進入中原，這就是永嘉之亂。

西元三一六年，前趙大將劉曜攻入長安，西晉滅亡。有趣的是，前趙的國號是「漢」，開國皇帝劉淵自認為是劉備兒子劉禪的後裔而姓劉。這位匈奴人的首領為了當皇帝，把自己的老對手當祖宗，九泉之下，不知該如何面對老祖宗冒頓單于的響箭。

永嘉之亂導致中國從西晉短暫的統一再次走向分裂，中國北部進入戰亂不休的五胡十六國時代，西晉的世家大族逃到南方之後建立東晉，史稱「衣冠南渡」。

這些北方士族在遷往江南的過程中，不僅帶去了先進的生產力，也帶去了儒家典籍。從此，江南從蠻荒開始走向經濟發展和文化昌盛的新時代。在此之前，北方一直是中國的經濟文化中心，經過南朝在江南近三百年的開發，到隋唐之際，其經濟文化實力已經可以和北方並駕齊驅。隋代京杭大運河貫穿南北，終於成就了大唐帝國的燦爛輝煌。

當然，隋唐帝國的文化根脈不僅來自南朝，也來自河西。西晉滅亡後，當中原的儒士逃往南方時，郭荷選擇來到河西。此時的河西走廊正處於前涼的統治（西元三一八年—三七六年）下，前涼是西晉時的涼州刺史張軌奠定的，當北方陷入戰火時，他依託河西封閉的地形，保證了這裡的安定和繁榮，成為儒學的避難所。

郭荷帶著弟子們從隴西郡出發，渡過黃河，翻越烏鞘嶺，最終在張掖東山下落腳。這裡屬於祁連山的北麓，有雪山、草原、森林、濕地等各種地形，放牧、耕田、捕魚，無論哪一種生活方式都能養活這群讀書人。顯然，郭荷比南方的陶淵明更早一步找到了桃花源。

郭荷在河西看護著中原儒學的火種，照亮的第一個人就是郭瑀。

郭瑀是敦煌人，郭氏與索氏歷來交好，所以郭瑀的學問深受索靖的影響。在敦煌，漢武帝時期遷徙過來的中原大姓也把儒學帶到敦煌，到此時已經非常成熟，郭瑀就是其中的佼佼者。他聽聞郭荷來到河西後，隻身步行一千五百里來拜郭荷為師，於東山苦讀三十餘年。郭荷逝世後，郭瑀為老師守墓三年。之後離開東山，向祁連山的更深處走去，來到了臨松薤穀。郭瑀將張芝和索靖傳承下來的敦煌儒學和郭荷的中原儒學相結合，從而成就了河西儒學的巔峰。

郭瑀作為河西儒學宗師，北方許多國主都想招攬他。前涼的末代國主張天賜曾兩次派遣使者請求郭瑀出山，但郭瑀只願潛心研究學問，不想成為無道君主的鷹犬。他指著天上的飛鳥對信使說：「此鳥也，安可籠哉！」信使只能羞愧離去。後來前涼被前秦所滅（西元三七六年），北方暫時統一。

苻堅十分仰慕郭瑀，下令儒生都拜在郭瑀的門下學習，其中就有劉昞。

劉昞不僅是郭瑀的學生，也是郭瑀的女婿。郭瑀逝世後，他成為河西儒學的宗師，仍講學於臨松薤穀。西元四〇〇年，敦煌太守李暠自立政權，建立西涼。李暠深受敦煌儒學的影響，十分注重推行儒學，為了請劉昞出山，親自來到臨松薤穀拜見。劉昞大為感動，出仕西涼擔任「儒林祭酒」（祭酒是古代主管國家最高學府的教育長官）。李暠把得到劉昞比作劉備得到諸葛亮，可惜李暠於西元四一七年逝世，西涼政權在三年後被北涼吞併。

此時的北涼不僅消滅了西涼，也消滅了前秦大將呂光建立的後涼（西元三八六年—四〇三年）和五胡之一的鮮卑族禿髮烏孤所建的南涼（西元三九七年—四一四年），再一次統一了河西走廊。

劉昞繼續在北涼的政權講學，成為五涼時期著述最多的學者。

五胡入華之後，中原喪亂，文化遭受毀滅性的打擊。河西走廊憑藉著天然的地理優勢，成為當時理想的避難場所。學術界把這段從西晉滅亡到北魏佔領河西走廊的時間，稱為「五涼時期（西元三〇一年—四三九年）」。以郭荷師徒三代為代表的河西學者，在臨松薤穀中守護儒學的火種，薪火相傳走過一個半世紀。與此同時，他們又將敦煌當地的儒學融入其中，河西走廊這塊中華文明的培養基地，生發出新的文化生命，這就是著名的「五涼文學」。

後來，北魏滅北涼，統一北方，河西儒學回流到中原，成為隋唐儒學的重要來源。東漢張芝—西晉索靖—前秦郭瑀—西涼劉昞、李暠，這是敦煌儒學的歷史傳承。後來李唐王朝追認李暠為皇室的先祖，他們不僅在名義上繼承了李暠的血脈，同時也繼承了河西的文脈，成就了中華文化最耀眼的一個時代。

所以，筆者恩師沙武田先生在做紀錄片《河西走廊》的總顧問時，對河西走廊發出這樣的感歎：「人們理應感激中國遼闊西部擺放了河西走廊這樣一條至關重要的通道，在那個紛亂顛沛的年代，河西走廊成為儒家文化躲避戰亂的世外桃源，成為中華文明根脈薪火相傳的重要一極。」

正因如此，我們一定要有一個清醒的認識：河西文化的底層是儒學，敦煌文化同樣如此。不要被河西走廊上遍布的石窟和寺觀所遮蔽，這些是佛教和道教文化的外化實體，但河西儒學營造的從來不是一寺一窟，而是這片土地上的每一代具體的人。不論王朝如何變遷，儒學一直在人們的家學中傳承，塑造了每一個河西人的生活和認知。從這個角度來說，佛教、道教、民俗等是在儒學的文化認同上編織出來的生活儀式感，而那些肉眼看不見的事物往往組成了一個人的底色。

到了這裡，我們來看看敦煌已經擁有的東西，三苗人帶來了敦煌的人口基礎和移民精神；漢武帝打造了軍事保障和農牧並舉的經濟基礎；李廣利帶來的良馬，提高了交流互動的速度；常惠、班超經營西域，開拓了敦煌的地緣空間；懸泉置提供了高效的物流和大資料系統；張芝帶來了文化革新和藝術啟蒙。很顯然，敦煌已經準備好了一切，敦煌文化中最燦爛的明珠即將誕生。

第七章

敦煌石窟的開鑿

佛教的早期傳播

東漢明帝（西元五七年—七五年在位）的時候，天竺僧人攝摩騰和竺法蘭用白馬將佛經馱到了洛陽，明帝在永平十一年（西元六八年）為他們建了白馬寺。這被認為是佛教傳入中國之始。但當時，佛教並未從洛陽大規模傳播開來。

漢代是儒學鼎盛的時代，佛教傳入中國時，儒學作為官學已近兩百年，在中華大地上的傳承更有六百年的歷史，早已成為人們的底層指導思想。面對家國同構的和諧社會，老百姓似乎並不需要佛教這種拋棄家庭的思想；而且佛教是一種外語（梵語）宗教，可是漢朝不怎麼流行出國，學習外語實在太難了。貴族階層也是如此，諸子百家有太多值得研究的內容，他們實在沒有什麼欲望去學習一門新的學派和語言。

於是，東漢的佛教困在寺廟和貴族官邸的圍牆裡，寸步難移。

佛教的宗教場所之所以稱為「寺」，與「鴻臚寺」有關。

鴻臚寺是漢代的外交機構，寺就是接待外賓的國賓館；西域來的僧人當然是外國人，所以就把他們安排在「寺」居住。寺的管理十分嚴格，一般不允許外賓隨意出寺，以防擾亂民心，攝摩騰和竺法蘭除了皇帝召見，都在賓館裡「隔離」，白馬馱來的經文只能成為老鼠磨牙的材料。

佛教傳播的轉機出現在張芝逝世前後。張芝的老朋友董卓把洛陽城給燒了，一同燒掉的還有白馬寺的院牆，於是僧人們為了避難逃出洛陽，開始雲遊天下。

三國時代，居無定所的百姓需要精神安慰，逐鹿中原的草根英雄需要製造輿論，佛教終於派上了用場。比如賣草鞋出身的劉備，《三國志》對他的描述是：「垂手下膝，顧自見其耳。」因此劉備就有了「大耳賊」的綽號。這顯然是對佛陀瑞像「雙耳垂肩，雙手過膝」的抄襲，從而鼓吹自己的聖人形象。

與此同時，中亞的佛教大規模傳到西域，在龜茲已經形成了佛教中心，偉大的鳩摩羅什就在這樣的襁褓中被孕育出來。敦煌是西域這個大池塘裡的一隻敏感的「鴨子」，也是中原看世界的眼睛，它已經分明感受到了佛教思想的春風拂面。

中亞和西域的佛教徒，恰似一個個敏銳的思想創業者。他們發現，西域薄弱的經濟和屈指可數的人口已經不能滿足佛教思想和業務擴張的需求。就像一種生物在進化論上的成功尺規在於它的數量一樣，獲得更多的用戶是任何宗教發展的底層動力。縱觀當時的世界，最大的用戶流量池就在中原，於是，西域僧侶紛紛來到中原地帶。

在安世高、支婁迦讖、康僧鎧、康僧會、支謙、佛圖澄等名僧陸續通過敦煌進入中原的時候，佛教在敦煌也留下了深刻的印記。

敦煌是什麼時候有寺廟的呢？我們還是要回到懸泉置。在懸泉置出土的簡牘中，有一枚著名的浮圖簡，上面的記載是：「少酒薄樂，弟子譚堂再拜請。會月二十三日，小浮屠裡七門西入。」

甘肅簡牘博物館館長張德芳先生在分析這枚漢簡的出土地點和埋藏層位後，認為時間應該在西元五十一至一〇八年間。簡牘上的「弟子」表明敦煌已經有了僧人和僧團組織。

從佛教傳入到出現僧團，敦煌民間看來已經接受了佛教，而這個過程需要不少時間。以此推斷，敦煌或許就是佛教最早傳入漢王朝的地域，至於其起源是否來自攝摩騰和竺法蘭在敦煌留宿時的短暫傳教，就不得而知了。

敦煌是僧侶們穿越西域之後的第一座城，他們在這裡需要好好休息一下，還要補充後續行程所需要的物資，所以這裡往往是他們在河西走廊的諸多城市中停留時間最長的一座城市。在敦煌休整的同時，學富五車的高僧也成為敦煌大族追捧的偶像。比如被稱為「敦煌菩薩」的竺法護，他算是索靖的兒時玩伴，既是佛學高僧，也是儒學名師，在敦煌居住期間影響了一代敦煌學者。這些大家族的子弟開始吸收佛教文化，思想和信仰漸漸發生了轉變，從獨尊儒學發展到了兼通儒學和佛學，這為莫高窟的誕生提供了思想基礎。

另一方面，中國的繪畫藝術講求書畫一體，線描是中國繪畫的基礎，而線描藝術來自書法的筆法。張芝和索靖所代表的筆法已經達到十分純熟的境地，月氏後裔所創造的貴霜藝術從西域傳入敦煌，與中國的筆法結合在一起，為莫高窟的誕生創造了藝術條件。

最早的敦煌石窟

然而，河西走廊的第一個石窟並不是莫高窟。

有人說，河西走廊的第一個石窟應該是西千佛洞，因為在伯希和從敦煌拿走的唐代典籍《沙州都督府圖經》中有一條記載，即「右在縣（指壽昌縣）東六十里，香舊圖雲，漢佛龕百姓更營造」。壽昌縣就是今天的敦煌南湖附近，這座城的東面六十里的位置剛好是西千佛洞。根據這條記載，人們認為西千佛洞應該早於莫高窟的開鑿，可惜沒有更多的證據。

還有一種說法認為，馬蹄寺才是河西走廊的第一個石窟。敦煌學者馮培紅先生很早就注意到馬蹄寺的開鑿與郭瑀的關係，敦煌人郭瑀來到張掖拜郭荷為師，作為窮書生，他們沒有錢蓋房子。臨松薤穀的海拔在二千五百公尺左右，冬天特別寒冷，他們只好在崖壁上鑿出一個個小洞來抵禦風寒酷暑。這就是《晉書．郭瑀傳》中：「隱於臨松薤穀，鑿石窟而居」的記載。

《甘州府志》中也記載道：「石洞鑿者郭瑀及其弟子，後人擴而大之，加以佛像。」從郭瑀的書房到佛教的石窟，這就是馬蹄寺的誕生，也是從儒學到佛教演變的一個切片。所以，臨松薤穀不僅是儒學文脈的勝地，也是中國佛教藝術的發源地之一。

其實，最早的敦煌石窟與索靖有關。

在莫高窟晚唐第156窟前室北壁上有一篇特別重要的《莫高窟記》，敦煌藏經洞文書P.3720也有抄錄（圖6），其中有「晉司空索靖題壁，號仙岩寺」的記載。既然這座寺院叫作「仙岩寺」，它必然建立在一處岩壁前，而岩壁也是開鑿石窟的地理前提。

那這座石窟究竟在哪裡呢？

前輩學者尋找了很多年，終於從一張藏在法國國立圖書館的地圖（圖7）上找到了線索。這張圖是伯希和帶走的敦煌文物之一，繪製於中唐時期，畫面裡有一座寺廟、一條河和一段崖壁。一直以來，學者們都在尋找這座寺廟的遺址，終於在距離莫高窟以南約兩公里處的宕泉河谷內找到了它。這就是敦煌城城灣遺址（圖8）。

對比地圖和實地照片可以看出來，無論是地形還是建築，都完全一致，最重要的是在右側的山崖上找到了與地圖完全一致的Y形小山谷。就在這個寺院附近，學者們找到了兩個禪窟，筆者的恩師馬德先生認為是敦煌高僧曇猷的禪窟，這處遺址就是索靖題過壁的仙岩寺，而它距離莫高窟很近，莫高窟應該是它的延續。

仙岩寺是什麼時候開鑿的呢？

敦煌藏經洞出土的文獻P.2691《沙州城土境》中記載：「永和八年癸醜初建窟，至今大漢乾祐二年乙酉歲，算得五百九十六年記。」意思是在永和八年（西元三五二年）建窟，到了後漢乾祐二年（西元九四九年）的時候已經有五百九十六年的時間了。不過，文獻上的這道數學題算錯了，從乾祐二年往前推五百九十六年是西元三五三年，也就是永和九年，這一年就是癸醜年。

永和九年實在是一個令人熟悉的年號，因為就是在那一年的春天，會稽太守王羲之在蘭亭舉行雅集，酒意微醺之時寫下了天下第一行書《蘭亭集序》，開頭就是「永和九年，歲在癸醜」。這次聚會的四十二個人是東晉儒學和風骨的代表，是儒學史上十分重要的雅集。

與此同時，北方十六國的第一個佛教石窟誕生，佛教思想和藝術開始改造中國文化的基因。

這一年，不論對中國的北方還是南方，都非常重要。

更有趣的是，開鑿了第一個禪窟的曇猷和王羲之也曾隔空對望。《高僧傳》中記載，曇猷後來雲遊天下，晚年來到了天台赤城山的石室坐禪修行。王羲之聽說後也前來拜會，但他並沒有上山去面見曇猷，而是在岩壁前望著石室作了個揖就轉身回家了。後來，他的兒子王徽之拜訪戴逵，留下了「乘興而來，敗興而歸」的典故，看來父子倆的性格如出一轍。

曇猷來到浙江天台赤城山修行時也開鑿了禪龕，算是南方石窟的肇始。後來，這種禪修的方式傳到了南方，影響了禪宗在南方的盛行。巧合的是，赤城山正是濟公禪師的故鄉。

曇猷的禪窟開啟了敦煌石窟的先聲，莫高窟的開創者則正在討飯的路上。

做為範式革命的敦煌藝術

還是莫高窟晚唐第156窟前室北壁的《莫高窟記》，記載了樂僔來到敦煌的那個早晨。西元三六六年，雲遊多年的樂僔剛剛爬上三青鳥居住的三危山。這是一個晴朗的清晨，陽光像一隻肥碩的橘貓，緩緩爬上樂僔的背，也爬上了鳴沙山東麓的崖壁。柔軟的沙子在陽光的照射下散發出萬道金光，仿佛釋迦牟尼的頭光照遍十方世界，又像千佛同時降臨在宕泉河的東岸。樂僔被眼前的景象深深震撼，他決定留在這片聖地修行。於是，他當即請人在崖壁上開鑿了第一個佛窟。自此之後，往來的僧侶紛紛在樂僔窟的旁邊開窟造像，莫高窟就這樣誕生了。

莫高窟始建於十六國的前秦時期（西元三五一年—三九四年），歷經北涼、北魏、西魏、北周、隋、唐、五代、西夏、元等歷代的興建，形成了巨大的規模，現有洞窟七百三十五個，壁畫四萬五千平方米、泥質彩塑二千四百一十五尊，是世界上現存規模最大、內容最豐富的佛教藝術聖地。

除了莫高窟，在古敦煌的地理範圍內還保存了大量石窟群，如東千佛洞、榆林窟、西千佛洞、五個廟、旱峽石窟、下洞子石窟、碱泉子石窟等，它們共同組成了敦煌石窟的全貌。

敦煌石窟藝術來自佛陀的故鄉印度，它的演化過程就像我們小時候曾遇到的一個數學問題：有一路公車，包括起點和終點共有12個車站。第1站上了三個人，沒人下車；第2站上了一個人，下了兩個人；第3站……到終點站時車上一共有多少人？

佛教藝術的面貌是由用戶的需求決定的。石窟藝術從印度開始，經過犍陀羅、巴米揚、西域、河西、平城、洛陽、長安、巴蜀等地區的時候，如同釋迦牟尼開著的一輛石窟藝術公車，每個地區的人民（佛教使用者）都各有自己的文化習慣和審美偏好，他們要求釋迦牟尼的形象、車的內飾和外飾都要進行因地制宜的變革。

於是，這輛石窟藝術公車在一路上，每到一站就上了幾個人，又下了幾個人。到最後，車上的人可能全換了，車的結構、材質、裝飾也都換了，但駕駛它的還是老司機釋迦牟尼。這就是石窟藝術的「公車原理」，明白了這個原理，只要我們會加減法運算，就能更輕鬆地看懂敦煌石窟。

現在，我們就用這個方法來看一看敦煌石窟壁畫中最具代表性的一種——經變畫，把佛經的文字內容用繪畫形式呈現出來就是經變畫。

想要將佛教傳播得更廣，需要底層百姓的信仰，但是古代沒有所謂的義務教育，老百姓識字率不足10%，動輒成千上萬字的經文讓普通百姓望而卻步。為了讓更廣大的勞動人民讀懂佛教，經變畫藝術就誕生了。

經變畫通常不會畫出經文的全部內容，為了讓觀眾減輕負擔，提升觀賞美感，畫師往往會選擇敘事性和表現力強的片段來呈現。

到了後來，經變畫不斷做減法，比如只畫一個蓮花童子就代表了淨土經。與此同時，也有加法，比如以印度社會為背景的佛教故事和場景；中國人因為不熟悉，往往不會有太多共鳴，畫師就在經變畫中畫出中國式的亭臺樓閣，佛陀居中就像皇帝，菩薩圍繞周邊就如同大臣一樣，從而營造出一種場景的熟悉感。

這麼看來，石窟藝術在敦煌經歷著一種「範式革命」。我們可以將這裡的「範」理解為古代鑄錢的錢範。也就是說，你要造出一枚開元通寶來，就必須得用這個錢範子，如果要鑄一枚新錢幣，就要鑄一個新的錢範，但鑄造原理還是一樣的。

佛教及其延伸出的佛教藝術在東漢時期傳入中國，到了敦煌石窟開鑿的時候，已經有了數百年的發展。此時中國的佛教，是一種理論上和實踐上自成體系的宗教，擁有成系統的經典和儀軌，是一種成熟的社會學範式。

範式對於宗教的組織是十分有利的，但宗教的天然屬性是傳播，範式固定的理論和儀軌往往神聖不容侵犯，這是範式在宗教傳播上的局限性。不同文化區域的人們，看到這種陌生的、嚴苛的範式，往往不願意接觸，因此佛教在最初的傳播階段常常受阻。佛教中的有志者在數百年中一直在嘗試新的傳播載體，比如在古印度最初用蓮花、腳印表達佛，到犍陀羅地區引入了希臘雕刻藝術才有了佛的形象。佛教進入中國後，漢文化固有的「華夷之辨」的民族心理對佛教展現出很大的排斥。此時的佛教想要在中國傳播，就必須突破原有的範式，依據中國人的心理和情感需求進行改造，吸收本土文化因素，在不推翻佛教基本教義的前提下，塑造出適合當地的新範式。

這一點在敦煌石窟中被體現得更為明顯。既然佛教基本理論體系是固定的，那就從佛教藝術的表達上尋求突破。敦煌石窟的藝術家們天才地找到了一種塑造新範式的路徑，即「末端創新」。比如佛和若干菩薩的形象與生平是在佛經裡規定好了的，不容改變，但那些無關緊要的「末端人物」，如童子、天女、藥叉等形象在佛經中並沒有具體的記載，畫師們就有了極大的想像空間和創作空間。

最典型的形象當數飛天，飛天是普通的天眾，佛經幾乎沒有對他做過具體描述，畫師們就將自由的想像和精湛的技法施展出來，經過歷代不斷創新，最終造就了敦煌藝術的名片。

所以在這裡給大家分享一個欣賞敦煌美術的心法：敦煌藝術最精美的部分，並不在如佛陀一樣的大人物身上，而是在佛教世界的小人物身上，看敦煌，我們需要一雙發現小人物的眼睛。

就整個敦煌藝術的範式革命來講，秉持著「不破不立」的精神，基本上經歷了六個階段：

（一）中西文化的融合階段：西來的佛教藝術在北涼時期第一次進入敦煌石窟，然後不斷與中原傳統的文化互鑒融合，呈現此消彼長的態勢。

（二）中國化的佛教藝術階段：隋唐之際，政權的統一促進了文化上的融合，敦煌藝術完成了中國化的過程。

（三）吐蕃藝術融入階段：西元七八六年，吐蕃佔領敦煌，自此之後統治河西走廊近七十年，敦煌藝術出現了吐蕃化的特徵。

（四）晚唐、五代、宋的家族藝術階段：西元八四八年，張議潮趕走吐蕃勢力，敦煌石窟進入了歸義軍時期。歸義軍政權地理範圍狹小，不再有新的藝術血液流入，敦煌藝術逐漸僵化，在裝飾、圖式、布局上都出現了家廟屬性的傾向。

（五）西夏和元代密教化階段：西夏和元代都信奉密教，青藏高原的藝術再一次匯入敦煌藝術之中；西夏和元的民族藝術與中原成熟的宋代繪畫藝術緊密結合，成為敦煌藝術第二個高峰。

（六）明清時期的民俗化：明代封閉嘉峪關，敦煌這座城市被明王朝拋棄，敦煌藝術遭到了三百餘年的斷層。清代中期，開始繼續開窟造像，但此時佛教衰敗，開鑿的多為道教洞窟，呈現出民俗化的特點。

總之，敦煌石窟藝術為了靠近信眾的審美意趣，選擇不斷突破自己。這種不拘泥於固有範式、勇於探索的藝術精神，經過上千年的持續反覆運算，最終形成了獨特面貌。

當然，敦煌藝術從來經不起簡單的特徵歸納。莫高窟任何一個具體的洞窟，在當時的社會中，它所承載和表達的東西很多，並不僅僅是我們從圖像上看到的那些資訊。

比如，承載語言的材料往往決定了很多東西。古代，車馬很慢，紙短情長，文字其實是一種非常奢侈的事情，因為古代沒有太多可以承載這些文字的材料。最早可以承載文字的是龜背和青銅器，這麼稀缺的材料要寫點什麼呢？毛公鼎那麼大，但最多只能寫四百九十九個字，你不可能說「山上有座廟，廟裡有個老和尚，老和尚對小和尚說，從前有座山，山裡有個廟，廟裡有個老和尚」，材料的稀缺，決定了我們要表達些什麼。後來人們把文字寫在布匹上、竹簡上、粗糙的紙上，直到唐代，紙也是比較珍貴的。

在古代，製作一面用來繪畫的牆壁，比起寫字的紙，成本高了上百倍，它所表達的東西也就更豐富。我們往往聽到九色鹿的故事就心滿意足，可是那麼珍貴的一面牆壁，窟主人只想讓你知道一個有趣的故事嗎？所以，敦煌壁畫也許還有更多的層次。

古人的虛擬實境

敦煌壁畫是敦煌藝術的重要載體，它又附著在石窟內，那麼石窟作為承載藝術的空間，經歷了怎麼樣的變化呢？

我們首先來看敦煌石窟裡的佛龕。

佛龕是安置佛像的空間，最開始的時候，敦煌石窟的佛龕一般是一層圓券形龕，通常在龕內只安置一尊佛陀的塑像。後來為了容納更多的塑像，出現了雙層龕，比如莫高窟初唐第322窟，龕內的第一層安置一佛二弟子二菩薩，第二層龕內還有兩尊天王，組成了一鋪七尊像的經典組合。到了最後，變成了莫高窟第205窟的中心佛壇，牆的四面不再有佛龕，塑像全部安置在洞窟中間的佛壇上。與此同時，塑像也從浮塑變成了圓塑，即從牆體上脫離下來，變成了單體塑像。

這一過程不僅僅是塑像在呈現藝術上的變化，也是觀者體驗上的變化。因為神龕在中國的應用場景中，一般是用來放置祖先牌位的，當觀者看到洞窟裡的一層佛龕時，這種熟悉的場景會讓觀者自然產生崇敬之感。但成語有云：「敬而遠之」，正是因為太過尊敬，觀者與佛像往往有很遠的心理距離，再加上佛龕一般很高，這又加重了觀者的距離感。

然而，如果觀者面對的是雙層龕，這種自帶透視功能的佛龕，讓觀者由近及遠地看到了天王、菩薩和弟子，最後抵達最遠的佛陀，佛龕似乎是牆壁上幻化出來的佛教世界的入口，讓觀者有了置身於佛國世界門口的感覺。最巧妙的還是中心佛壇窟，四面都是牆壁，塑像放置在洞窟的中心，此時，佛教世界的入口就變成了低矮的佛壇。既然佛教世界的入口在腳下，那麼觀者已然進入了這方世界，更何況觀者就在塑像之間遊走，佛陀觸手可及。當觀者站在阿難塑像的一旁，發現阿難陀與自己一樣高，自己與阿難陀站在一起，那自己豈不已經是覺悟了的羅漢嗎？

這樣看來，敦煌石窟空間的變化，就是不斷在塑造虛擬實境，不斷打造觀者的沉浸式體驗的過程。而沉浸式體驗要攻克的難點就是超低時延，以至於沒有時延。

筆者曾被大足寶頂山石刻的涅槃佛所震撼，工匠們僅僅雕刻出釋迦牟尼佛身體的上半部分，以表達出涅槃的境界，即逐漸隱入大地之中，成為天地的一部分。清代李漁在《閒情偶記》中描述聲音之道時說：「絲不如竹，竹不如肉，為其漸近自然。」

敦煌石窟的設計者不僅關注塑像，更注重觀者的體驗。洞窟不再是一個物理空間，而是一個精神空間，觀者在洞窟裡是一種在佛教世界「遊動」的狀態，自己的肉身不再是物質性的，而是精神性的。北宋著名畫家兼畫論者郭熙就在《林泉高致》中就這一狀態有經典的描述：「謂山水有可行者，有可望者，有可遊者，有可居者。畫凡至此，皆入妙品。

但可行可望不如可居可遊之為得……」

到了唐代，你會發現敦煌藝術的風格一下子變得完全不一樣，它完成了藝術的積累，達到了質的變化，洞窟完全變成了虛擬的現實。塑像跟牆壁上的壁畫結合也越來越緊密，二維空間和三維空間的邊界變得越來越模糊。敦煌石窟的藻井更是將這種虛擬技術做到了登峰造極的程度。

藻井是洞窟的最高點，也是洞窟內所有壁畫和視覺的中心，其他壁畫可能受到塑像的遮擋而看不見，但無論你處在洞窟內的什麼位置，都能看見藻井。

佛教徒一生的目標是抵達淨土，淨土世界的代表是蓮花，所以在敦煌石窟藻井上一般畫的是蓮花，而且蓮花一定是開放的，因為這個最高處就是眾生前往淨土世界的入口。藻井周邊一般還會畫上十分繁複的紋樣，還有類似於星系的聯珠紋，因為窟頂是一個上小下大的覆鬥頂，紋樣不斷扭轉、壓縮，就形成黑洞入口的既視感。莫高窟第5號塔的藻井上，周邊那種似乎被扭曲的光，就把這種穿越感展現得淋漓盡致。

然而，藻井不僅僅是入口，也是出口，因為這種蓮花叫「覆蓮」，是向下開放的。當觀者回過頭來，才發現自己已經在蓮花上，洞窟裡還鋪滿了蓮花磚——這分明是已經完成了穿越，佛壇上的佛陀不是觸手可及嗎？

這就是佛教根本的哲學，淨土不在遠方，而在腳下。

當觀者發現淨土就在腳下的時候，就是覺悟的時刻了。這是一次完美的淨土世界AI體驗，令當時的人們流連忘返。所以，藝術想佔有人類的東西從來不是財富、權力和讚歎，而是時間，人類消費時間的總和才是藝術的價值所在。

我常這樣想：敦煌石窟是不是古人營造出來的一個遊戲世界？網路遊戲是我們在真實生活中劃分出來的虛擬實境，工作生活累了，可以通過登錄帳號在遊戲裡獲得精神慰藉。那麼古人呢？他們開鑿的洞窟或許也是一個便捷的精神通道。我們想像一下：一個居住在敦煌的人，他為自己在莫高窟開鑿了一個洞窟；平日裡忙著農事，到了佛教固定的節日，他趕了一天的腳程，來到幽靜的宕泉河谷，當他用鑰匙擰開窟門的一剎那，是不是正在登錄自己的精神帳號呢？

一個人變成什麼樣，取決於對自己時間的經營。古代百姓的時間和今天的打工人一樣，大部分時間被他人定義和支配。而當他來到石窟，他的時間就不再被生計和禁令所支配。

我們來看看石窟裡面有什麼，敦煌石窟的甬道，在莫高窟已經看不見了，但榆林窟還有。甬道會營造一種儀式感，就像遊戲的進度條，這是一條通往精神世界的固定路徑，洞窟是精神世界的實體化。當窟門一關，你周身找不到一點點現實社會的影子，這裡有的只是用丹青、墨線、泥塑組成的虛擬世界。洞窟裡看不見太陽，所以時間消失了！洞窟裡有一維的經文、二維的壁畫、三維的塑像、向上延展的覆鬥頂，二維空間和三維空間的邊界變得越來越模糊，就打破了空間的界限。

在這樣一個沒有時間和空間的洞窟裡，古人會深陷其中，樂此不疲。佛教徒的一生，是追求淨土的一生，而淨土就是他們的精神原鄉。洞窟裡，腳踩著象徵淨土的蓮花磚，周身圍繞著弟子、菩薩、千佛，一個古人置身其中，他已經成為這個虛擬世界的一部分。此刻，他全然置身淨土，好像這才是他的世界。

這麼看來，石窟就像浪矢先生的解憂雜貨店，關上門，一片漆黑，沒有時間的流逝，你只需要靜靜等待牆壁上的來信。

第八章

三大石窟背後的歷史脈絡

鳩摩羅什與涼州模式

龜茲公主正端詳著眼前的這個光頭和尚，小鹿亂撞，手足無措。這個被灌醉的僧人是龜茲國的聖人、公主的偶像鳩摩羅什。她雖貴為公主，但這是第一次近到可以觸摸到他俊美且堅毅的面龐。第二天，呂光打開柴房的鎖鏈，公主嬌羞地跑出來，鳩摩羅什呆坐在原地。

這個故事的起因還要從淝水之戰的主人公苻堅講起。鳩摩羅什是聞名西域的佛學大師，前秦的國主苻堅是他的骨灰級粉絲。此時苻堅已經統一北方，為了能與偶像鳩摩羅什相見，他派遣大將呂光攻打西域。西元三八二年，呂光率領七萬鐵騎向著西域三十六國橫掃而去。

三年後，呂光滅了龜茲國，終於見到了這個苻堅日思夜想的人。當呂光途經涼州的時候，聽說苻堅在「淝水之戰」遭到大敗，已經被部將姚萇所殺，這位曾經的軍中同事已經取代苻堅成為皇帝（所建政權史稱「後秦」）。於是，呂光決定留在涼州，在姑臧（今甘肅武威）建立了自己的國家，史稱「後涼」。

呂光不信宗教，頗具科學精神的他聽說僧人不近女色，就把鳩摩羅什和龜茲公主關在一起，打算做一場社會科學的心理實驗，所以才有了開頭的那一幕。呂光本來期待看到的是鳩摩羅什信仰崩塌之後的慌亂和頹廢，但這個僧人在短暫發呆之後，眼神中又迸發出堅毅的光芒。呂光被這個僧人折服了，於是不再調戲他。

從此，鳩摩羅什就在涼州城講經說法，前後長達十七年。同時他又鑽研漢語，成為精通多種語言的高僧，這是他後來成為中國四大譯經僧之首的前提。

姚萇死後，其子姚興繼位。西元四〇一年，姚興派遣大軍攻破涼州，後涼滅亡，鳩摩羅什被帶到長安，並拜為國師。鳩摩羅什在譯經和授徒兩個方面都有巨大成就，道生、僧肇、道融、僧叡等名僧都是他的弟子，從此中原佛教開始蓬勃發展。

在涼州居住的十七年間，這裡成了鳩摩羅什的第二故鄉，佛教受他的影響在河西走廊上普遍興盛起來。鳩摩羅什在涼州講法時，有許多人慕名而來，其中聽講最認真的兩位同學就是沮渠蒙遜和曇曜。

沮渠蒙遜與劉昞是雞犬相聞的鄰居，都住在臨松（今甘肅張掖），他複姓沮渠，是匈奴族人。做為呂光的部將，他在涼州城彙報工作的時候，有幸聽到鳩摩羅什講法，於是對佛教產生了興趣。

西元三九七年，沮渠蒙遜的伯父被呂光所殺，他起兵反對呂光，建立北涼。此時，雖然偶像鳩摩羅什已經被姚興接到長安，但沮渠蒙遜的佛教信仰日益濃厚，所以他打算邀請同學曇曜開鑿一處宏大的石窟，這就是「天梯山石窟」。

自莫高窟誕生之後，佛教熱潮漸漸興起，石窟藝術成為河西人爭相追捧的文娛產品，一座座石窟相繼被開鑿。敦煌莫高窟、瓜州榆林窟、玉門昌馬石窟、肅南文殊山石窟、張掖馬蹄寺石窟、武威天梯山石窟等，一座座千年石窟，像一串觀音遺失在大地上的瓔珞，點綴在絲綢之路黃金帶上，構成了世界上規模最大、延續時間最長、朝代序列最完整的石窟藝術走廊。

石窟藝術與絲綢之路相伴相生，從長安到羅馬的絲綢之路，全線八千多公里，一千多公里的河西走廊是主幹道。沿著這條走廊，石窟藝術走進了中國的廣大地區。

以天梯山石窟為代表的河西早期石窟群，積極承傳來自貴霜和西域的藝術成就，並最早開始融合漢地藝術，形成獨具特色的石窟樣式。因此，中國考古學家宿白先生在一九八六年的《考古學報》上把這一現象稱為「涼州模式」。

從涼州到平城

西元四三九年，北魏太武帝拓跋燾滅北涼，北方經歷了一百多年的分裂割據後，又迎來了統一。北魏的都城在平城（今山西大同），為了充實平城的實力，削弱地方，皇帝下令從涼州城遷宗族吏民三萬戶到平城。這一次的人口遷徙對古代中國的影響十分深遠。

首先，當時的世家大族在國家政治、經濟和文化生活中發揮著重要作用，河西地區的世家大族一直在家族內部延續著儒家文化的根脈。後來，他們在經學的基礎上又創造出別開生面的「五涼文學」。在郭荷、郭瑀、劉昞師徒等學者和李暠等君主的共同努力下，儒學得以在河西保全發展。有了這三萬戶移民，平城獲得的不僅僅是人口，也獲得了河西儒學承傳下來的中華文脈。以劉昞為代表的河西學者在北魏政權得到了禮遇和重用，積極參與了北魏的文化轉型和政治改革。

其次，遷到平城的三萬戶中有僧侶三千多人，這些人實際上就是「涼州模式」的創造者。他們成建制地遷入平城，使曾經盛極一時的涼州佛教及其藝術受到重創，敦煌成為繼涼州之後的河西佛教中心，促進了敦煌石窟的迅速發展。當然，最大的獲利者還是平城，因為曇曜也在東遷的隊伍中。

涼州僧人師賢到平城後，任「道人統」，主持全國佛教僧務。西元四六〇年，師賢去世，同鄉曇曜繼任，改稱「沙門統」。曇曜剛剛上任，魏文成帝拓跋濬就給他安排了一個大專案：在武州山上開鑿皇家石窟。這對於開鑿過天梯山石窟的曇曜來講是輕車熟路。

平城的武州山上有大量適合雕塑的砂岩，這裡又是皇家園林鹿苑，與佛教四大聖地之一的鹿野苑名稱相近。於是，曇曜帶著涼州來的工匠們開始了工作。他們都是在開鑿天梯山石窟的過程中培養出來的能工巧匠和雕塑家、彩繪家，只用了短短五年的時間，就完成了雲岡石窟的代表作「曇曜五窟」的建造（按今天的編號是第16—20窟）。各窟雕飾之奇偉、藝術形象之豐富精美，可說是曠古所無，令人歎為觀止。

在曇曜開鑿的五個洞窟中，居中位置都有一身宏大的佛陀，這是雲岡石窟最大的一批佛像。這種造像的模式是魏文成帝授意下的結果，北魏作為鮮卑族建立的政權，首先面臨的是皇權正統問題。「天命」是古代王朝政權成立的關鍵，為了解釋天命，很多建政皇帝都曾為了尋找天命來源而煞費苦心。北魏皇室屬於鮮卑族拓跋氏，鮮卑是繼匈奴之後在蒙古高原崛起的遊牧民族，興起於大興安嶺。我們在第六章提到過，建立前趙的匈奴人劉淵為了解釋自己的天命，把劉備、劉邦當作自己的祖先，不過漢高祖劉邦確實曾將宗室公主嫁到匈奴。這樣看來，北魏的開國皇帝拓跋珪應該很羨慕劉淵，因為鮮卑人是來自嘎仙洞的老牧民，確實沒什麼中原的親戚可以攀附，所以只好投靠佛教。

中原人最開始理解佛教的時候，把佛陀看作佛教的帝王，於是北魏就有了開鑿曇曜五窟用來象徵五位皇帝的設想。這五位帝王就是道武帝、明元帝、太武帝、景穆帝及主持開鑿石窟的文成帝。

曇曜五窟是中原皇家石窟的開始，也揭開了雲岡石窟開鑿的序幕。自此至孝文帝遷都之前，皇家經營雲岡歷時四十餘年，這個時期也是北魏最穩定、最興盛的時期，所以才有雲岡石窟的大氣磅礴。

平城位於蒙古草原與中原的交界地帶，同時也是草原絲綢之路的重要樞紐，這種地理位置的特徵與位於甘肅和青海交界地帶的炳靈寺石窟有相似之處。正是草原、西域、中原多種文化的交互和碰撞，造就了雲岡石窟的豐富多彩。

雖然同屬石窟藝術聖地，但敦煌石窟與雲岡石窟有本質的區別。敦煌石窟具有天然的民間屬性，不畫廟堂只畫眾生；而雲岡石窟有皇家宣傳工具的屬性。可以說，敦煌石窟是一個廣場，而雲岡石窟是一座高塔；廣場是公眾自發聚集而成秩序，可以融匯任何人和藝術；高塔是官方頒布的秩序，是自上而下的藝術標杆。

曇曜的兩次危機

雲岡石窟的開鑿，除了魏文成帝用來解釋天命之外，也與曇曜的一次死裡逃生有關。魏文成帝的爺爺太武帝是一位道教徒，就在滅掉北涼的第二年，他把自己的年號改成了「太平真君」，由此可見他對道教的虔誠。因此，從涼州遷徙到平城的三千僧人都算是北魏的俘虜，最初曇曜的日子並不好過。

六年後（西元四四五年），北涼國主沮渠蒙遜的同族盧水胡人蓋吳起義。太武帝親自率軍西征，抵達長安時，士兵們發現一處寺廟中藏有大量兵器，以及釀酒器具、地方官員寄存的財物，甚至還有隱蔽的小妓院。一個小小的寺院，竟然犯了私藏兵器、勾結官員、違背教規三大重罪，太武帝勃然大怒。這些罪行是由隨行的大臣崔浩向太武帝稟告的，崔浩是北魏道教徒的代表性人物，整件事是否出自他的設計已不得而知。

同年，太武帝下令，將北魏境內的寺廟全部拆毀，佛像砸碎，佛經一律焚燒，僧尼全部坑殺。這是中國佛教史上第一次滅佛運動。

此時，待在平城的曇曜原本在劫難逃，好在當時的太子拓跋晃信仰佛教，先放出消息讓僧人趕緊出城避難，之後才頒布滅佛的詔書，曇曜得以躲進山裡死裡逃生。

天將降大任於斯人也，必先勞其筋骨。曇曜經歷這樣的兇險已經不是第一次了。

西元四二九年，沮渠蒙遜派太子沮渠興國征伐西秦（十六國之一，由隴西鮮卑族首領乞伏國仁於西元三八五年所建），不料兵敗被擒。之後，大夏國主赫連勃勃滅了西秦（西元四三一年），但很快又被吐谷渾打敗，沮渠興國在這次混戰中被亂兵殺死。北涼王沮渠蒙遜得到這個消息之後無比悲憤，他把兒子的慘死歸罪於曇曜的老師曇無讖。

曇無讖是西域高僧，沮渠蒙遜對他十分崇敬，把他看作北涼的鳩摩羅什。印度文化中咒術盛行，早期佛教傳入中國的時候，為了讓信徒感受到聖蹟，往往使用類似於如今魔術一樣的幻術傳教。莫高窟的323窟中，就繪製了大量關於早期佛教傳播中高僧的神跡，唐代及其以後的密宗就深受其影響。

曇無讖本身也是幻術大師，沮渠蒙遜在派太子出征之前就曾請曇無讖占卜吉凶，結果是大吉，於是太子欣然出征。沮渠蒙遜每每想到這裡，頓時覺得自己單純的心靈被曇無讖欺騙，認為佛教都是騙人的，於是下令驅逐所有的僧人。曇曜和他開鑿的天梯山石窟也危在旦夕。

沮渠蒙遜在開鑿天梯山石窟時，讓曇曜為自己的母親雕鑿了一尊丈六的石像，每到母親忌日就前往禮拜。這一年沮渠蒙遜去禮拜的時候，看守寺院的人告訴他，那座石像自頒布驅逐僧人的詔令之後就一直淚流不止。沮渠蒙遜親自前往查看，果然看到石像眼睛落淚如珠，他趕緊跪下頓首，深感後悔，立刻下令召回僧人。

其實，讓石像「流淚」並不難，筆者有一次雨後參觀天梯山石窟時，就曾見過這樣的景象。石像頭頂的雨水逐漸從佛陀肉髻的縫隙中滲落下來，在眼眶中聚積，就會出現這種現象。看來，這是曇無讖和曇曜師徒兩人表演的一場遠景魔術，單純的沮渠蒙遜又上當了。不過，曇曜和天梯山石窟都逃過一劫。都說出家人不打誑語，曇曜師徒兩人說謊是為了保護天梯山石窟，不為教規諸相所困，這才是高僧的境界。

正因為擁有這樣的經歷，躲在山裡荒野生存的曇曜並沒有被眼前的困難擊倒。果然，文成帝即位後（他的父親拓跋晃先於太武帝死去）就迅速推行了復佛措施，曇曜也走出深山。回到平城之後，曇曜痛定思痛，為了使佛教能夠永遠流傳，不致因一時政治權力的迫害而使經像法物蕩然無存，他向皇帝提出了開鑿石窟的建議。文成帝十分贊同，於是下令：「詔遣立像，其徒唯恐再毀，謂木有時朽，土有時崩，金有時爍，至覆石以室，可永無泐。」皇帝認為石頭上的佛像能夠永遠被保存下來，於是曇曜五窟應運而出。

佛教與皇權的矛盾

當然，佛像永存只是曇曜的一廂情願。在中國歷史上，太武帝之後還有北周武帝宇文邕、唐武宗李炎和後周世宗柴榮發起滅佛運動，合稱「三武一宗之厄」。這四次由皇帝直接發起的滅佛運動，使佛教在中國的發展受到很大打擊，佛教史上稱其為「法難」。

佛教為什麼頻頻遭受這樣的危機呢？原因來自佛教和皇權之間根深蒂固的矛盾。

首先，佛教的信仰顛覆了皇權的存在依據。佛教誕生於婆羅門教統治下的種姓社會裡，釋迦牟尼所在的釋迦族屬於剎帝利，為了從婆羅門的手裡奪權，於是提出了眾生平等的理論。既然眾生平等，那麼皇帝和百姓也就沒什麼區別，這天然地取消了「天子」的特殊性，這類似於陳勝吳廣的「王侯將相寧有種乎」的疑問，由此可以推理得出：任何人都可以當皇帝。這樣的理論在古代是十分危險的，東晉高僧慧遠甚至公然寫出《沙門不敬王者論》，皇權自然無法容忍。

其次，佛教的教規嚴重影響了封建社會的安定。中國古代是一個家國同構的社會，家族是組成社會的單元，宗法制度規定了社會的基本秩序。佛教徒為了信仰脫離了家族，不再承擔社會中的責任和義務，沖淡了宗法觀念。於是，有佛教徒的家族開始崩解，加劇了南北朝時期社會的動盪。直到後來儒、釋、道三家合一，底層社會才逐漸穩定下來。

最後，佛教的寺院經濟嚴重影響了皇家的賦稅。皇權的統治和社會的秩序維護都需要經濟支撐，可是僧侶們既不用交稅，也不用勞動，還受百姓崇敬。那些日子過不下去的農民和想要逃稅的地主，都開始尋求佛教的庇護，比如活不下去的朱元璋就曾在皇覺寺混過飯吃。

隨著越來越多的人加入佛教，佛教的經濟實力空前龐大，「南朝四百八十寺，多少樓台煙雨中」正是形容這一景象。寺院擁有自己的僧戶、田產、集市，甚至還有銀行和僧官，這儼然是一個獨立的王國了。全國的羊毛就那麼多，寺院拿得多了，政府就拿得少。北魏太武帝時期，僧戶占全國人口的近十分之一，唐武宗的時候「十分天下財，而佛有七八」，這才有了武宗詔書中所說的：「求兵於僧眾之間，取地於塔廟之下」。

佛教後來之所以頻頻成為威脅皇權的力量，曇曜在其中發揮了重要的作用。曇曜在中國石窟史上的地位無人堪比，他不僅是石窟鼻祖天梯山石窟的開創者，也是雲岡石窟的奠基人。正是因為他親身經歷過兩次佛教危機，為了不讓佛教再次遭受劫難，曇曜五窟開鑿完成之後，就著手推進佛教的制度建設。他奏請文成帝批准了相關政策，如將當時剛剛打下來的青州的百姓作為「僧祇戶」，寺院就擁有了人口；讓百姓每年上交六十斛穀物給寺院，稱為「僧祇粟」，寺院就擁有了財產；將犯重罪的囚犯和官奴作為「佛圖戶」，為寺院服役種田，寺院就擁有了免費勞動力。

從此，寺院成了自給自足的封閉社會，建立起穩固的經濟基礎，寺院實際上成為佔有大量土地和依附人口的封建莊園。曇曜以一人之力改變了佛教徒一千年來的乞食生活，佛教從此走上了獨立自主的發展道路。然而，這種發展是以蠶食政府財政實力為前提的，最終招致了更慘烈的滅佛運動。

對政府而言，滅佛之後的效果是顯著的。西元四三八年，太武帝詔令五十歲以下僧人全部還俗當兵，第二年就滅了曇曜的故國北涼，統一了北方中國。西元五七四年，北周武帝滅佛後國力大大增強，為北周滅齊乃至統一北方都奠定了堅實的基礎。對比而言，擁有四百八十寺的南朝，國家財政一直被佛教扼住喉嚨，所以才在隋朝的鐵蹄下身死國滅。

在北周武帝推動滅佛運動的時候，有一個和尚這樣問他：

「皇帝這麼做，死後不怕下地獄嗎？」

武帝說：「如果我的子民可以安居樂業，那我下地獄又如何！」

從這番對話裡，我們可以看到古代皇權對宗教的清醒認識。

縱觀古代政治，皇權與宗教之間往往呈現出若即若離的關係，主要原因是宗教有對「天命」的解釋權。古代世界政治有一個基本的邏輯，就是「君權神授」，各個政權在建立之初都需要尋找一個授予自己君權的神。佛教看中了這個市場，於是也投其所好。

隋文帝和武則天在解釋自己的天命來源時，都借用過佛教的概念。那麼，佛教為什麼會成為很多起事者的革命理論呢？因為佛教自誕生之時就是以推翻婆羅門為目標的，釋迦族作為舊秩序中的第二等階級，提出眾生平等和佛陀的概念，既抹除了婆羅門的階級優勢，也提高了釋迦牟尼的地位。但是，當顛覆者建立新秩序之後，佛教就有可能成為培養下一代顛覆者的理論基礎，因此要限制佛教的發展。

當屠龍少年變成惡龍之後，他最懼怕的就是有另外一個少年撿起他當年屠龍的寶劍。

這也是資源的詛咒，你因什麼而偉大，必然會因什麼而消亡。

曇曜為了保護佛教與石窟，設計了讓佛教壯大的宗教制度，這些制度反而在其圓寂後的五百年間一直讓佛教與石窟面臨生死挑戰。直到宋代儒、釋、道三家合流，禪宗也改變了寺院的生活方式之後，佛教再也沒有遭受滅佛的危機。

從平城到洛陽

曇曜對佛教日後的發展影響很大，而他對石窟藝術的影響則更為長遠。

西元四七一年，孝文帝拓跋宏即位。自太武帝鎮壓蓋吳起義之後，北魏國內的起義依舊有增無減，馮太后分析眼前的朝局，認為北魏已經統一北方，治理國家的方式應該從創業模式轉為守業模式。此時，北魏民族化的治理方式和落後的官僚制度導致國內矛盾重重，政局很不穩定。基於此，馮太后和孝文帝推行了一系列的漢化改革，歷史上稱為「孝文帝改革」。

為了便於學習和接受漢族先進文化，進一步加強對中原核心區的統治，孝文帝把國都從平城遷到洛陽。

第一批遷往洛陽的是建造國都的工匠，而這些工匠中就有曾經開鑿了雲岡石窟的涼州僧人及匠人，於是規模宏大的龍門石窟群也在皇家的授意下開始營造。涼州匠人是雲岡石窟、龍門石窟的重要技術力量，曇曜則是北魏石窟營建的精神領袖，由此可見，在佛教文化和石窟寺藝術方面，河西的石窟走廊是北魏的源頭，龍門石窟的建造藝術風格，無不體現著天梯山石窟和雲岡石窟的特點，因此，天梯山石窟被稱為石窟鼻祖。

西元四八五年，南朝畫聖陸探微逝世。陸探微把張芝的草書體運用到繪畫上，創造了「秀骨清像」的審美風格，是以書法入畫的創始人。這種天衣飄舉、清秀瘦削人物審美，顛覆了犍陀羅藝術中傳統的「曹衣出水」（人物衣紋線條緊貼肉身，形成一種剛剛出水時衣服被打濕的效果）。在龍門石窟開鑿的時候，孝文帝漢化的思潮和陸探微「秀骨清像」同時被匯入龍門石窟的藝術中，從而反映出河西文化、鮮卑文化、中原文化和南朝文化的多重因素，石窟藝術呈現出中國化的趨勢，所以龍門石窟是中國石窟藝術變革的里程碑。

西元五二五年，北魏宗室元榮出任瓜州刺史（敦煌當時屬於瓜州治下），在治理敦煌的時候，他將這種藝術變革也帶入了敦煌石窟之中。學者們考證指出，莫高窟第285窟應該就是元榮的功德窟。窟內造像及壁畫人物形象呈現褒衣博帶的服飾風格，繼承了雲岡石窟和龍門石窟的藝術審美，造就了莫高窟北朝藝術的巔峰。元榮在瓜州任職近二十年，對莫高窟的開窟造像保有很大的熱情，對敦煌佛教藝術的發展作出了重要貢獻。

孝文帝的漢化改革不僅推動了佛教藝術的發展，也促進了中國歷史的發展進程。鮮卑統治者接受了先進的漢文化制度，不僅緩和了民族矛盾，鞏固了政權基礎，更促進了民族的大融合，為後來的隋唐王朝結束長期分裂局面、重新走向國家統一提供了條件。

孝文帝的改革在大獲成功的時候，也埋下了王朝滅亡的隱患，因為推行漢化政策的時候太過急躁，導致鮮卑舊貴族無法在短時間內適應，從而引發了北方勢力的強烈反對。

北魏遷都洛陽後，長期戍守在北邊的沃野、懷朔、武川、撫冥、柔玄、懷荒六鎮的貴族地位下降，將領與士兵不和，加上北方冬季極端氣候的影響，最終在西元五二三年爆發了六鎮起義。這次起義雖然最終被鎮壓，但在戰爭中卻培養出了一大批軍事將領，成為後來顛覆北魏王朝和再次統一南北的主人翁。

在六鎮之中，最耀眼的就是武川鎮（今內蒙古武川縣）。北魏時，有一位道人雲遊到武川鎮，他走進城內的時候，發現滿街都是帝王之氣。道人驚詫不已，怕朝廷知道此事，就趕緊燒掉了相書。

我們不能嘲笑道人的驚詫，因為當我們在一千五百年前的武川鎮逛街時，同樣會目瞪口呆，我們來看看武川的居民都有誰呢？

宇文泰——北周的奠基人，唐太宗李世民的外曾祖父；楊忠——隋文帝楊堅的父親；李虎——唐高祖李淵的爺爺。由此可以看出，北周、隋朝和唐朝的皇族都來自武川鎮，他們影響了近三個半世紀的中國歷史。

隋唐帝國即將在北朝的混沌裡誕生，但此時，在武川鎮當大頭兵的楊忠還在為吃不飽飯而發愁。他決然想不到的是，自己的兒子將會成為南北朝的終結者，自己則會被追封為隋唐那個燦爛時代的第一位皇帝。

第九章

隋朝的佛教與煬帝西巡

隋朝皇帝的佛教淵源

曇曜把涼州模式帶到了雲岡和龍門，敦煌石窟接過涼州石窟的接力棒之後，北朝貴族又把中原成熟的佛教藝術帶到了敦煌，這是中原對敦煌的回饋和反哺。

北魏和西魏時期，東陽王元榮主政敦煌，為敦煌帶來了「秀骨清像」的藝術風格。西魏滅亡之後，北周建平公於義又為敦煌帶來新的藝術血液。莫高窟現存刻於西元六九八年的《李君莫高窟佛龕碑》，記載了這兩位元北朝貴族來到莫高窟的事蹟，即「刺史建平公、東陽王等各修一大窟」。

上一章講到，東陽王元榮在莫高窟營建的洞窟應該是第285窟，專家推測，建平公於義則開鑿了第428窟。這兩個洞窟藝術成就極高，是西魏和北周兩個時代的莫高窟藝術巔峰。他們營建洞窟也引發了當地百姓的紛紛效仿，從而揭開了莫高窟大規模開鑿的浪潮。

北周時期，莫高窟的繪畫藝術為之一變，不再是元榮帶來的那種人物修長、面目清秀的秀骨清像風格，而是呈現出一種人物形體豐腴、面部凹凸暈染的「面短而豔」風格。這種風格是南朝梁武帝時期的張僧繇所創，畫史上稱為「張家樣」。這位畫家就是中國古代神話傳說中「畫龍點睛」的主人公，可見他的繪畫藝術之高。張僧繇的繪畫藝術對後世有著深遠的影響，在其繪畫藝術的基礎上，唐代逐漸發展出豐滿圓潤的繪畫風格，從而成就了敦煌唐代雕塑和繪畫藝術的巔峰。

就在於義任瓜州刺史，把「張家樣」帶到敦煌的十年後，西元五七四年，北周武帝開始了滅佛運動，於義被召回長安。好在莫高窟天高皇帝遠，滅佛運動並沒有波及這裡。

於義的老朋友楊堅就沒有這樣的好運氣，他只好把自己家的智仙尼姑藏起來。好在，他在一年前把自己的女兒嫁給了太子，所以楊家成為周武帝的親家，智仙尼姑逃過一劫。

楊堅的老婆是氣場強大的獨孤皇后，即使楊堅成了皇帝，也特別怕她。獨孤皇后乾脆廢除了三宮六院制度，每天盯著夫君上下班。有一次，楊堅在宮中偶然遇見一個楚楚動人的宮女，於是派人跟皇后說晚上要加班批奏摺，實則當夜就臨幸了這個宮女。第二天，楊堅草草應付完早朝，就溜回宮中，還想睡個回籠覺，推開門看到的卻是那個宮女的屍首。楊堅驚魂未定，聲淚俱下地喊到：「這皇上當得太窩囊，老子不幹了！」翻身上馬奔向山裡，當晚躲在一所寺廟裡抱膝抽泣，悲傷得像個孩子。大臣們聞訊後急忙跑到寺中安慰：「陛下，國不能一日無君，為了天下蒼生而跪老婆搓衣板，蒼生會感謝您的，萬歲！」

楊堅聽到這樣的日子還要萬歲，對大臣楊素翻了翻白眼，感歎道：「朕貴為天子，而不得自由！」說完發現也沒有其他辦法，娶了獨孤氏就註定孤獨，他只能無奈地返回宮中。

這樣狠辣的獨孤氏，怎能允許一個尼姑住在家裡呢？因為這個尼姑是楊堅的養母。西元五四一年，楊堅出生於般若寺。《隋祖起居注》記載了他出生時的場景：紅光充滿了產房，產房外紫氣彌漫，院子裡很多人的衣服竟然被染成紫色。這顯然是楊堅當了皇帝之後，專門找宣傳部門做的形象公關，以掩蓋自己從北周靜帝那裡奪權的事實。草根出身的朱元璋後來抄襲了楊堅的出生方式，他老爹朱五四說他出生時，四面通風的破瓦房裡也充滿了紅光，鄰居以為他們家著火了，紛紛端著洗腳盆來救火。

楊堅出生是在夏天，他的乳母用扇子給他扇風消暑，結果他受涼後差點喘不上氣來。

此時，智仙尼姑剛好雲遊到此，略懂醫術的她救了楊堅一命。從此，楊忠夫婦就把楊堅託付給智仙尼姑撫養，智仙尼姑一直把楊堅視為親生兒子。有一次，楊堅的生母呂苦桃去寺院中看嬰兒楊堅，當她抱起兒子時，楊堅額頭突然長出龍角，楊母大驚，失手將楊堅扔在地上。智仙尼姑趕緊抱起楊堅，失落地說：「我兒是真龍，夫人一摔，導致他晚得天下啊！」

這又是楊堅對「天命」的解釋，還是抄襲了劉邦出生時的故事。我們不能怪劉邦、楊堅、朱元璋互相抄襲，畢竟中國歷史上有太多的創業皇帝，而天命只有一份。

正是因為自幼長於寺院，深受智仙尼姑的影響，楊堅十分篤信佛教。佛教不僅豐富了楊堅的精神生活，也為他解釋「天命」提供了學術支撐。

佛教中代表未來的是彌勒佛，佛教認為彌勒會在釋迦牟尼涅槃五十六億七千萬年後，從兜率天宮降生到人間。所以很多得位不正的皇帝都曾借用彌勒的故事來解釋自己的「天命」，其中最著名的就是武則天。

隋文帝楊堅也盯上了彌勒下世的故事，並專門找文案高手偽造了一本《佛說德護長者經》。經文記載：「於當來世，佛法末時，於閻浮提大隋國內，作大國王，名曰大行。能令大隋國內一切眾生，信於佛法，種諸善根。」楊堅鼓吹自己是彌勒的化身——月光童子。按經文中的意思，釋迦牟尼在一千多年前就給印度僧人們說，東方會有一個大隋國，皇帝叫楊堅，聖明賢德，讓百姓都皈依了佛教。

雖然聽起來荒唐，但從外孫那裡搶來皇位的楊堅也找不到像樣的祖先，只好利用佛教講故事了。故事的好處是，只要人們講的次數足夠多、時間足夠長，就會成為習以為常的共識。

後來隋煬帝楊廣繼承了父親的宣傳技能，也加入了佛教故事創作的陣營中。西元五八八年，年僅二十歲的晉王楊廣率軍南下，滅亡陳朝，平定江南，結束了自東晉以來三百年的南北分裂，完成了國家統一的偉大功績。

正是因為從小生活在佛教氛圍十分濃厚的家庭環境中，受父親楊堅的影響，楊廣也信仰佛教。他還在江都（揚州）時，就萬分仰慕陳朝的國師智大師，等他攻滅陳朝之後，就把智大師請到江都，並受戒成為智的徒弟。

西元五九七年，智大師圓寂。第二年，楊廣為智大師修建天台寺以作紀念，後來更名為「國清寺」。為什麼改名呢？時人都說「寺若成，國則清」。看來這又是為楊廣取代昏庸的楊勇成為太子而製造的「天命」輿論。

周武帝滅佛後，佛教在中原大地一蹶不振，正是因為隋朝兩代皇帝有深厚的佛教淵源，才扭轉了佛教發展的頹勢。在隋朝短短的三十七年間，根據非正式的統計，新出家的僧尼達五十於萬人，修建了寺塔五千餘座，塑造佛像數以萬計。僅以隋代莫高窟的營建為例，新開鑿的洞窟有九十四個，比此前北涼、北魏、西魏、北周四個時代莫高窟開鑿洞窟的總數多兩倍。

與此同時，佛教宗派也開始在中國大地上誕生。自敦煌高僧曇猷晚年在天台山隱居，天台山成為南方佛教聖地，智大師傳承天台山法脈，創造了天台宗。後來，吉藏大師又在長安創立了三論宗。於是，中國的佛教宗派如雨後春筍般從隋代開始生長，唐代時終於形成了著名的佛教八大宗派。

自此之後，中國接替印度和中亞，成為佛教文化和藝術的中心，並開始向東亞地區輻射，佛教及其藝術迎來了巔峰時期。

帝國的彌合劑

隋唐時代的佛教確實燦爛如滿天星辰，但我們還是不能被藝術的表象所迷惑。中國的先秦諸子在百家爭鳴的時候，打造了中國人「子不語怪力亂神」的哲學宗教觀，所以延承至今，中國人的宗教信仰觀念比較淡薄。隋朝兩代帝王雖然顯現出對佛教的狂熱，但並不是單純出於宗教信仰的目的，而是為了解釋「天命」和維護國家統一。

北周最開始在國境內推行滅佛運動，滅亡北齊後，把滅佛運動擴展到中國北方全境，有專家猜測，中國雕塑史上著名的鄴城造像和青州造像就是因此被埋到地下的。周武帝滅佛意志堅決，北方許多名僧和佛教徒都紛紛逃往江南，比如北齊的曇遷和靖嵩等僧眾三百餘人遷徙到江東，帶去了後來佛教八宗之一法相宗的啟蒙思想，隋煬帝的師父智大師也在此時來到天台山修行。

北朝時期，識字率還很低，識字的人之中很大一部分就是僧人。為了學習佛經，有的僧人不僅識字，還懂得幾門外語，於是寺院承擔起了掃盲教育的職能。因為擁有大量信徒，作為知識分子的僧人在社會中號召力很大，他們逃到南朝，痛斥周武滅佛，成為北朝政權的堅決反對者。

就算在北周內部，也有很多反對勢力，「涼州瑞像」的誕生就與此有關。傳說高僧劉薩訶雲遊到涼州的時候，對著禦穀山（今甘肅省永昌縣境內）禮拜，並對弟子說：「日後有一尊佛將會從這座山中出現，如果天下太平，佛像就完好無損；如果出現亂世，佛頭就會脫落。」

西元五二〇年，果然有一座石像出現在這裡的崖壁上，但是沒有佛頭，於是人們雕刻了佛頭放在石像的脖頸上。公元五七三年，就是周武帝滅佛的前一年，瑞像的佛頭突然自行落地，人們白天重新安放好，夜晚又脫落了，反復十餘次都是如此。之後，北周滅佛就開始了，人們認為這印證了劉薩訶的預言。

這尊瑞像確實存在，它是山崖經過風吹雨打之後形成的一個人體的大概輪廓，當時的人們認為它就是佛像。這個故事應該是僧團為了抵抗滅佛、反對北周政權而附會的。蘭州大學張善慶先生研究認為，佛頭的跌落與北周建德年間河西地區的地震有關，禦穀山正處在祁連山地震帶上。

隋文帝知道了這個故事之後，認為涼州瑞像順應天命，預言了北周政權的滅亡和隋朝的誕生，是護佑隋朝的神像。於是，開皇年間就在原址之上修建了瑞像寺，大業五年（西元六〇九年）隋煬帝西征，還親自前往禮覲，並改為感通寺。隋朝皇帝確實應該感謝天命，因為自隋朝建立後，涼州地區再也沒有發生地震，所以佛頭沒有再次掉落。

北方僧眾南逃之後，南朝的佛教迎來了較大發展。南北朝佛教的主要特點是「北造像，南造寺」，北朝看重禪修，以開窟造像為多；南朝看重義理，以建造寺廟為主，所以才有「南朝四百八十寺」的詩句。南朝統治者也十分重視佛教，梁武帝甚至在寺院裡捨身四次，僧人吃素就是他首先提倡的，後來成為佛教的教規。

佛教在南朝日益壯大的同時，南北方之間思想文化和生活習慣上的差別也逐漸增大。隋朝雖然在地理上統一了南北，但思想上的分歧還很大。對於當時的百姓來說，三百年的分裂才是常態，統一倒是稀奇的事。此時的隋朝與剛剛建立聯邦時的美國十分相似，帝國內部正孕育著如林肯時代一般的南北對抗，國家安全遭受重大威脅。

作為統一南北的主將和南方的監管者，楊廣在當晉王的時候就敏銳地發現了這一點。他拜名僧智為師，正是為了獲得江南的支持。為了維護國家統一，隋朝皇家希望通過推崇佛教來彌合南北方在思想上的矛盾。

僅在思想上統一還遠遠不夠，隋煬帝就開啟了他的一系列超級工程：為了擺脫關隴貴族的控制，在更加靠近帝國地理中心的洛陽重新營建首都；為了打通南北的交通，提高洛陽對全國的控制能力，開鑿了以洛陽為中心的大運河；為了改變佛教獨大和加強南北方對中央的政治依靠，開創了科舉制度。

除此之外，隋煬帝在全國範圍內搜羅、整理典籍，在洛陽建立了宏大的藏書殿和祕書省，洛陽成為天下學子嚮往的聖地。全國性方志圖經的編撰也在此時開始，當一張全國地圖放在隋煬帝的面前時，他終於露出了滿意的笑容。

雖然統一了南北，隋朝周邊還有高句麗、室韋、突厥、高昌、吐谷渾等政權，所以面臨著十分複雜的民族矛盾和地緣政治問題。中原地區「華夷之辨」的民族思想根深蒂固，使其無法受到周邊民族的認同。面對這樣的隔閡，隋文帝又從佛教中找到靈感。因為周邊民族或多或少都有佛教的信仰者，佛教講求眾生平等，因此在與周邊民族對話時，隋朝的外交政策逐漸從天朝上國的自我設定轉變成了「教友」。

隋文帝在「眾生平等」這個共識的基礎上求同存異，再採取軍事上防禦和政治上招撫的兩手抓政策，有效處理了民族矛盾，被北方少數民族尊稱為「聖人可汗」。後來唐太宗就學習他姨祖父這一招（李世民的祖母是獨孤皇后的姐姐），對周邊民族說：「自古皆貴中華賤夷狄，朕獨愛之如一」，於是就有了「天可汗」的尊號。從隋朝皇帝建立統一國家的措施中可以看出，佛教發揮了重要的聯結、彌合作用。

文化特區敦煌

我們已經知道，佛教作為外來宗教，最開始與中國傳統文化相抵觸。佛教傳播者急切地想要找到自己的目標使用者，而找到一座開放包容的城市，做一個線下的試點是不錯的方法。縱觀當時的天下，似乎只有敦煌才能接受這一批懷有夢想的思想創業者。

自漢朝設郡治之後，來到敦煌的移民逶迤不斷，移民的身分也非常複雜，漢人有戍卒、家眷、罪犯、流民、望族、避難學者等；外國有侍者、商人和僧人等；民族身分有羌、月氏、烏孫、吐谷渾、粟特等。他們在這裡交相匯達，從而形成了以漢文化為底色、多種文化並存的包容結構。

這種文化結構的形成，和敦煌的地理環境也有極深的關係。在敦煌，既有廣闊的草原和湖泊，也有中原王朝苦心經營的肥沃良田，因而遊牧、漁業、農耕、貿易等多種經濟樣式並存，多樣的經濟樣式能夠養活不同生活習慣的各個民族，這就為多元文化的共存奠定了長期基礎。

當多種民族和文化在敦煌彙集的時候，敦煌實在是個太小的城市（直到現在從城東步行到城西只需要四十分鐘），大家都是鄰里街坊，免不了要打招呼。這個時候就需要「社交貨幣」。就像世間萬千商品，需要一個大家都認可的一般等價物品來進行交換，這些不同文化背景的敦煌居民，也需要大家共同認可的文化和語言。語言自然是漢語，而在諸多文化的備選項中，他們選擇了佛教。因為佛教認為眾生平等，而人格的平等是對話和貿易的基礎。所以佛教就變成了認知世界的一般等價物，把他們聯結了起來。

另外，敦煌又處於帝國的邊境，屬於國家制度的邊緣地帶和地理開放區，中央政治的高壓到達這裡時會大大削弱。所以敦煌既能夠接納多種新的文化，也能讓外來文化在這裡完成中國化改造，而改造之後的文化往往既有漢文化的氣質，又有域外文化的吸引力。

佛教傳入中國後，敦煌常有外國僧人途經或居住，他們在學習漢語和漢文化的同時，又把佛經翻譯為漢語，做足了到中原傳播佛教的準備。到隋朝建立時，這種事業已經運行了五百年，敦煌成為佛教進入中國的試驗田和基站。

可以說，敦煌不僅為隋朝貢獻了彌合劑屬性的佛教，也貢獻了基本盤屬性的儒學。隋朝統一後，以河西四郡為代表的河西儒學與傳承自東晉的南朝儒學開始合璧，河西文化、中原文化、江南文化共同構成了隋唐文化的培養基。

隋煬帝西巡

西元六〇四年，楊廣即位，改年號為「大業」。

「大業」這兩個字幾乎涵蓋了隋煬帝的一生，成也大業，敗也大業。

隋煬帝一直把超越漢武帝當做自己的人生目標，回顧漢武帝國的版圖，隋煬帝發現還有兩塊土地自己沒有擁有，那就是西域和朝鮮。為了同樣實現「張國臂掖」的宏圖，他派裴矩去了張掖。

此時經過二十餘年的穩定發展，河西四郡作為中國最早的對外開放城市，重新煥發了活力。西域商人迫切希望與隋朝貿易，但是，以懸泉置為代表的河西驛站已經破敗不堪，無法為商旅提供軍事和經濟保障。此時，橫跨東西的絲綢之路已經斷絕了三百餘年，大運河的修建已經打通了南北，為了完善中國大地上的一縱一橫，絲綢之路的重新啟動已迫在眉睫。

裴矩就是隋煬帝的張騫，強大的突厥被分化為東、西兩部，就是裴矩外交智慧的成果。裴矩來到河西，敏銳地發現佛教在絲綢之路上的作用，於是以佛教信徒的身分與商人親切交流，最終寫成《西域圖記》。書中記載了西域四十四個國家的山川地貌和風土人情，更為珍貴的是，這套地理圖冊第一次詳細記錄了絲綢之路的具體路線。

北道：從敦煌向北到達伊吾（今哈密市），沿著天山北麓，經過伊犁、怛羅斯、咸海、裏海、地中海。

中道：從敦煌出發，沿著天山南麓，經過高昌（今吐魯番）、焉耆（今焉耆回族自治縣）、龜茲（今庫車）、撒馬爾罕等地至地中海。

南道：從敦煌出發，沿著昆崙山北麓，由鄯善（今樓蘭）、於闐（今和田）、疏勒（今喀什地區）等地至地中海。

收到《西域圖記》的隋煬帝對裴矩的工作十分滿意，這本圖冊為國防安全和軍事部署提供了地理指導，為國家治理提供了宏觀視角，也為商人貿易指引了方向。

在給隋煬帝的上書中，裴矩還提到了重啟絲綢之路的隱患。在當時，今天青海境內是鮮卑族政權吐谷渾的勢力範圍，隨著西藏地區部落勢力的崛起，吐谷渾的西部邊境面臨重大威脅，為了獲得生存空間，常常派兵入侵河西走廊。如果河西丟失，長安也會受到威脅。

於是，西元六〇九年三月隋煬帝率領十萬大軍親征，打算一舉解決吐谷渾。隋煬帝在今甘肅永靖縣炳靈寺石窟附近渡過黃河，進入青海。吐谷渾伏允可汗得知隋煬帝親征，早已逃之夭夭。隋煬帝無仗可打，就在拔延山（今樂都、化隆一帶）舉辦了一場遊獵比賽，算是隋軍的一次野外團建。

五月，一份軍事情報送到了隋煬帝的營帳：伏允可汗隱藏在覆袁川（今俄博河）。隋煬帝立刻派軍隊合圍，大敗吐谷渾，伏允可汗只帶了十餘騎逃走。這一仗徹底摧毀了吐谷渾的軍事力量。與此同時，裴矩已經在張掖為隋煬帝準備好了盛大的歡迎晚宴，二十七國使者也在張掖翹首以待，想要面見這位英武的帝王。

六月初，隋煬帝橫穿祁連山途經大鬥拔穀（今民樂縣扁都口）時，遭遇了猛烈的暴風雪。這是祁連山區十分常見的現象，筆者就曾在六月份到民樂的同學家裡打雪仗。隋煬帝沒有天氣預報可看，從洛陽出發的時候也沒有準備好軍大衣。祁連山風雪襲來的時候，文武官員和奴婢士兵過半凍死，隋煬帝的姐姐楊麗華也得了感冒，最後病死在張掖。

六月十七日，隋煬帝在焉支山上接見了西域二十七國的朝拜使臣，並舉行了祭天儀式。西域國家財政拮据，一般不能給使臣報銷太多的出差費，所以這些使臣也多是商團成員。於是，張掖城中舉行了為期近三個月的文化交流和商業貿易大會。這次大會被譽為世界歷史上第一次「萬國博覽會」。盛會之後，絲綢之路進入了最輝煌的階段。

回到長安的隋煬帝心滿意足，他在新征服的吐谷渾地區建立了鄯善（今若羌）、且末（今且末）、西海（青海湖西岸）、河源（今興海東）四郡，這明顯是對漢武帝河西四郡的模仿。隋煬帝比漢武帝更進一步，打通了青海到西域的通道，但這也為崛起的吐蕃掃清了東進的道路，導致後來敦煌成為吐蕃的領土。當時的隋煬帝沉浸在自己的偉大功績中，他當然無法預料到百年之後的事。此時，河西這條西邊的臂膀已經張開，下一個目標就是東邊的高句麗。

後來隋煬帝深陷在征伐高句麗的泥坑裡無法自拔，最終沒有完成像漢武帝一樣在朝鮮設立四郡的目標，反而落得身死國滅的結果。後世的史家無數次為他惋惜，如果他從張掖回來的時候也患病逝世，他將是比肩漢武帝的千古一帝。

這一切的源頭，開始於晉王楊廣變成太子的那一刻。那一年是西元六〇〇年，隋朝的命運自此改變，巧合的是，一個影響大唐和中國歷史的人也在這一年降生，他就是玄奘。

第十章

玄奘取經與孫悟空的「誕生」

玄奘的成長經歷

唐僧的名字在中國幾乎家喻戶曉。《西遊記》中的唐僧，出身高貴，父親陳光蕊是新科狀元，母親殷溫嬌是當朝宰相殷開山之女；後來其父親在上任途中被水賊殺害，母親也被霸佔，小唐僧因此成了遺腹子；出生之後，母親為保他的性命，把他放在竹籃中隨江而下，被金山寺的老和尚撿到，後來成為一代名僧。然而，歷史上唐僧的出身遠沒有這麼高貴，經歷也沒有那麼離奇。下面我們通過玄奘的弟子慧立寫的《大慈恩寺三藏法師傳》，來瞭解玄奘的真實故事。

唐僧本姓陳，單名一個「禕」字。西元六〇〇年，陳禕出生於今河南偃師縣緱氏鎮陳河村。雖說也是官宦人家，但他的父親陳惠只做過隋朝江陵縣令這麼個七品芝麻官，因為看不慣官場的腐敗，就辭官回家，過著一面種田一面讀書的隱居生活。他的母親姓宋，在陳禕四歲時便去世了。陳禕並不是家中的獨子，有三個哥哥和一個姐姐。在父親的薰陶之下，他自幼好學，是一個標準的儒家弟子。

陳禕十歲那年（西元六〇九年），父親因病去世，他一下子變成了孤兒。早先出家的二哥陳素回家奔喪，就把無人照顧的弟弟帶到了洛陽的寺院裡。陳禕耳濡目染，後來就在淨土寺出了家，法名「玄奘」。

西元六一八年，隋朝滅亡，天下大亂，洛陽變成一片廢墟，玄奘和二哥為了躲避戰亂，逃到了長安。但長安城也十分殘破，唐朝初建，長安城裡沒有一座完整的寺廟，百姓甚至連吃的都沒有，作為僧人的兩兄弟只能化緣。為了求生，他們打算前往益州（今四川）。因為相對封閉的地理結構，益州在隋唐之際沒有被戰火波及，當時有很多僧人都逃往蜀中避亂。

玄奘和二哥商量之後，就收拾行囊，經過兩個多月的艱難跋涉，終於通過了「難於上青天」的蜀道，來到了天府之國。這是玄奘的第一次取經之路。遠行中獲得的旅行知識和徒步經驗，為他後來的西行壯舉打下了基礎。玄奘一生中大多數的時間都在路上，鍛煉了極強的野外生存能力，堪稱唐朝的「探險家」。

在益州，玄奘學習非常刻苦，兩三年間已精研了佛學的重要經典。在當時名僧雲集的益州，玄奘兄弟兩人是青年僧人的代表，被時人譽為「陳門二驥」。

玄奘是一個求知欲極強的人，小小的益州城已經不能滿足他了，他想回到已經安定了的京城去學習佛法。二哥怕他在遠行中遇到盜匪，也不願意唯一的親人離開自己，所以不同意。但玄奘去意已決，在那個將要偷偷乘船離開的夜晚，他回頭望了一下燈火下的成都，之後就再也沒有見過二哥了。

玄奘一路順江而下，開始了他的遊學之旅。這算是他的第二次取經之路。他先後遊歷了荊州、相州（今安陽）、趙州（今邢台），尋訪了各地的名僧，幾乎讀遍了各家各派的佛教典籍。最後，他終於來到了長安。這時，他已經是很有名氣的佛學大師了。

一路向西

此時的長安是大唐的首都，也是世界上最大的城市，很多名僧會集到了長安。在長安城學習佛法的玄奘發現了一個問題，當時佛教的流派很多，各派有不同的佛經版本，而且版本之間分歧很大，甚至不能自圓其說。到底哪一版本才是真正的佛經呢？後來一位天竺來的僧人告訴他，佛教的誕生地天竺有最原始的典籍，於是玄奘就打算去天竺求法。

當時，為了防備北方的東、西突厥，朝廷封閉了玉門關，不許百姓隨意流動，出關越境必須申請過所（古代度關所用的憑照，就像現在的護照）。玄奘就跟幾個相約同去天竺的僧人向朝廷上表申請。

唐太宗李世民因為姓李，將老子李耳追認為自己的祖先，將道教奉為國教，此時的他也不認識玄奘，就毫不猶豫地拒絕了。皇帝下了詔令，同伴們都打了退堂鼓，只有玄奘一直等待著新的機會。

這個機會終於讓他等到了。西元六二七年，關中平原大旱，長安城的百姓紛紛出城找飯吃。恰好有一個秦州（今甘肅天水）的和尚孝達，在長安學習佛法，正準備返回家鄉。玄奘就和他喬裝打扮混在災民當中，逃出了長安城。兩人沿著陳倉古道，翻過巍峨的隴山，到了秦州。之後，玄奘獨自啟程，渡過黃河，翻過烏鞘嶺，到達了涼州。

涼州的僧人們聽說玄奘來了，紛紛前來邀請他開壇講經，他一留就是一個多月。涼州是絲綢之路上的重鎮，西域的商人們聽說玄奘要去天竺，就紛紛把消息傳到了西域各地，也傳到了當地行政官員的耳裡。當時大唐和西域還處在敵對關係中，不准百姓隨意出境。當有人向涼州都督李大亮舉報玄奘的目的之後，都督大吃一驚，立即派人找到玄奘，令他不要再向前一步。涼州的慧威法師知道了玄奘的志向和處境，十分同情他，就立刻派自己的兩個弟子護送玄奘連夜逃出涼州，一路繼續西行。這時的玄奘，不再只是求經的僧人，還成了朝廷追捕的逃犯。為了躲避官府的追捕，他們只能晚上出行，經過幾天趕路，終於來到了大唐最西北的城市——瓜州。

也許是涼州都督還沒有發現玄奘已經逃出涼州，所以玄奘要偷越邊境的消息並沒有傳到瓜州。瓜州是大唐的邊境了，怎樣才能出關呢？玄奘暗地裡從商人那裡打聽到了前往西域的路途。再往前走，就是八百里的戈壁和荒漠，沒有人帶路，根本走不過去。玄奘聽了又愁又急，從涼州騎來的馬也病死了，玄奘無計可施，只能暫且住在瓜州城外的開元寺（今鎖陽城遺址塔爾寺），一面講經，一面等待機會。

一個月過去了，追捕令到了瓜州。負責追捕的官員叫李昌（官職類似於瓜州派出所所長），他是虔誠的佛教徒，接到追捕令之後就立刻獨自來找玄奘。玄奘以為李昌要捉拿自己，不敢承認真實身分。李昌著急地說：「法師必須說實話，如果是，我才能給法師一條生路啊！」玄奘聽了這話感動不已，將自己想取經的心願全部說了出來。李昌聽了，被玄奘捨身求法的精神所感動，當著玄奘的面將通緝令撕毀。在唐代，撕毀公文是殺頭的重罪。為了避免驚動其他官吏，他匆匆辭別了玄奘。

玄奘望著他的背影，來不及感動，趕緊收拾行李。

玄奘遇上石槃陀

收拾好行李的玄奘發現自己還面臨著一個重大的問題：沒有嚮導。近千里的沙漠，玄奘可從來都沒有走過，如果一個人向前走，那絕沒有活下來的可能。前面是沙漠，後面是追捕令，這讓玄奘無路可逃了。

第二天，玄奘在寺院裡參拜佛像時，有一個年輕的胡人來到了寺院裡，他不拜佛，而是打量著玄奘轉了兩三圈。玄奘就叫住那胡人問話，胡人說他叫石槃陀，見法師特別像昨夜夢中出現的僧人，所以十分好奇，想拜玄奘為師。玄奘知道了緣故，就收他做了徒弟。這是玄奘一生中收的第一個徒弟。石槃陀向玄奘講了自己的身世，原來他是往來西域多次的商人。玄奘十分高興，就說出了自己西行求法的計畫，石槃陀當即答應保護師父取經。

當天，兩個人為了收拾行李忙了一晚上。第二天黃昏，玄奘早早就來到約定的地點，過了一會兒，石槃陀和一位老胡人來到玄奘跟前。玄奘見有外人來，心想：他不會把我偷渡的行蹤給暴露了吧！

石槃陀怕師父疑心，解釋說：「老伯是我們這裡走過驛路最多、最熟悉去西域路途的人，所以我請他來介紹一下西去要注意的事情。」

老胡人說：「從這裡西去，遍布著沙漠和荒灘，除了烈日和沙塵暴，還有時常出現的鬼魅熱風，十分兇險。以前，僧侶們都是成群結隊出行，但活下來的往往不到半數。法師一人前行，與送死有什麼分別？」

玄奘說：「我曾發誓，一直向前，前往天竺，寧死也決不退後一步，老伯就不要再勸我了。」

老胡人見玄奘不顧性命也要取得真經，感動地說：「法師如果一定要西行，你的這匹白馬可不行，牠看著很健碩，但一直被養在馬圈裡，從來沒有走過長路，近千里的大沙漠是走不出去的。你要去，就騎我的這匹馬吧。老傢伙雖然又老又瘦，但牠去過西域多次，對西行的路可熟得很，一定能助你渡過難關。」

老胡人的這匹又老又瘦的棗紅馬，就成了玄奘取經時的坐騎。榆林窟第2窟出現的「玄奘取經圖」中的馬就是紅色的，後來顏料氧化變成了黑色。當然，在《西遊記》中，它又變成了白龍馬，小說中第三十回：「邪魔侵正法，意馬憶心猿」，唐僧變成老虎，三位師兄都不在身旁，白龍馬捨身救過唐僧。而歷史上棗紅馬也曾在取經路上救過玄奘一命。

天黑以後，玄奘和石槃陀上路了。三更時分，他們來到葫蘆河的上游，偷偷渡過了玉門關。兩個人趕了一天的路，第二天傍晚才打算在沙堆裡休息。

玄奘吃過乾糧之後安然入睡了，石槃陀卻怎麼也睡不著。原來他的妻兒老小都在瓜州，此去西域萬分兇險，丟失性命還是小事，要是被官府捉住，知道了自己偷渡的大罪，一定會連累家人的；這讓他越想越害怕，又想到師父已經逃出瓜州，一定不會再回去；在家人和剛認識兩天的和尚之間，他果斷地選擇了家人，一時起了殺心，從懷裡摸出刀來，緩緩走向玄奘。

玄奘被身後的腳步聲驚醒，但又怕這時候轉身看見石槃陀，導致他應激殺人，就只好裝作起夜。石槃陀見玄奘有了防備，只好又退回去睡下。

黎明時分，玄奘叫起了石槃陀，吃過早飯之後準備動身。石槃陀勸玄奘返回瓜州，玄奘自然不肯答應。石槃陀掏出腰刀，威逼玄奘，玄奘寧死也不後退一步，石槃陀只好一個人往瓜州走去。走了幾步，又轉過身來說：「師父，前方各處都有官兵把守，你被官兵捉住，逼問之下把弟子供出來怎麼辦？」

玄奘對著他發誓說：「如果被捉住，即使把我剁成肉泥，也不會提你一個字。」

石槃陀見師父說了這番話，就不再多言，跪別玄奘，孤身一人回瓜州去了。

玄奘的生命危機終於解除，他也繼續向前出發了。

後來，玄奘獨自穿過八百里的戈壁沙漠。抵達高昌之後，國王麴文泰十分崇敬玄奘，拜他為禦弟（禦弟哥哥的名稱就是這麼來的）。玄奘啟程時，國王又派遣使團保護他，此後取經的路基本上暢通無阻。

對於玄奘來說，途經瓜州的這一段經歷是取經之路上最艱難的時刻。如果不是李昌撕毀文書捨命相救、老胡人贈予老馬和石槃陀協助偷渡，玄奘很難完成他的壯舉。他在晚年回憶起這段經歷時感歎道：「此等危難，百千不能備敘。」

孫悟空的「誕生」

瓜州縣榆林窟現存壁畫裡有三幅玄奘取經圖，都繪製於西夏時期。此外，繪製於西夏的玄奘取經圖在東千佛洞石窟有二幅、文殊山石窟有一幅。這六幅玄奘取經圖中的五幅都是一僧人、一行者、一馬的形象，表現的就是石槃陀幫玄奘渡過玉門關的那個夜晚。隨著繪製時間的從早到晚，圖像中的玄奘和石槃陀逐漸有了頭光，石槃陀也逐漸從人的形象變成猴的形象。這是典型的神化現象。其實，石槃陀就是孫悟空的原型[3]。

中國文學中的諸神，一般都是從人到神，長期積累的結果，比如關羽變成了財神爺。就像考古工地上常見的地層一樣，歷史也是層累而成的，對於重要的人，歷史總能為他戴上光環。石槃陀是歷史上唯一陪玄奘取過經的弟子，而且是他一生中的首位弟子，玄奘在後來的回憶中常常提起他。後來石槃陀進入了文學創作之中，便有了孫悟空的形象。

對於演繹的過程，我們可以做以下推測：

其一，孫悟空是從石頭裡蹦出來的，而石槃陀剛好姓「石」。石槃陀是唐代時期的粟特人，故鄉石國在今天的烏茲別克斯坦首都塔什干附近。外國人入大唐戶籍的時候，要取個中國名字，因為石槃陀來自石國，於是就以國為姓。古代重要人物出生時往往天生異象，孫悟空作為小說中的主角，當然要有不凡的身世，作者於是依託「石」字讓孫悟空從石頭裡蹦了出來。

其二，石槃陀為胡人，因為拜玄奘為師，史書中多稱其為胡僧。《西遊記》中孫悟空因本性為猴，神仙們輕蔑他時多用「猢猻」一詞。胡僧的「僧」為後鼻音（ㄙㄥ），猢猻的「猻」為前鼻音（ㄙㄨㄣ）。我國有很多方言是前後鼻音不分的，在口口相傳的過程中很有可能將「胡僧」異化成了「猢猻」。

其三，石槃陀是粟特人，與安祿山是老鄉，相貌特點是毛髮旺盛，高鼻深目，今天陝西歷史博物館中就有大量粟特人陶俑。古代中原人歧視少數民族，連蘇軾都說過「譬若禽獸」的話，在中原畫師的筆下，石槃陀毛髮越來越旺盛，就變成猴相了。

其四，東千佛洞第2窟中，石槃陀的頭上有一帶狀的飾物（圖9）。這是因為胡人多不

3. 筆者又在榆林窟第3窟《文殊變》中，發現了疑似玄奘取經圖的新圖像，從而清理石槃陀從人到猴的演化過程，參見《榆林窟發現西夏第七幅玄奘取經圖》，《西夏學》二〇二一年第二期。

著帽冠，但毛髮旺盛，為行動方便，通常用一髮帶繫住頭髮，後來就演變成緊箍的形象。更巧的是，古籍中記載石槃陀起殺心時，玄奘念的就是觀音菩薩。

其五，《西遊記》中孫悟空收服小白龍，使之成為唐僧的坐騎，而歷史上玄奘的馬確實是因為石槃陀的引見而得到的。元代畫家王振鵬的《唐僧取經圖冊》上冊第六幅圖原題簽就是「石盤（槃）陀盜馬」。

其六，刀劍作為利器，唐代出行時一般禁止攜帶，但是前往西域的路十分兇險，所以往來西域的胡商一般要帶一根木棍防身，有時也可用做扁擔。石槃陀就是胡商，他曾往來西域多次，陪玄奘出行是偷渡，木棒當然是必不可少的。東千佛洞第2窟玄奘取經圖中的石槃陀左肩就扛一長棍（圖10）。後來，這根長棍就在小說中變成了如意金箍棒。

諸多證據表明，石槃陀是孫悟空最早的原型，只有他最符合從歷史到小說的演繹過程。但是，孫悟空並不是完全由石槃陀演繹而成的，從唐至明的七百年間，有無數崇拜玄奘的人參與過玄奘取經故事的演繹，也有無數人的性格與孫悟空融為一體。所以，正是時間的不斷層累和眾人的口頭創作，成就了齊天大聖的鮮明形象。

玄奘與皇室的關係

玄奘經過四年的時間，終於到達那爛陀寺。學得佛法後，攜帶大量梵文經典返回長安。在返回途中，本來要去見見自己的結拜兄長麴文泰，但不幸的是，高昌王麴文泰因為聯合西突厥擾亂大唐邊境，唐太宗於西元六四〇年派侯君集攻下了高昌城。在大唐軍隊還沒有到高昌的時候，麴文泰就被嚇死了。

在國外偷渡了十九年的玄奘，本來還怕唐太宗治他的罪。但當他回來時，唐太宗卻下詔讓他速來相見。貞觀十九年（西元六四五年）正月二十四日，宰相房玄齡親率百官在長安城外迎接玄奘，全城百姓排了長達十里的歡迎隊伍，都想見見這位歷經千難萬險的傳奇人物。

在洛陽，唐太宗第一次見到了玄奘。此後半個多月，玄奘被連續召入內殿密談。一年後，玄奘把一本書交給唐太宗，這就是《大唐西域記》。

唐太宗向玄奘約稿，不是因為「世界那麼大，我想去看看」，而是因為他的目標是西域，而《大唐西域記》就是一份詳細的西域情報。當年，唐太宗的表舅隋煬帝都沒有打通西域，玄奘回國之後，唐太宗看到了建立偉業的希望。

唐太宗十分欣賞玄奘，像這樣精通外語、熟悉各國、智慧高深的人才實在難得，於是幾次邀請玄奘還俗擔任朝廷官職，以助他平定西域，但玄奘都以出家人不殺生的戒律為由拒絕。玄奘也十分清楚，如果想要弘揚佛教，守住自己千辛萬苦取來的真經，就必須獲得皇帝的支持和保護。所以他雖然拒絕了唐太宗的多次邀請，但凡是皇帝徵召入宮，他都是知無不言、言無不盡。在一次次的促膝相談中，唐太宗被玄奘的智慧所折服，兩人結下了深厚的友誼。

唐朝兩任皇帝都對玄奘十分崇敬，唐太宗為他撰寫了《大唐三藏聖教序》，敕令列為所有經卷之首。皇太子李治又寫了《述聖記》，宰相褚遂良又用楷書寫下了這兩篇序文。後來弘福寺的懷仁和尚彙集了唐太宗喜愛的王羲之字體，鐫刻了《大唐三藏聖教序》碑，這就是今天西安碑林的鎮館之寶。後來為了安置玄奘帶回的佛經，唐高宗又下令修建慈恩寺塔，這就是今天西安的地標大雁塔。

起初，玄奘在與皇室互動時也十分謹慎，因為大唐的國教是道教。佛教歷來與道教相悖，是競爭對手，因此歸國之後的玄奘一直處在不安之中。王玄策出使印度的時候，唐太宗還命玄奘把《道德經》翻譯成梵文，以便向印度傳播道教。但是，隨著與玄奘的交往越來越深，唐太宗對佛教也逐漸產生了興趣。他開始積極支持玄奘翻譯佛經，並放開了對佛教諸多方面的政策束縛。唐初以來受壓制的佛教，因為玄奘的努力而開始復興。

西元六四九年，唐太宗的身體每況愈下，床邊除了服侍的嬪妃和太子李治之外，最常見的就是玄奘。唐太宗從玄奘的陪伴中得到很大的慰藉，魏徵死後，玄奘填補了太宗知心好友的位置。太宗生命的最後階段，一直是玄奘陪著他度過的。

玄奘在翠微宮裡講經說法時，除了病危的唐太宗，還有兩個十分好學的年輕人——皇太子李治和才人武則天，他們就是在此時相愛的。玄奘的智慧對他們影響深遠，木材商人的女兒武則天因此開始了蛻變。玄奘與唐太宗討論的往往是軍國大事或佛學智慧，在翠微宮的那個場景下，玄奘和唐太宗就是天下最好的老師，而武則天則是天賦最高的學生。

武則天生下李顯的時候，請玄奘為皇子剃度，賜名「佛光王」。玄奘的信仰就是彌勒信仰，武則天就從老師的彌勒信仰中找到靈感，命人編造了《大雲經》，鼓吹自己就是彌勒降世，像莫高窟第96窟「北大像」那樣的大型彌勒佛造像開始在全國營建。

西元六〇〇年，楊廣成為太子的那年，玄奘出生；六二七年，唐太宗登基的那年，玄奘西行取經；六四五年，玄奘回國；六六四年，圓寂。玄奘的一生經歷了隋唐變革，完成西行壯舉。

《大唐西域記》成為關於中亞和印度的權威歷史，為大唐帝國提供了開闊的視野；玄奘以一己之力使佛教獲得皇室支持，改變了唐代佛教發展的面貌。譯經事業創造了眾多新詞語，豐富了漢語世界；他以人格魅力影響了李世民、李治、武則天、李顯等人，其思想照亮了唐代最耀眼的一批人，影響了唐王朝的精神氣質。

玄奘與榆林窟的開鑿

玄奘的偉大功績被後人永遠銘記，在不斷緬懷他的過程中，他逐漸從高僧變成聖僧，最終促成了《西遊記》的誕生。因為玄奘經過瓜州時的刻骨銘心，瓜州人更自豪於玄奘取經時為他作出的貢獻，這段故事就一直流傳下來，西夏時期人們就把它畫在了榆林窟的壁畫裡。

榆林窟作為敦煌石窟的第二大石窟群，人們一直以來卻無法確定它的開鑿時間。筆者在榆林窟的峽谷內生活了六年，在參與整理《榆林窟內容總錄》的時候，一直在思考這個問題。後來，終於從玄奘取經的故事裡找到了榆林窟開鑿時間的線索。

玄奘作為虔誠的佛教徒，每經過一處佛教聖地，往往親自前往朝聖、禮拜。《大唐西域記》中記載，玄奘對每個行經國家的寺廟、聖跡、舍利供養情況都有描述，阿富汗的巴米揚石窟、犍陀羅的藝術、天竺的寺廟、佛陀的腳印、佛缽、佛影窟等，都有記載。

瓜州是玄奘在取經之路上玉門關內停留最久的一站，榆林窟則是瓜州的佛教中心，但玄奘卻從來沒有提及榆林窟。所以，玄奘來到瓜州時（西元六二七年），榆林窟應該還沒有被開鑿出來。

這一推論與瓜州當時的歷史背景也十分吻合。唐朝建立後，唐王朝雖然已經控制了河西走廊，但瓜州和敦煌仍舊是戰亂不斷，豪強多次反叛。如西元六二〇年，瓜州（今敦煌，西元六二二年在今天的瓜州縣設立瓜州，敦煌設西沙州，後改為沙州）刺史賀拔行威舉兵反叛，次年五月始被平定；西元六二三年，沙州人張護、李通反叛，殺死瓜州總管賀若懷廣，後被瓜州長史趙孝倫擊敗。正是因為唐初瓜州地區政局不穩，民生凋敝，連溫飽都難以為繼，亟需維持社會穩定和發展生產，所以完全沒有時間和財力營建石窟。

榆林窟曾出土了一尊笈多風格的象牙佛（圖14），常書鴻先生認為這很有可能是玄奘取經返回時，為感謝李昌和石槃陀等人而留在瓜州的紀念之物。古代寺院的營建，一般就是為了紀念當地發生的重大事件，並且需要鎮寺之寶。也許是為了紀念瓜州人在玄奘取經時作出的貢獻，人們依託於玄奘帶回來的象牙佛，在玄奘歸國的六四五年之後開鑿了榆林窟。

玄奘在後世的追捧中，逐漸進入了吳承恩的神魔世界，變成了羸弱且迂腐的唐僧。當人們忘記了玄奘取經的真相時，瓜州榆林窟的壁畫依舊在幽暗的洞窟裡為我們保存了玄奘最真實的面孔。瓜州與玄奘一樣命途多舛，就在玄奘與石槃陀相遇的一百年後，瓜州城被大軍攻破，只剩夕陽下的斷壁殘垣。

第十一章

唐蕃互動與敦煌石窟

吐蕃崛起

西元六三四年，是隋煬帝穿過大雪紛飛的大鬥拔穀的二十五年後，吐谷渾人又悄悄穿過了峽谷。

吐谷渾是鮮卑慕容氏建立的政權，它存在期間剛好趕上隋唐和吐蕃最強盛的時期，因而被夾在中間兩頭受氣。吐蕃從拉薩地區向北擴張的時候，吐谷渾只好向北翻越祁連山。西元六〇九年隋煬帝一舉攻滅吐谷渾之後，伏允可汗帶著殘部躲在深山裡休養生息，隋唐王朝更迭的時候，他們又趁機回到了青海湖畔。

西元六三五年，唐太宗打算一次解決吐谷渾問題，任命大唐第一名將李靖為西海道行軍大總管，侯君集、李道宗、薛萬均為大將。在涼州剛與玄奘相遇過的涼州都督李大亮等人也率軍出戰。第二年，在幾路大軍的攻擊之下，吐谷渾損失慘重，伏允可汗自縊而死，他的兒子慕容順率殘部投降，吐谷渾歸附唐朝。

李靖是唐代軍神，一生幾乎逢戰必勝，這一戰又讓他的威名響徹青藏高原。後來人們認為李靖是佛教中毗沙門天王（圖11）的化身，因為毗（毘）沙門天王的法器是寶塔，所以稱他為「托塔天王」，明代小說《封神演義》中托塔李天王的形象就是從此而來。李靖幾乎陪伴了李世民的一生，於西元六四九年七月逝世。八天後，唐太宗也逝世了。

就在李靖率軍出征的前一年，吐蕃贊普松贊干布派使者來到長安，他想要成為唐太宗的女婿，但遭到了唐太宗的拒絕。此時恰逢吐谷渾王入唐朝見，吐蕃使者沒有完成任務，回到拉薩後便對松贊干布說，唐朝拒絕婚約是因為吐谷渾王從中作梗。松贊幹布以此為藉口，出兵攻擊吐谷渾、党項和白蘭羌，揚言若不和親，便率兵大舉入侵唐朝。然而，牛進達率領的唐軍先鋒部隊很快就擊敗了吐蕃軍，侯君集也率領唐軍主力緊隨其後，松贊干布立馬退出戰場。

為了謝罪，西元六四〇年，松贊干布派大論（相當於宰相）祿東贊攜帶厚禮再次向大唐求親。閻立本作為唐朝的宮廷「攝影記者」，把這一幕畫成了著名的《步輦圖》。為了穩定吐谷渾地區的局勢，制止吐蕃東侵的野心，唐太宗終於答應了和親。

按照中原王朝和親的慣例，皇帝幾乎都不會讓自己的親生女兒嫁給少數民族的王。文成公主是皇家宗室的女兒，具體是誰的女兒還沒有定論。她與當年的劉解憂一樣，被叔叔唐太宗封為文成公主，肩負起大唐教化遠邦的重任。

西元六四一年，文成公主入藏，松贊干布大喜過望，著手修建布達拉宮迎接公主。文成公主入藏加強了漢藏兩族的聯繫和團結，為後來西藏歸入中國版圖奠定了基礎。同時，文成公主與隨行工匠帶來了先進的生產技術，促進了藏地經濟文化的發展，吐蕃的實力在此後進入了快速進步時期。

西元六五〇年，唐太宗逝世一年之後，三十三歲的松贊干布也英年早逝了。此時吐蕃已經統一西藏，實力強盛，為了獲得更多的土地，後來的贊普不再遵守與唐的和平盟約，在西域、吐谷渾、松州（今四川省松潘縣）三個方向上頻繁試探。西元六六三年，為松贊干布提過親的祿東贊親率大軍滅了吐谷渾，吐蕃直接威脅到唐朝西北領土的安全。

為了打擊吐蕃和光復吐谷渾，西元六七〇年，唐高宗派名將薛仁貴出征吐蕃，薛仁貴的對手就是祿東贊的兒子論欽陵。此時，跟隨唐太宗平定天下的淩煙閣名將早已仙逝，薛仁貴和論欽陵都是當時唐蕃雙方最傑出的將領。可惜，這一戰中，薛仁貴遇見了「豬隊友」郭待封。他是名將郭孝恪之子，取名「待封」，可見郭孝恪認為兒子能封侯，自此培養了他的傲氣。作為官二代和名將之後，他不甘心屈居於貧民出身的薛仁貴之下，經常違抗薛仁貴的命令。

唐軍來到青海湖南面的大非川，薛仁貴命郭待封在大非嶺上構築前沿陣地，守護糧草，自己親率主力尋找戰機。薛仁貴大敗吐蕃軍後進駐烏海城（今青海省瑪多縣東北黑海），等待郭待封的輜重後援。郭待封不聽軍令，擅自冒進，吐蕃軍抓住戰機，幾乎全殲郭待封部，唐軍糧草盡失。薛仁貴被迫退回大非川，此時論欽陵率四十餘萬大軍前來決戰，薛仁貴無險可據，大敗而歸。

這是唐朝開國以來對外作戰中最大的一次失敗，此時西域防務空虛，吐蕃乘機佔領西域的大部分地區，成為與唐比肩的大國。

瓜州保衛戰

五十年後，吐蕃已經消化了吐谷渾和西域等新佔領區，開始侵吞河西走廊和隴右地區。西元七一一年，是唐玄宗登基的前一年，為了加強邊防，唐朝在涼州設置河西節度使，兵力七萬三千萬人，僅次於范陽節度使，戰馬十九萬四千匹，占全國的四分之一，實力十分強勁。

雖然吐蕃常常越過祁連山，但因為河西節度使和隴右節度使的設置，兩地形成了網格化的軍事防區，吐蕃並沒有討到便宜。更重要的是，在此前的聖曆二年（西元六九九年），武則天使用反間計，迫使吐蕃贊普除掉了功高震主的論欽陵，他的弟弟贊婆走投無路，率部向武則天投降，吐蕃已沒有名將。而此時先後任隴右和河西兩大節度使的是郭知運和王君㚟，兩人都是唐玄宗初期的名將，而且都來自瓜州常樂縣。

學術界已經確定，唐代常樂縣的遺址就在今瓜州縣的六工古城。

筆者現居地就在六工村，距離常樂縣城遺址僅五公里，平生第一篇學術論文就是關於常樂縣城遺址的探討。唐代玉門關遷移到瓜州境內，常樂縣城就是絲綢之路新北道的起點，代替敦煌成為當時絲綢之路的岔路口。這座小城名將輩出，唐代西北邊境的將領中有很多都出自這裡。

西元七二七年春，河西節度使王君㚟大敗突襲甘州（今甘肅張掖）的吐蕃大將悉諾邏，率軍追擊上千里，一直打到大非川，俘獲大批軍士和輜重，一雪薛仁貴大非川之戰的前恥。

逃走的悉諾邏對王君㚟恨得咬牙切齒，於九月率軍突襲瓜州，俘虜了王君㚟的父親王壽。悉諾邏同時分遣副將圍攻王君㚟的老家常樂縣，縣令賈師順於嬰城固守。瓜州城陷後，悉諾邏率軍近十萬攻打常樂。賈師順僅靠五千左右的士兵百姓守城，堅守了近三個月，終於等來了王君㚟的援軍。這一次，瓜州艱難守住。

此戰後不久，王君㚟被回紇人謀殺，大大影響了前線士氣。鑒於河西和瓜州的重要戰略地位，朝廷緊急調派蕭嵩為河西節度使，在瓜州刺史一職上，他推薦了張守珪。

西元七二八年，張守珪來到瓜州，滿目殘垣斷壁，他馬上當起了包工頭，組織軍民日夜趕工，修築城防。城牆剛修好，悉諾邏又率軍來了。可是，來到瓜州城下的悉諾邏目瞪口呆，剛剛被他摧毀的城牆現在竟然完好無損，而且城門大開，大街上還有瓜州環衛正在清掃。城門樓子上大紅燈籠高高掛起，還沒到大年三十，卻像要開聯歡晚會的架勢。唐軍士兵用粗糙的大手撥弄著長琴，張守珪就在這極不協調的雜訊中，用濃重的山西口音演唱著「瓜州歡迎你」的新曲。

吐蕃軍一時手足無措，悉諾邏猜測城中一定有伏兵，正猶豫間，後方的山上突然燃起大量火把，遠遠的塵土飛揚，悉諾邏趕緊下令撤軍。張守珪命令城內士兵一齊湧出追殺，終於趕跑了吐蕃兵馬。

張守珪使用的是真正的「空城計」，可惜這個時候的悉諾邏不可能看過明朝人羅貫中寫的《三國演義》。其實，歷史上諸葛亮沒有使用過空城計。這個時候，張守珪剛到瓜州，士兵還沒有配齊，使用空城計實在是孤注一擲的豪賭。如果悉諾邏有望遠鏡，就能看到張守珪在瓜州城樓上滿頭大汗。這一次，瓜州又逃過一劫。

戰後，河西節度使蕭嵩使用反間計，散布消息說悉諾邏準備與大唐合作，贊普又像殺論欽陵一樣，為張守珪除去了心腹大患。西元七二八年七月，吐蕃大將悉末朗再次進攻瓜州，也被張守珪擊退。為了解決瓜州被動防禦的局面，張守珪聯合沙州刺史賈師順（因常樂之戰有功，遷任沙州刺史，管理敦煌），對吐蕃大同軍發動突然襲擊，迫使吐蕃軍隊退回到青海地區。瓜州的危機終於告一段落。

西元七三三年，張守珪因瓜州的戰功，被唐玄宗移調幽州，擔任長史。他剛到任，就抓住了一個偷羊賊，後來這個賊差點偷走整個大唐。

大唐致癌物出世

張守珪到任幽州後不久，一個胖子偷羊被抓。張守珪軍紀嚴明，當即下令拖出去亂棍打死。這個胖子掙扎著叫喊道：「大夫難道不想消滅兩個蕃族啊？為什麼要打死我！」

張守珪一看這胖子有點志向，就放了他，讓他當了一名「捉生將」戴罪立功。這個胖子就是安祿山。從此，開元盛世迎來了它的終結者。

安祿山生於西元七〇三年，是粟特人。粟特族善經商，據說每當生下兒子，他們就會給小孩的嘴唇上抹上蜂蜜，在手掌上塗上膠水，當他長大後就能輕易說出甜言蜜語，手中也能握得住財富。唐代絲綢之路貿易的興盛，很大程度上是粟特人的功勞。安祿山長大後果然很有商業頭腦，據說他精通六種語言，在唐代邊境幽州充當商業貿易中的牙郎（翻譯）。

史思明比安祿山早一天出生，他們是從小一起長大的朋友，也都成了張守珪的「捉生將」。捉生將就是張守珪的敢死隊和情報特工，負責深入敵境刺探情報和暗殺叛徒。因為做過牙郎的關係，安祿山十分熟悉北方各民族的語言和生活習慣，更有遍布草原的貿易關係網，所以安祿山和史思明在組織內部業務能力極強。

張守珪越看越喜歡這個憨態可掬的胖子，安祿山也是官場人精，認了張守珪做乾爹。安祿山的才能確實適合當商人或特工，可是張守珪讓他當了將領。

西元七三六年，楊玉環進宮的前一年，張守珪為了讓自己的乾兒子積累戰功，派安祿山領軍出征契丹。安祿山並沒有將才，他因輕敵冒進而中了埋伏，全軍覆沒。張守珪不想依軍法殺了自己的乾兒子，便把他用繩子捆了押到長安，請皇上裁決。這是官場的套路，暗示朝廷要留他乾兒子一命。

此時的宰相是寫過「海上生明月，天涯共此時」的張九齡，他似乎有超前的預見性，總覺得安祿山這個胖子不順眼。作為正直的文官，他也不允許邊境將領法外徇私，所以極力建議斬殺安祿山。可是唐玄宗卻很買張守珪的面子，決定饒安祿山一命。

張守珪對死裡逃生的安祿山充分展現了老父親的慈愛。安祿山喜歡吃肉，最重時達到三百多斤，張守珪總是撫著他的背提醒他少吃點！晚年的安祿山得了嚴重的糖尿病，眼睛都瞎了，這與他進食沒有節制有很大關係。

好在盛唐以胖為美，安祿山的樣貌反倒成為他職業生涯的助力。在張守珪的庇護下，安祿山跟隨著乾爹南征北戰，立下不少功勞。在安祿山成為平盧兵馬使的時候，張守珪病逝了。他在臨終的時候當然想不到自己為保護國家戎馬一生，卻培養了一個竊國大盜。

盛唐似乎也流行「萌」文化，又蠢又萌的安祿山十分招人喜歡，剛沒了乾爹，他就馬上為自己找了一個乾媽。這個乾媽就是楊貴妃。

楊玉環是在西元七四五年被封為貴妃的。在這之前，安祿山已經兼任平盧節度使和范陽節度使，掌握了天下五分之一左右的兵馬。

唐朝的衰亡與節度使的設置有很大關係，到了唐玄宗時期，國家戰略從唐太宗時期的進攻轉為防守。此時邊境上有諸多的民族政權與唐王朝接壤，所以需要常駐軍，負責管理軍鎮的節度使應運而生。節度使是中央派出的，地方官員受其監督，在天高皇帝遠的情況下，節度使基本上就代表了天子。再加上邊境常常受到襲擾，甚至波及整個北方，節度使為了統一協調各方，管理的範圍進一步擴大，管理的時間也逐漸變長，這讓節度使在地方的勢力逐漸坐大。就像漢代的紀檢長官刺史變成了大權獨攬的封疆大吏，節度使也在沿著同樣的軌跡演變。

安祿山在任節度使的時候，充分發揮商人的天賦，副業搞得有聲有色。他用金錢利誘北方部落，分化他們，各個擊破，因此捷報頻傳；對朝廷高官，他賄賂手法高明，加上他憨厚的外表，博得了官僚的一致好評。通過這一番操作，唐玄宗幾乎每天都能聽到關於安祿山的好話，所以就把他喊到皇宮裡來了。

唐玄宗第一次見到安祿山就特別喜歡他。唐玄宗是音樂天才，安祿山則可以說是黑池舞者。粟特人喜愛舞蹈，安祿山就是其中的佼佼者。史書記載，他重三百多斤，但跳起胡旋舞的時候簡直就是小陀螺，輕易就用舞姿征服了唐玄宗和楊貴妃。安祿山趁著他們高興，立刻跪地請求楊貴妃收他為義子，楊貴妃也想攀附有實力的外臣，欣然同意。

西元七五一年，安祿山四十九歲生日的時候，三十三歲的楊貴妃親自主持了「洗兒禮」。洗兒禮本來是為新生兒洗浴慶祝的禮儀。楊貴妃讓宮女們把安祿山放在自己的華清池裡刷洗，之後又把他包成大肉粽子的樣子，用彩車抬著招搖過市。

之後，安祿山兼任河東節度使，掌握了天下三分之一的兵馬，權力達到頂峰。

安史之亂與河西局勢

這個時候，在西北邊境，大唐和阿拉伯帝國黑衣大食（阿拔斯王朝）發生了怛羅斯之戰。唐軍將領是安西四鎮節度使高仙芝，他是唐高宗征服高句麗之後進入中國的高麗人。朝鮮人作為大唐的名將出征中亞，這代表著隋唐帝國再一次實現了漢武帝設計的朝鮮—中原—西域的反包圍圈計畫。這是大唐疆域擴張的頂點。但高仙芝在怛羅斯之戰中惜敗了，此後的唐朝就像彈簧被拉伸到最長，開始了迅速收縮的過程。

本來楊國忠或許能夠阻止安史之亂的發生，他嫉妒安祿山，曾不斷提醒唐玄宗：安祿山可能要反。唐玄宗卻對安祿山十分有信心，他認為安祿山是農民出身，只是自己以胡制胡的工具，更不會像權臣那樣有龐大的家族支撐。就在唐玄宗欣賞安祿山送來的戰報和寶物的時候，安祿山正在磨刀。

漁陽鼙鼓動地來，驚破霓裳羽衣曲。

西元七五五年，安祿山從范陽起兵造反，用的還是「清君側」的把戲，宣稱要討伐逆臣楊國忠。安祿山率領的三鎮兵馬因為長期與北方的奚族和契丹族作戰，是唐朝最有戰力的邊防軍之一，其中精銳是他乾爹張守珪的老底子。

安祿山一路勢如破竹，高仙芝和封常清臨時組織起來的軍隊無法抵擋，東都洛陽很快失守。高仙芝等人退守潼關，終於獲得喘息的機會。此時連續征戰的安祿山已顯露疲相，但唐玄宗卻責怪高仙芝等人阻敵不力，殺了手中唯一可以打敗安祿山的高仙芝和封常清。安祿山大喜過望，認為天下已無敵手，於是就在洛陽登基，自稱雄武皇帝，國號「大燕」。

高仙芝死後，放眼天下，似乎只有河西節度使哥舒翰能夠與安祿山一戰了。為了靖難，哥舒翰帶領河西地區的兵馬入駐潼關。哥舒翰分析局勢後認為，安祿山不能久拖，只要堅守潼關，就能讓孤立無援的叛軍自行瓦解。

但唐玄宗以往對安祿山有多少愛，今日就有多少恨，勒令哥舒翰出關與安祿山決戰，結果哥舒翰因兵力不足，河西帶來的兵馬損失殆盡。之後，長安也被攻破，唐玄宗逃往西蜀避難。

哥舒翰帶領河西兵馬入駐潼關之後，河西走廊防務空虛，吐蕃趁機開始大舉入侵。與張守珪在幽州的相遇，是安祿山登上歷史的開始；張守珪之所以能移鎮幽州，是因為瓜州保衛戰的功勞；瓜州之戰的開端，則是因為吐蕃想要吞併河西走廊。後來吐蕃人再一次兵臨瓜州城下，原因卻是安祿山。這簡直是一個完美的因果閉環。

西元七七六年，就在莫高窟慶祝148窟的建成時，吐蕃攻克了瓜州，河西走廊只剩下沙州（敦煌）一城還在唐軍控制下。

沙州刺史周鼎一邊堅守城池，一邊向西州（今新疆吐魯番）回鶻求援。可是吐蕃早先已經入侵西域，回鶻也自身難保，周鼎無計可施，打算實施焦土計畫，焚城突圍。結果沙州百姓都不願意離開家鄉，合謀殺了周鼎。

此後，都知兵馬使閻朝繼續帶領沙州軍民堅守孤城十一年之久。吐蕃贊普派尚綺心兒圍困沙州，在彈盡糧絕之後，沙州百姓與尚綺心兒談判，尚綺心兒答應了他們不屠城和不移民的請求。

西元七八六年，沙州城降於吐蕃，敦煌進入了吐蕃統治時期。

吐蕃文化的影響

佔領敦煌時的吐蕃贊普是赤松德贊，他出生於西元七四二年。那一年安祿山剛成為平盧節度使，李白第一次被唐玄宗徵召，興奮地寫下：「仰天大笑出門去，我輩豈是蓬蒿人。」

西元七五五年，赤松德贊即位時，安史之亂爆發，安祿山為新贊普創造了建功立業的好機會。後來，西域也被吐蕃收入囊中，赤松德贊時期，吐蕃的疆域和國力達到了巔峰。與此同時，他也是藏傳佛教在青藏高原的奠基者，被譽為與松贊干布和赤祖德贊並稱的「吐蕃三大法王」。

如同隋煬帝為擺脫關隴貴族而大興科舉一樣，赤松德贊為了擺脫苯教舊貴族對贊普權力的控制，在青藏高原上大力推行佛教。藏傳佛教祖師寂護和蓮花生就是在他的支持下進入青藏高原的。

在吐蕃佔領瓜州的前一年（西元七七五年），桑耶寺建成，成為藏傳佛教歷史上的第一座寺院。赤松德贊讓七位吐蕃貴族出家為僧，是為藏傳佛教僧團之始。赤松德贊也十分關注譯經和佛教藝術事業，佛教開始從各個方面在藏區蓬勃發展。

安史之亂後，絲綢之路斷絕，敦煌很難再獲得域外文化的滋養，敦煌石窟藝術出現僵化趨勢。但是，吐蕃佔領敦煌之後，莫高窟作為河西佛教聖地備受關注，藏傳佛教藝術就沿著唐蕃古道傳入敦煌。在吐蕃統治敦煌的六十多年中，莫高窟新開鑿了五十多個洞窟。吐蕃藝術對敦煌石窟的空間布局、藝術風格、繪畫內容、信仰主題等方面都進行了重構，使敦煌石窟藝術更加豐富。吐蕃藝術為敦煌石窟輸入了新的血液，其中最具代表性的就是被譽為敦煌石窟藝術之冠的榆林窟第25窟。

筆者陪伴第25窟整整六年，幾乎熟悉它的每一個細節。洞窟的前室門南北兩壁各畫一天王，北方天王是吐蕃風格，南方天王是唐風，兩種文化在此對話、融合。主室內彌勒經變和觀無量壽經變是敦煌經變畫藝術的代表，線描簡練準確、色彩鮮亮飽滿、人物氣韻生動，堪稱絕品。最重要的是正壁的八大菩薩曼荼羅，是藏傳密教壁畫在中原地區最早的一幅。因為後來青藏高原也曾經歷滅佛，這幅壁畫就成了西元八世紀密教大型壁畫的孤品。整個洞窟傳承唐代前期壁畫藝術的技法，同時用密教題材重構洞窟空間，形成了顯密雙修的佛教信仰，成為敦煌石窟歷史上的創舉。

在這個洞窟的牆壁上，有一條吐蕃文題記，恩師謝繼勝先生將它翻譯為「曹氏幼弟施畫此鋪聖圖，此乃尚希之功德，甚佳！」學者們認為「尚希」指的是尚書，或許就是攻下敦煌的尚綺心兒，他晚年定居敦煌，並在敦煌建造了聖光寺，致力於弘揚佛教。同時，他也致力於唐蕃和睦的事業，在他的努力下，吐蕃與唐王朝於長慶二年（西元八二二年）在邏些（今拉薩）舉行唐蕃會盟，史稱「長慶會盟」。會盟重申了文成公主時期「和同為一家」的親密友誼，鞏固了漢藏兩族人民的情感聯繫，為藏族融入中華民族大家庭奠定了良好的基礎。

今天大昭寺前的廣場上就矗立著《唐蕃會盟碑》，尚綺心兒在碑文中名列第二位。

據筆者研究，榆林窟第25窟應開鑿於中唐晚期。這與唐蕃關係的改善不謀而合，窟中保存的《漢藏和親圖》是目前敦煌石窟唯一的和親圖，深刻地印證了這一點。這個洞窟壁畫裡的淨土，或許就是尚綺心兒為漢藏兩民族勾勒的宏偉藍圖。

敦煌石窟的洞窟和藏經洞的文獻裡，保存了大量吐蕃早期文化遺存，包括古藏文經典、文書、壁畫和絹畫，這在藏區都是極為少見的。從這些文物來看，吐蕃藝術為敦煌藝術注入了大膽創新的精神。

因為經變畫是根據經文繪製的，敦煌畫師一般因循就範地按照經文的內容繪製壁畫，但在榆林窟第25窟的觀無量壽經變中，畫師竟然在嚴肅的佛陀旁邊畫了一隻小白鼠。這是敦煌石窟中唯一的小白鼠形象，因為佛經中並沒有相關內容，但畫師為了表現極樂世界的眾生平等，就讓小老鼠在佛陀的課堂上愜意地嬉戲。更難得的是，作為窟主的甲方，在洞窟完成後要檢查驗收，作為乙方的畫師的創作如果不符合經典，就要鏟掉重新繪製，但第25窟的窟主卻讓這隻小白鼠保存了下來。這種包容精神和敦煌畫師的創新精神，都是敦煌藝術的核心價值。

在吐蕃藝術影響敦煌石窟的同時，敦煌藝術也對藏傳佛教的唐卡藝術產生了深遠的影響。安多藏區（今青海、甘肅、四川等地的藏區）靠近河西走廊，而藏傳佛教藝術於西元八世紀剛剛出現時，敦煌藝術已經發展了四個世紀。藏地的畫師在吐蕃統治敦煌時期紛紛來此朝聖學習，之後又把學習成果帶到藏區，從而成就了安多繪畫藝術。因此，唐卡又被稱為移動的敦煌壁畫。

唐武宗會昌年間（西元八四一年—八四六年），藩鎮割據的問題日益嚴重，很多藩鎮不向朝廷納稅。佛教也發展到頂峰，寺院經濟空前繁榮，唐王朝的賦稅壓力越發嚴重。唐武宗因此發動了又一次滅佛運動。此時敦煌在吐蕃的統治之下，所以沒有被波及。

幾乎與此同時，青藏高原也開始了朗達瑪滅佛（西元八三八年—八四二年），藏傳佛教遭受毀滅性打擊，藏傳佛教的前弘期到此結束。幸運的是，尚綺心兒此時就在敦煌，在他的保護下，敦煌佛教也沒有遭受到朗達瑪滅佛的影響。敦煌附近的安多地區則成為藏傳佛教的避難所，在藏傳佛教的後弘期，吸收了敦煌藝術的安多地區藏傳佛教傳入拉薩，與印度傳來的密教藝術相結合，創造了藏傳佛教藝術的輝煌。

西元八四九年，苦心守護敦煌和漢藏和睦的尚綺心兒被吐蕃大將論恐熱殺害，而就在一年前，敦煌迎來了一位新的守護者。

第十二章

家族秩序下的敦煌

歸義軍的誕生

敦煌研究院將一批在莫高窟的歷史上具有重要作用和珍貴價值的洞窟，列入特別保護名單，這些洞窟被稱為「特窟」，而第156窟在特窟之中的地位都是十分卓殊的。

記載了「樂僔故事」的《莫高窟記》就位於第156窟前室北壁，為我們揭示了莫高窟歷史的開始。正是因為這則題記書寫的時間是鹹通六年（西元八六五年），所以很多學者認為第156窟應開鑿於西元八六五年之前。莫高窟是樂僔自西元三六六年開鑿，元代結束後基本停止營建，前後長達一千年。由此來看，第156窟剛好位於莫高窟營建時間的中點，是莫高窟早晚期石窟藝術的分界線。

第156窟位於莫高窟「南大像」（第130窟）的上方，清代曾有人在裡面生火做飯，燻黑了壁畫。當研究人員鏟掉洞窟內的土炕和灶台之後，一幅長近九公尺的出行圖出現在人們的眼前，這就是《張議潮統軍出行圖》。畫面的中央，木橋之上，那個騎白馬穿赤袍的將軍就是張議潮。

西元七九七年，帶領吐蕃達到巔峰的赤松德贊逝世；兩年後，守護敦煌的張議潮誕生。有學者猜測敦煌人張議潮是草聖張芝之後，雖然目前證據不完整，但張氏家族似乎確實繼承了漢魏以來敦煌儒學的傳統。張議潮自小生活在吐蕃統治下的敦煌，從未踏足唐王朝的土地，只是從長輩口中知道了那個曾經輝煌的王朝，也知道了自己是唐人。到長安去，這是張議潮很早就萌生的夢想。

吐蕃沒有成熟的治理模式，在敦煌採取了部落式的統治，結果激起很多大家族的不滿。高壓政策的背後，反抗的力量也在聚集，其中的代表就是高僧洪辯。洪辯的父親吳緒芝原來是敦煌守軍的千夫長，吐蕃佔領敦煌後，他辭去官職，隱居鄉間。洪辯受父親影響，歸唐之心十分強烈。無心仕途的吳家人成了佛教信徒，而洪辯對佛學有極高的天賦，西元八三二年，他任敦煌的釋門都教授（僧界最高領袖），成為敦煌佛教界的代表人物。

吐蕃推行僧官制度，洪辯利用職權，在吐蕃粗暴的統治中保護了很多人，他們中不少人都成為日後推翻吐蕃統治的英雄，其中就有張議潮。張議潮一直奉洪辯為師，年輕的他從洪辯那裡學會了隱忍，後來那場驚天動地的起義也是洪辯幫他精心謀劃。

西元八四二年，發起吐蕃滅佛運動的贊普朗達瑪在拉薩大昭寺前閱覽唐蕃會盟碑時，被高僧拉隆·貝吉多傑用箭射死，吐蕃王朝自此陷入了內部爭權的動亂時期。這場內鬥也影響到了河西走廊，殺死尚綺心兒的論恐熱和尚綺心兒的同族尚婢婢剛好站在不同陣營，他們相互攻伐。張議潮終於看到了回歸大唐的機會。

西元八四八年，張議潮聯合敦煌索氏、翟氏、李氏、陰氏等望族，對敦煌城內的吐蕃軍突然發難。洪辯以僧團最高領袖的威望振臂一呼，僧戶的兵馬甚至一度超過家族起義軍。他們協力合作，一夜之間，沙州復歸大唐。

張議潮在起義中表現出超凡的軍事天賦，洪辯也派弟子悟真擔任隨軍參謀。在短暫休整後，他們一舉拿下軍事重鎮瓜州。自此，瓜、沙二州成為歸義軍延續近兩百年的根據地。

但是，起義軍畢竟名不正言不順，如果要收拾舊山河，還需要千里之外的大唐的支持。為了讓大唐能夠收到光復的消息並配合夾擊吐蕃，張議潮派出了十路信使。他們從沙州的各個方向出發，穿越了今天的巴丹吉林大沙漠、騰格里大沙漠、庫布齊大沙漠……穿

兄弟相殘

張議潮死後，朝廷並不承認張淮深歸義軍節度使的名號，並持續拆分歸義軍，使歸義軍不得不從原來的十一州退回到瓜、沙二州。

西元八八一年，寫下「滿城盡帶黃金甲」的黃巢攻入長安，張議潮的兒子張淮詮和張淮鼎趁亂逃回了敦煌。於是，歸義軍內部形成張淮深和張淮鼎兩派奪權的局勢。

西元八九〇年，張淮深及其六個兒子全部被殺，張淮鼎成為新的掌權者。曾經為了彼此願意付出生命的張議潮兄弟，看到兒子們相互仇殺不知做何感想。

自此之後，歸義軍內部相互仇殺的潘朵拉魔盒被打開，張淮鼎死後，將幼子張承奉托孤給姐夫索勳。索勳據說是索靖後人，文韜武略兼備，讓歸義軍暫時穩定下來。

西元八九四年，吐蕃重新佔領涼州，原先張淮深派遣鎮守涼州的李明振已經亡故。李明振的妻子是張議潮的女兒，她認為索勳竊取了張家在歸義軍中的地位，回到敦煌鼓動張氏族人發動政變。殺掉索勳之後，張氏成為歸義軍政權的實際掌控者，她沒有把大位歸還給侄子張承奉，而是讓自己的四個兒子李弘願、李弘定、李弘諫、李弘益主掌大權，歸義軍成為李家的天下。

西元八九六年，張承奉聯合族人殺了李氏諸子，重新掌權。

英雄建立的功業，成了後代仇殺爭搶的家產。連續的內鬥消耗了歸義軍的實力，盤踞在甘州的回鶻乘機攻入瓜州。張承奉為了加強瓜、沙二州的防禦，建立了六個軍鎮，保住了這份來之不易的遺產。

西元九〇七年，張承奉從逃難的鄉民口中得知朱溫攻破長安，世間已經沒有大唐了。三年後，張承奉在沙州登基，建立西漢金山國。這是除短暫的西涼之外，第二個以敦煌為國都的政權。

截至歸入西夏，敦煌基本是由大家族維繫的，這個時候由於相互仇殺，盛極一時的張氏、李氏、索氏都消耗殆盡，所以西漢金山國也命不久矣。

曹氏的家族技能

張淮鼎、張承奉父子都是在政變中登上歸義軍節度使的大位，到了張承奉的時候，張家已然成了孤家寡人，這就給曹家創造了機會。

西元九一四年，西漢金山國在張承奉的統治下內憂外困，人們推舉曹議金執掌大權。曹議金取消國號，恢復歸義軍軍號，自領節度使。曹氏本來在敦煌的大家族中排不上名號，他們能夠脫穎而出的祕訣就是「結婚」。曹氏是「包辦婚姻」的高手，他們起初擔任歸義軍內部的低階官職，勢力弱小，在張氏歸義軍時期一邊隱忍一邊結婚。據非正式的統計，曹家與敦煌大姓中的十幾個家族都有姻親關係。幼年的曹議金手中也沒有一張大大的族譜心智圖，常常把親戚們的輩分叫錯，但在識別龐大的關係網的時候，他的邏輯思考能力得到很好的鍛煉，這對他後來處理民族關係也大有裨益。

曹家的一頓操作，對內讓敦煌幾乎所有的家族都與他們有了血緣關係，有效提升了歸義軍內部的凝聚力，化解了家族仇殺的矛盾。對外方面，曹議金的姐姐嫁給了鮮卑族慕容歸盈，因此曹家獲得了盤踞在瓜州的吐谷渾後裔的支持。曹議金娶了甘州回鶻公主，緩解了與強大的回鶻的矛盾，維護了瓜、沙二州的外部安全。曹議金把女兒嫁給了于闐國王李聖天，建立了與西域的聯繫。曹議金通過幾樁婚事，就解決了歸義軍的內憂外患，延續了歸義軍的生命。這是超高的政治智慧。

曹氏祖先的「來頭」

曹氏如此善於通過關係解決問題，與其家族血脈有很大淵源。中國敦煌吐魯番學會會長榮新江先生認為，曹氏應該是粟特人的後裔。古代外國人進入中國後需要重新取名字，粟特人常常使用的姓氏是康、安、曹、石、米、何、史等，所以被稱為昭武九姓（昭武是地名，即今天張掖臨澤縣）。前文講到的石槃陀和安祿山都是粟特人。河西地區作為絲綢之路的主幹道，是經商的粟特人常駐的地方，就像居住在瓜州的石槃陀一樣，曹氏也在這裡繁衍生息。經過隋唐三百年的漢化，到曹議金時他們已經成為本土大姓。也正是粟特人的商業傳統，讓曹氏有了通過結婚和貿易處理問題的家族技能。

不過，曹氏在統治歸義軍期間從未說過自己是粟特人的後裔，原因還在於「天命」。

榆林窟第16窟是曹議金的功德窟，筆者從窟壁上抄下來的名號是：「譙郡開國公曹議金」。譙郡是今天的安徽省亳州市，三國中魏國的奠基者曹操就出自這裡。譙郡曹氏在當時的曹姓中名列第一，要在敦煌這個家族社會裡混，一個撐得起門面的祖先很重要，曹操的威名絕對不輸敦煌其他大姓的祖先，於是成為曹議金家族追認的對象。

在當時的河西走廊，「祖先內卷」的現象十分嚴重。回鶻因為曾被唐王朝賜姓李，所以自稱隴西李氏。在姓氏源頭爭奪戰中，曹操和李世民是最受追捧的。也正是因為曹氏與回鶻的姻親關係，曹議金終於可以通過回鶻聯繫到唐王朝。不過，這時候的「大唐」是五代時期李存勗建立的後唐。當派遣去後唐的使者回來時，曹議金再次獲得了歸義軍節度使的稱號，並對內稱「托西大王」，意思是為中原王朝駐守西境。

「模範丈夫」背後的祕密

然而，因為曹氏過於依附回鶻和後唐，歸義軍內部出現了回鶻化的現象，回鶻人佔據了很多重要職位。曹議金逝世前將大位傳給了長子曹元德，後者上位後開始肅清回鶻勢力，甘州回鶻從此與曹氏交惡。

曹元德與其後曹元深接管歸義軍的時間都很短，沒幾年就因病去世，最後曹元忠執掌了大權。

榆林窟第19窟是曹元忠的功德窟，甬道壁上畫著一對夫妻和兒女的形象。曹元忠大概是古代的模範丈夫，他顏值極高，被譽為敦煌最帥供養人。在敦煌石窟現存的所有曹元忠的供養人像中，一般都有翟氏的供養人像相伴出現，他們常常在洞窟的牆壁上遙遙相望，羨煞無數遊人。那麼，曹元忠為什麼如此寵愛翟氏呢？究其原因，也許與其妻所在的翟氏家族在河西的權勢有關。

翟氏是敦煌的望族，著名的莫高窟第220窟就是翟家的家窟。張氏、索氏、李氏等老牌家族在內鬥中凋零之後，翟氏一躍成為瓜、沙地區家族政治中的代表之一。他們的社會聲望和實力是新建的曹氏歸義軍政權不可或缺的，所以曹氏極為重視與翟氏姻親關係。除此之外，翟氏一門僧人極多，主持修建莫高窟第85窟的翟法榮更是河西都僧統（僧界最高領袖）。這個職位對於歸義軍政權而言極為重要，得到它就等於得到了佛教的支持。

歸義軍時期，佛教成為敦煌人的普遍信仰，它潛在的號召力甚至超過節度使。因為長期從事文字和翻譯工作，僧人是古代識字率極低的社會中，人才高度集中的群體。而敦煌也擁有十分發達的寺學（以寺院為學校），這是敦煌基礎教育的重要組成部分，連張議潮的學識都是出自洪辯大師，所以寺院為歸義軍政權提供了大量的管理人才。佛教譯經師懂得多國語言，因而歸義軍的外交人才也幾乎全靠寺學的培養，曾經出使大唐的河西都僧統悟真就是其中的代表。所以，佛教深刻影響了歸義軍政權的諸多方面，甚至開始裹挾政治。

綜上所述，曹元忠的夫人翟氏擁有大量曹氏稀缺的資源，而她本人也是一位很有能力的政治家。在藏經洞出土的文獻中，我們可以看到她積極參與到歸義軍的諸多事務中，甚至還組織匠人修復莫高窟的第一大佛像（第96窟「北大像」）。

所以，曹元忠與翟氏之間也是一樁典型的政治婚姻，他只娶翟氏的原因或許與隋文帝只娶獨孤皇后的故事如出一轍。在牽一髮而動全身的政治網路中，曹元忠必須要考慮翟氏家族的廣泛影響力，因此造就了「願得一人心」的愛情故事。

自曹元忠之後，歸義軍政權進入了漫長的衰退期，直到一〇三六年被党項人攻滅。在瓜、沙二州狹小的地理空間裡，歸義軍政權從張議潮起義開始，延續了近兩百年的歷史，實屬不易。歸義軍是唐代最後一個藩鎮，孤懸於西北，經歷了唐王朝的衰亡，走過了五代梁唐晉漢周的更迭，邁進了北宋，是中國歷史上唐宋變革的重要一環。

河西慕容氏的淵源

歸義軍的歷史是一部家族史，在張氏衰落的時候，曹氏並不是最佳接班人選，要論實力強勁，還要數慕容氏。

在榆林窟五代第12窟甬道左右兩側的牆壁上，畫著兩排供養人的形象，右側牆壁上的十三位男性大多姓「慕容」。筆者從小就是金庸迷，看到「慕容」兩個字，不禁想到《天龍八部》中那個與喬峰齊名的慕容復。壁畫上五代時期的供養人，與小說裡北宋的傳奇武俠，兩者時間相差百年，他們之間是否有什麼聯繫呢？

要探清慕容家族的歷史，還要從本書第二章的主人公冒頓說起。鮮卑是繼匈奴之後在蒙古高原崛起的遊牧民族，興起於大興安嶺一帶，學界認為他們屬於東胡族群的一支。冒頓單于統一蒙古草原之後，被他打敗的東胡分裂為兩部，分別退到烏桓山和鮮卑山，兩個民族因此以山為名，成為匈奴的附庸。

東漢時期，匈奴衰亡之後，鮮卑成為草原上最強盛的勢力。西晉末年皇權衰微，政治動盪，再加上週期性的小冰期到來，原居於北方的五個少數民族鮮卑、匈奴、羯、氐、羌，逐漸遷移至長城以南，史稱「五胡入華」。在他們建立的十六國中，以鮮卑族建立的國家最多，如乞伏部乞伏國仁建立的西秦，禿髮部禿髮烏孤建立的南涼，以及拓跋部建立的北魏和宇文部建立的北周。慕容氏也是鮮卑部族中的一支，他們在北方地區先後建立前燕、後燕、西燕、南燕，合稱「四大燕國」，這就是慕容復作夢都想恢復的大燕。

四大燕國的統治範圍主要在今天的山東、河北、遼寧一帶，但是榆林窟第12窟的慕容氏供養人是在瓜州，為何會跨越如此遠的距離？這要從一次離家出走說起。

前燕奠基人是慕容廆，他的哥哥叫慕容吐谷渾（約西元二四五年—三一七年），兩兄弟從小一起長大，原本感情很好。有一年春天，兩人在放馬的時候，吐谷渾的馬突然發情，咬傷了慕容廆的馬。慕容廆異常憤怒，埋怨哥哥說：「父親已經把我們的牧區分開，你的馬為什麼跑來咬傷了我的馬？」

慕容吐谷渾回答說：「馬在春天發情是牠的自然本能，馬兒相互爭鬥，你怎麼能對人發怒呢？如果你想要我們的馬兒徹底分開，那我就離開你一萬里好了。」

慕容廆非常後悔傷了哥哥的心，想要挽留哥哥，但吐谷渾決心離去。於是西元二八三年，吐谷渾率領自己的部落開始西遷，最終在枹罕（在今甘肅臨夏）扎下根基。吐谷渾逝世後，族人逐漸佔領了青海和甘肅南部的廣大地區，為了追思慕容吐谷渾，就以他的名字為國號。

隋代，崛起的吐蕃對吐谷渾的生存空間形成擠壓，所以後者多次侵擾河西走廊和隴右地區。於是就有了大業五年（西元六〇九年）的隋煬帝西巡，吐谷渾伏允可汗逃入党項部落。隋唐變革之際，吐穀渾乘亂收復故地，唐初李靖率軍擊敗伏允可汗，吐谷渾歸附，唐朝改立諾曷鉢為可汗，還把弘化公主嫁給了他。唐高宗龍朔三年（西元六六三年），吐蕃徹底消滅了吐谷渾，諾曷鉢被迫帶領數千帳百姓遷入涼州，從此慕容氏進入河西走廊。

西元七二三年，這是張守珪來到瓜州的四年前，河西走廊的一大部分吐谷渾部眾來到瓜州和沙州，並參與了之後的瓜州保衛戰。金山國時期，慕容家族已經成為瓜州的實際掌控者，在瓜州有三處軍鎮，是歸義軍的精銳。曹氏家族通過聯姻獲得慕容氏的支持，從而取代了張氏在瓜、沙二州的統治。

榆林窟第12窟的主人名字叫做「慕容歸盈」，曾擔任瓜州刺史，是曹議金的姐夫。學者們通過對《舊五代史》、《五代史記》、《冊府元龜》等史書的梳理，發現慕容歸盈和曹議金曾一同向中原進貢，可見他治下的瓜州有很強的獨立性。第12窟中還出現了慕容歸盈的出行圖，而這原本是節度使才有的待遇，由此可見慕容家族在當時的實力。慕容歸盈逝世後，瓜州刺史由曹元忠接任，曹氏終於掌控了整個瓜、沙二州，此後慕容家族在政權的博弈中逐漸衰落。

宋代以後，留在河西的慕容氏逐漸與各族人民相融合，文獻中已不見對慕容家族的記載。金庸小說中的慕容復是文學創作的結果，他與瓜州慕容氏並無關係。

榆林窟第12窟甬道牆壁上的供養人畫像，是慕容家族的最後一張全家福。曾經盛極一時的慕容王族如今去了哪裡，我們不得而知，或許就同慕容復想要恢復的「大燕」一樣，如一隻燕子，飛入了尋常百姓家。

回鶻的歷史影響

如果說鮮卑慕容是一隻燕子的話，回鶻就是一隻迅猛的鶻鷹。回鶻原來屬於鐵勒的一支，最早的駐地在貝加爾湖畔。隋唐初期稱「回紇」，被突厥汗國所奴役。隋唐王朝與突厥的關係類似於漢與匈奴，回紇不堪忍受突厥人的壓迫，於是與唐軍聯合起來攻打突厥，成為唐王朝最信任的戰友。

西元七四四年，楊玉環入宮的這一年，回紇在漠北建立了汗國。一年後，回紇懷仁可汗把突厥白眉可汗的頭顱獻給唐王朝，回紇取代突厥成了草原的統治者。

安史之亂爆發後，唐軍的精銳損失殆盡，名將郭子儀建議向回紇求兵，於是唐肅宗派遣具有長相優勢的堂哥李承寀出使回紇汗國。回紇葛勒可汗提出，如果李承寀娶了自己的女兒，他就派兵助唐。李承寀為了李家的天下，毅然迎娶了回紇公主。葛勒可汗於是派遣兒子葉護帶領回紇兵出擊，與郭子儀合兵征討安祿山。有趣的是，李承寀的王號是敦煌郡王，第二位迎娶回鶻公主的敦煌王就是曹議金。

西元七八八年，回紇改名為「回鶻」。回鶻的命運似乎是曾經奴役過他們的突厥汗國的延續，幾乎也是草原上所有強大民族的宿命。統一草原的回鶻開始了新一輪的暴斂橫徵和無道統治，激起了附屬部落黠戛斯的反抗，回鶻在西元八四〇年被滅國，餘部散入中國各地。

到了歸義軍時期，回鶻人主要集中在歸義軍政權的東西兩側。東部在張掖的就是與曹家有聯姻的甘州回鶻，西夏人佔領河西走廊之後他們隱入祁連山，逐漸演變成今天的裕固族。西部回鶻人以高昌（今吐魯番）為中心，建立了高昌回鶻政權，他們後來改稱「畏兀兒」，成了如今的維吾爾族。

據筆者恩師楊富學先生的研究，在西夏和元代，回鶻因為遊牧民族的屬性和佛教的信仰，成為統治階層經濟和文化的重要支柱。回鶻人往來於五代以後日漸蕭條的絲綢之路，延續著這條路的生機。蒙元帝國以回鶻字母拼寫蒙古語，因此有了回鶻式蒙古文，而滿文更是直接借用了回鶻式蒙古文字母，所以回鶻人的語言也影響深遠。

敦煌的歸義軍時期，是一個家族與民族相互激蕩的時代。敦煌張氏代表了兩漢以來的漢族家族傳承，鮮卑慕容代表了魏晉時代的雄渾胡風，粟特曹氏代表了隋唐之際的絲路協和，回鶻李氏則代表了西夏、蒙元時期的民族融匯。

敦煌的家族主導模式是由李元昊終結的，那就讓我們來看看他建立的神祕西夏。

第十三章

西夏的天命

党項的淵源

西夏的主體民族是党項，而党項是羌族的一支。那麼，党項羌族又是來自哪裡呢？《隋書》中記載：「党項羌者，三苗之後也。」看來，故事又要回到本書的第一章，党項的祖先是三危山下的三苗，他們與創造了犍陀羅文明的貴霜人一樣，也是先秦時代敦煌人的後裔。

古代的羌是一系列民族的統稱，其中有很多分支，党項羌就是其中的一支。党項羌中最強大的一支是拓跋氏，學者們推斷他們是鮮卑族拓跋氏的後裔，西夏開國君主李元昊就出自拓跋氏。

現在我們看起來覺得錯綜複雜，其實這種民族融合現象在古代中國十分常見。蒙古高原、河西走廊、青藏高原、天山南北等地區的草場幾乎連成一片，形成北中國規模龐大的遊牧帶，遊牧部落一旦進入另外一個族群的生活區域時，為了適應新的自然環境和社交，就會逐漸獲得雙重屬性。各民族數千年來不斷交替介入，就逐漸形成了中華民族的大家庭。

北周時期，党項開始強大起來，與吐谷渾同時居住在今天甘肅、青海等地的草原上。隨著吐谷渾的勢力越來越強，党項的地盤逐漸縮小，主要居住在河曲一帶（甘肅、青海、四川的交界地帶）。吐谷渾被李靖滅掉之後，吐蕃與大唐開始接壤，党項人面臨著兩條道路：一條路是臣服於吐蕃，另一條路是歸順大唐。

這個時候，唐太宗推行開放包容的民族政策，北方少數民族紛紛歸附。党項人的首領拓跋赤辭看到機會，也尊稱唐太宗為「天可汗」，唐太宗封拓跋赤辭為「都督」（唐代地方最高武職），賜姓李氏。党項人終於可以躲在大唐的屋簷下躲避吐蕃的箭雨了。

然而，強勢崛起的吐蕃不久就吞併了整個青藏高原，党項成為他們向東發展的障礙。党項只好再次向大唐求救，朝廷就把他們遷到了慶州（今甘肅慶陽）。慶州是周人和秦人的發源地，党項人居住在中原文明的核心地帶，從此與大唐的命運緊緊連繫到了一起。

安史之亂爆發之後，唐肅宗在靈武稱帝。慶州距離靈武很近，党項人有感於大唐對自己危難時的照顧，積極參與平叛。安史之亂平定後，唐朝皇帝總結安祿山的教訓，十分忌憚少數民族將領，郭子儀建議唐代宗將慶州的党項人遷到夏州（今陝西省靖邊縣）附近。從此，這裡成為西夏人的故地。

西夏崛起

張議潮在長安逝世前後，党項首領拓跋思恭被封為夏州節度使。後來，他與中央軍共同平定黃巢起義，一度幫助朝廷收復長安，因此繼拓跋赤辭之後再次被賜姓李，封「夏國公」，管轄地區改稱「定難軍」。

五代十國時期，定難軍採用和歸義軍一樣的策略，不管中原政權如何沉浮都俯首稱臣。中原動盪不安，党項人卻用靈活的外交手段換來了上百年的和平。他們依託黃河流域的水利條件，大力發展灌溉工程，經濟獲得了長足的進步，實力大增。

北宋建立之後，夏州節度使李繼捧在西元九八二年率領族人入京朝見宋太宗趙光義，申請歸附宋朝。李繼捧的堂弟李繼遷不肯入京，逃到了地斤澤（今內蒙古巴彥淖爾），帶領族人反抗北宋統治。

對文弱的宋朝，党項人顯示出強大的軍事能力，而且党項的三代首領都有較高的軍事天賦。宋太宗派五路大軍攻擊李繼遷，都被他打敗。宋太宗駕崩後，宋真宗割讓党項人原來的五州之地給李繼遷，承認了党項的獨立。

党項的東南是繁榮的大宋，東北是強大的遼國，這兩個龐然大物都沒有什麼便宜可占，李繼遷把目標放在了魚龍混雜的河西走廊。當時，位於歸義軍東面的甘州回鶻還很強大。李繼遷在與河西地區的吐蕃勢力會盟的時候被暗算而死，其子李德明多次與甘州回鶻交戰，雖然消耗了回鶻人的實力，但自己也在不久後就病逝了。

西元一〇三二年，李元昊即夏國公位，繼續對河西走廊用兵，終於在一〇三六年佔領敦煌。歸義軍最後一任節度使曹賢順投降，敦煌的歸義軍時代宣告結束。

西元一〇三八年，這是蘇軾出生的第二年，李元昊即皇帝位，國號為「夏」，定都興慶府（今寧夏銀川）。因為夏國位於大宋的西北方，正史統稱為「西夏」。西夏建立之後，形成了與宋、遼鼎立的局面，中國歷史上的後三國時代開始。

宋夏競爭

李元昊稱帝之後，北宋皇帝後悔莫及，萬萬沒有想到當年逃跑的党項人的後代在五十多年裡變成了一個國家。對於大宋而言，遼國已經很難對付，此時又多了西夏，如果不把這個新興的國家扼殺在搖籃裡，大宋將永遠沒有恢復漢唐盛世的可能。

宋、夏兩國關係破裂後，李元昊主動挑起三川口之戰，並獲得了勝利。北宋朝廷這才知道李元昊的實力，於是連忙向陝北邊境調兵遣將，名將韓琦推薦范仲淹為自己的副手。范仲淹是寫下「先天下之憂而憂，後天下之樂而樂」的文學家，也是優秀的戰略家。

范仲淹到任後，積極練兵、修建防禦工事，讓邊防軍的實力在短時間內得到提升。如果說范仲淹是陣地戰的高手，那李元昊就是游擊戰的天才，他深知范仲淹的厲害，所以總是挑選宋軍其他將領鎮守的薄弱環節發動進攻。范仲淹被迫成為戰場上的救火隊員。再加上北宋的將領一般在戰場上沒有指揮權，因為這項權力掌握在京城開封的皇帝手裡，趙家天子發明的這套打法確實害慘了范仲淹。那時候又沒有網路，而戰場上瞬息萬變，一旦發生新情況需要寫奏摺送到開封，皇帝研究、批示了行動方案再送回戰場，這麼一來回至少得半個月。李元昊充分利用這個時間差，占盡了宋軍的便宜，最終導致宋軍在好水川之戰、麟府豐之戰、定川寨之戰三大戰役中的連續失敗，西北精銳折損大半。

這場戰爭對宋、夏兩國都影響深遠。對宋而言，雖然戰爭失敗了，但兩宋儒學卻在這次戰火中被孕育出來。那是在西元一〇四〇年的延安，有一個二十歲的陝西年輕人來求見范仲淹，他懷著滿腔熱血想要參軍保衛家鄉。經過深入交談之後，范仲淹看到了這個年輕人的不凡，認為他是一個儒學天才，就勸他回家讀書，將來爭做聖賢。年輕人聽從了范仲淹在儒學上的點撥，於是回家苦讀經典。

這個年輕人，就是後來寫出「為天地立心，為生民立命，為往聖繼絕學，為萬世開太平」的張載。張載是程顥、程頤兩兄弟的表叔，程顥和程頤深受他的影響。他們和後來的朱熹建立的思想體系並稱「程朱理學」，成為晚期儒學思想的主流。可以說，范仲淹是理學誕生的源頭之一。

李元昊在戰爭中保護了新生的王朝，但長期的戰爭也透支了國力，於是在一〇四三年向北宋議和。與西夏戰事的失敗深深震撼了北宋朝廷，各種社會問題也暴露了出來。為了改變積貧積弱的局面，被宋仁宗召回京城的范仲淹與韓琦、歐陽修等人發動了「慶曆新政」。雖然新政最終宣告失敗，但北宋君臣已經從水榭歌台的夢境中醒來。為了治癒宋王朝的肢體「肥大症」（冗官冗兵現象），新的改革一次次被發起，最著名的當數王安石變法。

與此同時，李元昊也開始了他的新政。西夏佔據河西走廊和黃河流域的上游地帶，這裡土地肥沃、水熱資源良好、交通便利。

李元昊根據西夏的資源優勢，大力發展農業、商業和科技。農業方面，圍繞黃河和河西走廊的內流河大力發展水利灌溉，糧食產量迅速提升，為立國奠定了堅實的基礎。商業方面，重新打通了陸上絲綢之路，西夏生產的青鹽成為經濟支柱。科技方面，軍事工業獨步天下，「夏國劍」鋒利無比，榆林窟第3窟中就有一幅《冶鐵圖》，展示了西夏先進的冶煉技術。

值得一提的是，榆林窟第3窟五十一面千手千眼觀音圖中，保存有一〇八種二百二十四件西夏的生活生產工具和科技產品（資料來自筆者和恩師王惠民先生的最新整理和研究），是西夏社會發展史的集中體現。

在西夏國力蒸蒸日上的同時，党項人也開始關注他們的精神世界，西夏藝術迎來了百花齊放的時刻。

「理工男」的壁畫技術

在西夏的諸多藝術之中，最燦爛的就是佛教藝術。

聽說甘州回鶻被西夏攻滅之後，佛教信仰濃厚的歸義軍政權驚恐不已，同時也為先輩們嘔心瀝血修建的石窟命運深感擔憂。然而，當曹氏投降之後，人們驚喜地發現西夏人也信仰佛教，並且對這裡的佛教聖地非常感興趣。於是，西夏人開啟了對敦煌石窟藝術的變革。

西夏早期壁畫的特點是圖案極為簡單，一般是由佛像、菩薩像、弟子像、蓮花等少數元素組成簡易的經變畫，因為顏色以綠色為主，被稱為「綠壁畫」。這類壁畫在曹氏歸義軍時期就產生了，西夏時期發展到最簡化的階段。壁畫之所以簡化，主要是因為當時佛教已經在中國發展了近一千年，人們已經很熟悉經文，所以在美術和修行上都進行了簡化。除此之外，還有技術的因素。

學術界認為，敦煌複製性壁畫應該是使用「粉本刺孔法」繪製出來的。古人把畫稿稱為「粉本」（圖12）。繪畫的方法有兩種：第一種是用針沿著畫稿的墨線刺上密布的小孔，把白堊粉或高嶺土粉撲打在紙面，白粉就可以透過紙張留在牆壁上，然後再用墨線把這些留在牆壁上的點連起來，就成了一幅和畫稿一模一樣的壁畫線稿了。第二種是在畫稿的反面塗上白粉，然後把畫稿貼在牆上，用竹針沿著正面畫稿的墨線輕輕畫描，背面的白粉就印在了牆壁上，最後再畫線、染色。

「粉本刺孔法」大大提高了繪畫的效率，節約了材料、人工和時間成本，就類似於亞當・史斯密在《國富論》開頭寫下的那個製針的故事一樣，促進了壁畫從藝術創作向模組化作業轉型。轉型的根源是繪畫技術的發展，缺點是繪畫陷入了流程化的作業。這種繪畫技術最開始是一種無奈之舉。

西夏人佔領敦煌之後，被石窟裡的壁畫藝術驚呆了，當即也想開窟繪製壁畫，但他們發現自己的民族自隋唐以來一直走在被迫遷移的路上，在生存線上掙扎的他們完全沒有時間積累藝術，所以剛剛建國的西夏藝術人才極為匱乏。

任何藝術的童年都是起源於模仿，西夏人的處事風格就像理工男，他們用自己的工程學思維拆分了藝術創作的步驟，從而形成這種模仿的技術。這種模仿產生了嚴重的副作用。石窟營建的過程中，最重要的一對關係是甲方和乙方，當乙方畫師掌握了簡單省力且能賺錢的技術，為了生計他們必然走向對這種技術的依賴。

很多人都會對這種複製風格的壁畫嗤之以鼻，當人們站在西夏早期壁畫的面前嘲笑這種藝術的時候，筆者卻希望保持一份歷史研究者的審慎和冷靜，因為從另外一個角度來講，這對當時的百姓不失為一件好事。

開鑿石窟是極其耗費時間的，而任何一個人的時間都是恆定的一天二十四小時，在一個農民的人生中，如果開鑿洞窟的時間占得多了，分配給其他社會生活的時間就必然減少。使用新技術卻可以將洞窟的開鑿時間大大縮短，這樣當時百姓在短暫的一生中，不必抽離出寶貴的時間投身於服務貴族的信仰，而可以有更多的時間來辛勤耕作和陪伴家人。

當我們明白了這一點，也許就能在粗糙的畫筆下看見一個個幸福安穩的敦煌人家，而這才是對於一個具體的古人最有意義的事。

壁畫新高峰

分工導致效率，合作產生繁榮。一個經濟體的發達程度，其實就取決於它內部分工的深度。在分工技術的成熟和國民利用大量時間從事生產的背景下，西夏國力迎來了蓬勃發展，隨著物質條件的提高，西夏人對藝術也產生了新的需求。

西夏早期壁畫藝術對圖像的簡化是一次重要的變革，它降低了藝術的門檻，因為操作極為簡單，更多的人可以參與到佛教藝術的創作中來。這促進了行業內部的文化和技術激盪，不僅增加了佛教藝術品的用戶，也使繪畫藝術在頻繁互動中迅速提高，西夏藝術開啟了新階段。

由於西夏領土靠近青藏高原，此時恰逢藏傳佛教藝術開始向外傳播，敦煌和吐蕃在唐代就有相互交流的先例，所以敦煌壁畫在西夏中晚期大量出現了藏傳佛教因素。敦煌壁畫自此一改格式化的發展路徑，從複製嚴重的綠壁畫裡走了出來，煥發出新的生命力。

西夏是一個極其愛學習的王朝，它不僅引入了藏傳佛教藝術。隨著國力的增強，西夏與宋、遼沒有任何一國的實力可以吃掉其他兩國，所以形成了動態的勢力平衡。這種平衡就為彼此的頻繁交流創造了條件。

當我們來到榆林窟第3窟時，就能看到密宗的壇城、淨土宗的經變畫、水墨山水、白描等精彩紛呈的壁畫。這種類似藝術超市的風格，正是西夏與外界頻繁交流的結果。而其中也涉及了「天命」問題。

中國是世界上史書系統最完備的國家，一個王朝有史書就代表天下人對它天命的認可，而在「二十四史」中唯獨沒有西夏史。所以，西夏是一個不被正史認同的王朝。在這個背景下，整個西夏的歷史就是尋找自己天命的歷史。

西夏人找到的第一個天命來源是姓「李」。大唐是被天下人認可的王朝，李元昊的祖先被唐王朝賜姓「李」，這是西夏十分珍貴的政治資本。這樣對比起來，宋朝的趙家天子倒沒什麼天命，是欺負後周孤兒寡母的亂臣賊子。

當然，這種賜姓而來的天命，說服力很差；宋、遼、金因為沒有這樣的好姓氏，也不承認這種做法。對於中國古代晚期的王朝，文脈成為更重要的天命來源，儒家和佛家文化也逐漸成為提供天命的工具。回顧當時的情況，南宋雖然偏居江南，但擁有儒學的根脈傳承，從而成就了「程朱理學」的文化名牌；金佔領了中原地區，女真人繼承了北宋的儒學和佛教中心。

由此看來，西夏手中天命的籌碼少得可憐。好在西夏還有河西，還有敦煌。

本書第六章講到，河西本身就是中原儒學的避難所，所以可以為西夏提供不少儒學籌碼。金國擁有五台山和長安兩個佛教中心，南宋在江南也推動峨眉山、普陀山、九華山等佛教道場，與北方在佛教文化上抗衡。西夏則佔據了敦煌，這裡自唐代就成為全國佛教中心之一，對於偏居西北的西夏來說，敦煌是唯一可以拿出來的名片。西夏學的前輩史金波先生在識讀榆林窟的西夏文題記時，發現西夏人把這裡叫作「朝廷聖宮」，足見西夏對敦煌石窟的重視。

為了改變不被認可的命運，在西夏中後期，他們把大量的精力花在敦煌石窟的建設上。西夏人積極學習那些被認同了的文化和藝術，以開放和包容的姿態，把它們全部拿來，融合進壁畫的創作中。從此，敦煌藝術的面貌發生了天翻地覆的變化。

在敦煌石窟眾多的西夏石窟中，以榆林窟第3窟的壁畫最為典型，洞窟內不僅漢藏藝術巧妙搭配，而且相容儒、釋、道三教的風格，是西夏藝術的最高殿堂，代表了敦煌壁畫藝術自唐代以來的第二個高峰。

翻譯的力量

西夏的歷史沒有被後來的史書所認可和記載，所以給我們留下來的僅僅是一個神祕的背影。如果我們想要讓西夏的面目清晰起來，就要來到敦煌石窟。因為敦煌壁畫就是牆壁上的史書，這裡保存了世界上關於西夏最多的圖像資料。從傳承有序和精彩紛呈的壁畫裡，我們就可以認識那個勤奮好學的西夏。

西夏之所以在文化和藝術上有如此燦爛的成就，是因為它學到了翻譯的力量。翻譯是兩種文化彼此相遇時需要的第一種能力，敦煌作為各種文化的交匯之地，擁有強大的翻譯能力。當西夏遇上敦煌，就從洞窟裡學到了三種翻譯的能力，從而成就了西夏兼容並蓄的文化面貌。

第一種是文本翻譯，就是把一種文字翻譯成為另外一種文字，它是一維空間內的翻譯。最初的佛經都是用巴厘文、犍陀羅文、梵文等寫成的，所以敦煌就把這些佛經翻譯成漢文。然而翻譯到此並沒有停止，因為經文總是艱澀難懂，普通老百姓還是理解不了，所以還要進行認知降維。於是，就出現了變文。變文把經文變成了故事性的語言，文章內容就像古羅馬時期的寓言故事，而經變畫就是根據它畫出來的。這種翻譯也在重塑著語言。

敦煌藏經洞中出土了各種語言的文本，說明敦煌已經成了一個國際語言學校。這些外文需要用漢字進行翻譯，以鳩摩羅什和玄奘所代表的中國翻譯者，積極學習域外文化，不畏生死，往來於絲綢之路上。通過他們的努力，漢字成為當時世界上最成熟的文字系統之一，從而建構起中國通往世界的語言橋樑，提升了古代中國積極吸收域外文化的能力，為文化的多樣性提供了基礎條件。

第二種是符際翻譯，把一種符號翻譯成另外一種符號，它是二維空間的翻譯。文本翻譯不能解決所有問題，因為當時的高僧面對的絕大多數人不是知識分子，而是識字率不到百分之十的古代百姓，文字翻譯得再好，如果看不懂，豈非白費力氣？敦煌解決的方法是回歸到文字本身，因為文字如同賀蘭山裡的岩畫一樣，是從史前的圖像和符號裡來的。所以，先賢們聰明地將文字還原成它們的先祖「圖像」。就像貓在世界各地的語言中的讀法和寫法都不一樣，但當我們面對的是一張貓的照片時，任何一個人都能認識它。

在敦煌，面對不同的民族和不識字的百姓，高僧們把經文翻譯成了壁畫，經變畫因此應運而生。

第三種是實體翻譯，把一種符號翻譯成一種物理實體，它是三維空間的翻譯。當有了經文和經變畫之後，高僧們發現還有一種東西沒辦法讓百姓看見，那就是經文中所描述的那個眾生平等、幸福美好的極樂世界。於是，石窟開始在敦煌的山水之間被建造出來，人們把經文中的那個世界，在遠離城市的隱祕峽谷中翻譯為三維的洞窟空間和塑像，從而營建出古人的精神原鄉。

直到今天，敦煌的翻譯還遠沒有結束，那些壁畫、塑像和洞窟，都逃不開時間流逝帶來的損傷。千萬要記住，敦煌石窟已經是一個一千多歲的老人了。在筆者陪伴它的時候，分明從日漸斑駁的壁畫和開裂的牆壁上看到它的老態龍鍾。當我一個人待在洞窟裡時，仿佛就能從牆壁上聽到它粗重的呼吸聲。為了讓敦煌永保青春，敦煌研究院使用數位化技術為敦煌「凍齡」，這是新時代重新翻譯敦煌的典範。

玄奘取經圖的深意

宋代是中華民族共同體逐漸形成的重要階段，宋、遼、西夏、金等民族政權的對話越來越頻繁，而對話的基礎就是這種翻譯的能力。在以儒學和佛學所代表的文化互動中，各民族開始向同一個文化共同體融匯，我們從玄奘的故事中就能看到這個共同體的誕生過程。

在本書第十章，我們講到了在榆林窟、東千佛洞和文殊山石窟出現的玄奘取經圖，這些圖像都繪製於比《西遊記》寫出來還要早三百多年的西夏。西夏人為什麼這麼喜歡畫玄奘呢？不僅僅是出於西夏人對玄奘的崇拜，更深層的原因是玄奘能夠為不被認可的西夏提供「天命」。

玄奘作為中國歷史上最著名的取經人，在唐代及以後成為佛教符號化的一個人物。宋代，隨著佛教傳播的時間越來越久，各地對佛經的翻譯也是五花八門，佛經再次出現了大量的印刷版本和翻譯版本，在眾多的版本中究竟哪一本才是正版佛經教科書呢？當時天下普遍認為玄奘從印度帶回來的才是真經，他翻譯的版本才是正版。於是，當時的寺院紛紛參與到搶奪玄奘真經的熱潮中，他們都宣稱，自己藏經閣裡的經書就是當年玄奘帶回來的真經，並且通過在寺院裡畫玄奘取經的形象來佐證。

在國家層面，南宋認為自己在南渡時把玄奘帶回的經典都帶到了南方；金國認為自己佔據了長安和洛陽，這裡都是玄奘譯經的聖地，保存了玄奘大量的真經；西夏則擁有玄奘取經時走過的整條河西走廊，還有瓜州石槃陀的故事，所以認為這裡的佛教都受到玄奘的真傳。

隨著各國依託玄奘鼓吹自己的佛教中心，玄奘的信仰流行起來，玄奘取經的故事也開始從歷史進入文學光怪陸離的世界中。當全天下人開始談論玄奘的智慧和經歷的時候，玄奘的取經故事，在當時新興的市民文化的口頭創作中也變得豐富起來。

西夏壁畫裡的石槃陀變成了猴行者，金國關於玄奘取經的戲曲裡開始出現神魔怪鬼，而南宋的《大唐三藏取經詩話》裡猴行者已經為幫助三藏法師取經而大顯神通。玄奘取經的故事在元代的戲曲和民間傳說中更是變得越發豐富，明代的吳承恩總結前朝的成果，最終創作出了四大名著之一的《西遊記》。

從《西遊記》的誕生過程中，我們可以看到，這並不是吳承恩一個人完成的，而是從玄奘取經的那一刻開始，直到明代將近九百年的民間創作的成果。尤其是在宋代，西夏的党項人、遼的契丹人、金的女真人與兩宋的漢人共同參與到玄奘取經的想像中，從而創作出了一個精神世界裡的「西遊宇宙」。這是當時中華大地上多個民族的想像共同體。

當一個地域內的所有人都圍繞著一個文化符號開始想像和創作的時候，所有人也就身處在同一個精神世界裡，這就是一個新民族的誕生過程。所以，玄奘取經圖在整個中華大地上的普遍出現，代表著中華民族這個共同體在中國人的精神世界裡開始孕育，西夏就是其中最為神祕且不可缺少的重要一環。

榆林窟靜謐的峽谷中，就在西夏人畫完最後一幅玄奘取經圖的時候，成吉思汗已經為自己的長弓拉上弓弦。即將掩蓋西夏歷史的漫天沙塵，正從草原上滾滾而來。

第十四章

涼州會盟與八思巴

蒙古征服河西

一三四三年，濠州（今安徽省鳳陽縣）發生了嚴重的蝗災和瘟疫。在半個月內，朱重八的父親、大哥和母親先後去世，這是他一生中最痛苦的時刻。朱重八為了活命，去皇覺寺剃度當了和尚。寺院是當時擁有田產而不需要繳稅的地方，曇曜當年對寺院經濟的制度設計救了可憐的朱重八一命。

朱重八就是大元帝國後來的終結者朱元璋，然而居住在元大都的蒙古統治者並不知道這一切。元順帝守著黃金家族的先輩打下來的這片廣大領土心滿意足，開始學習漢人的樣子總結前朝，在朱重八挨餓的同一年，他下令編寫史書。元末的名相脫脫主持編纂史書的工作，然而他只編寫了《遼史》、《宋史》、《金史》，唯獨沒有《西夏史》。

問題仍出在「天命」上。在中國古代，編纂史書就等於官方承認天命的程式，對於蒙古人而言，他們在天命的問題上遇到了比以往朝代更複雜的情況。面對宋、遼、金、西夏四個天命來源，該做怎樣的選擇呢？蒙古人首先認為自己是草原的孩子，遼和金同樣也是，所以必須要承認他們；兩宋是傳統的中原王朝，天命這個概念就是中原王朝創造出來的，因此也必須承認。

這樣看來，唯獨西夏沒什麼用處，所以就不必承認了。這就是西夏歷史變得神祕的根本原因。除此之外，西夏被拋棄的另一個原因，也許是由成吉思汗而起的。

一二〇六年，成吉思汗建立了蒙古汗國。黃金家族引領的草原帝國從這一刻拉開了序幕，在帝國的發展需求和他那執柄天下的雄心驅動下，蒙古政權開始積極向外擴張。在蒙古帝國剛剛崛起的時期，廣袤的河西地區仍處在西夏政權的統治之下。這裡有溫暖的氣候和水草肥美的草原，也是古老的草原民族匈奴曾經的故土，因而牽動著蒙古漢子龐大的胃和草原祖先的榮辱。草原的兒郎們，要去奪回額吉的「胭脂山」（今張掖焉支山）。

南宋開禧元年（一二〇五年）、開禧三年（一二〇七年）和嘉定二年（一二〇九年），蒙古先後三次進攻西夏，迫使西夏國主李安全嫁女求和。在與西夏的戰爭中，蒙古人見識到了科技含量十足的「夏國劍」的厲害，強悍的党項人著實是塊難啃的骨頭。蒙古於是把目標轉向西域的回鶻和西遼，蒙夏之間維持了一段相對平靜的局面。憑藉強大的軍事實力，成吉思汗很快攻下了西遼和花剌子模。

蒙古軍隊的足跡最遠到了克里米亞半島，這是蒙古的第一次西征。

蒙古人的戰場，簡直是人間煉獄。作為遊牧民族，他們攻下一座城池之後，不會派大隊人馬進行監管和殖民，因為那樣人手根本不夠。他們的辦法是收集好城市裡的財物，然後進行屠城，因為他們還要去往下一座城市，不能讓仇人留在身後，只好把一路上的敵人全部剷除。

當蒙古軍隊要退回草原的時候，歐洲人以為是上帝救了他們，然而真正的救贖者名字叫做「丘處機」。

成吉思汗作為草原最偉大的王，他跟秦皇漢武一樣，也想延長自己的壽命，直到黃金家族的馬蹄走遍太陽照耀的土地。然而，就在征服花剌子模的時候，他分明感受到自己的力不從心。他從軍師耶律楚材那裡早就聽說了丘處機的名號，於是派使者去山東邀請丘處機前來相見。

西元一二二〇年，七十三歲的丘處機與其弟子尹志平等十八人從山東出發，歷時兩年，穿越蒙古草原，最終在大雪山（今興都庫什山）行宮與成吉思汗相見。丘處機與成吉思汗探討治國和長生之道，成吉思汗被他的智慧所征服，尊稱他為「老神仙」。

丘處機告訴成吉思汗長生的祕訣是「去暴止殺」。這對成吉思汗後來的軍事征服有很大的影響，這就是著名的「一言止殺」。

成吉思汗對丘處機十分崇拜，下令讓他統領天下道教，全真教在全國開始流行起來。榆林窟第23窟就是受此影響，成為敦煌石窟全真教的祖庭。會面結束之後，丘處機先一步返回中原，成吉思汗對他思念不已，還曾寫信說：「朕常念神仙，神仙勿忘朕也。」

眼看蒙古不斷憑藉強大的軍事實力在西域和中亞剪除一個個傳承已久的勢力，西夏人當然也知道「覆巢之下，豈有完卵」的道理，聽到枕頭邊那磨刀霍霍的聲音，再也不能等死了。一二二四年，西夏趁蒙古西征的機會，向蒙古其他部落使用反間計，派使者重金賄賂對成吉思汗不滿的人，企圖攪亂蒙古人的老巢。西夏本來就是成吉思汗預留的過冬肥羊，征服花剌子模後，東歸的成吉思汗聽到這頭肥羊竟然要回過頭來咬自己，六十四歲的他決定親征西夏。

成吉思汗與霍去病征伐河西的方法一致，先攻下了居延海旁邊的黑水城（今內蒙古額濟納旗），然後分兵攻打沙州（今甘肅敦煌）。沙州的軍民熟悉這個強勢的鄰居，依靠著雄偉的沙州城，展開了英勇的攻防戰。蒙古兵眼看圍困了一個多月都無法攻克，於是使用地道戰術，在夜裡偷偷挖掘了運兵地道。西夏守將施以火攻，一把火燒盡了他們的幻想。

沙州的軍民守城到了最後階段，連戰馬和老鼠都捕食絕跡，蒙古軍又掘斷了黨河。到了十月，城中幾乎沒有一滴可以飲用的水了，忽然天降大雪，算是救了全城百姓的性命。就在如此艱苦的情況下，固守州城近半年之久，一二二七年三月，沙州城因為彈盡糧絕，最終被攻克。

一二二七年七月，攻打西夏的成吉思汗在六盤山的軍帳裡病逝（同年，丘處機也仙逝了）。窩闊台繼任大汗後祕不發喪，對西夏發起了總攻。幾天後，西夏國主李晛投降，成吉思汗的小兒子拖雷因為父親死在賀蘭山而憤恨不已，殺了李晛。正是因為成吉思汗死在攻打西夏人的路上，所以蒙古絕不會承認西夏王朝的「天命」，不然就等於否定了成吉思汗。於是，西夏的歷史就被深深埋藏在敦煌幽暗的洞窟裡了。

卑微的畫師

蒙古在攻打河西走廊時，遇到了頑強的抵抗，動輒「帝怒城久不下，有旨盡屠之」。這種侵略如火的軍事行動，嚴重破壞了瓜州、沙州等地的經濟基礎，致使數百里的土地上人煙稀少。直到一二八一年，元朝設立甘肅行省，河西地區補充了大量移民。後來，中亞地區各個汗國的諸王紛紛脫離元朝統治，瓜州、沙州的蒙古部落戍守在河西走廊的西段，成為中原阻隔中亞諸叛王的戰略重地。

隨著經濟的逐漸恢復，管理瓜州和沙州的蒙古諸王也開始加入敦煌石窟的營建之中。元代的敦煌藝術與西夏一脈相承，是莫高窟壁畫藝術的最後一個階段，其中最具代表性的是莫高窟第3窟。洞窟的主題為觀音菩薩，壁畫以純熟精湛的線描技法畫出千手千眼觀音菩薩，是敦煌藝術的傑作之一。

就在這個洞窟佛龕門北側的觀音像左下角，出現了一條題記——「甘州史小玉筆」。在莫高窟四萬五千平方公尺的壁畫中，題記中留下的畫師名字只有十二個。這位元代甘州（今甘肅張掖）畫師史小玉所繪製的千手觀音，後來被中國身障人藝術團編制成舞蹈，於二〇〇五年春節聯歡晚會上出演，舞蹈以層出不窮、千變萬化的視覺效果感動了全中國。這也是敦煌藝術在當代煥發全新生命力的經典案例。

當遊客們來到敦煌的時候，總會問到一個問題：為什麼在大部分的壁畫裡看不見畫師的署名？

在古代，一般的畫匠和塑匠屬於「百工」之列，在士農工商的傳統觀念中不被看重。我們所熟知的顧愷之、閻立本、吳道子等畫家之所以有名，是因為他們同時也是官僚，閻立本甚至當過唐朝的宰相。直到宋徽宗時代官方畫院的出現，畫家地位才逐漸提升。

在敦煌石窟的營建過程中，畫匠只是乙方，而甲方就是出資人。出資人的不同身分和需求決定了石窟類型的多樣，寺院為日常使用而出資修建的有殿堂窟、禪窟、倉儲窟和居住窟，高僧或其弟子出資修建的有紀念窟和瘞窟（安葬去世的僧人），百姓集資修建的有功德窟等等。因為開鑿洞窟的成本很高，在身分眾多的出資人之中，政府官僚和世家大族是敦煌石窟最主要的甲方，因此絕大多數洞窟是政府的文化工程或家族的家廟。如果在壁畫裡寫上畫匠的名字，就意味著地位低下的畫匠也進入了佛教世界；畫匠與佛陀同在一幅壁畫裡，這在當時的尊卑觀念下是不可想像的。另外，作為家廟的洞窟裡一般繪製有供養人，後世子孫還要來這裡做法事和瞻仰自己的先祖，如果壁畫上有畫匠的名字或形象，當後世子孫磕頭行禮的時候，等於也給畫匠磕了，這是絕不允許的。

因此，甘州人史小玉只能將自己的名字用小字偷偷寫在不起眼的地方。榆林窟第29窟是西夏藝術的傑作，該窟是瓜、沙二州監軍司中擔任高級武官的趙麻玉家族開鑿的功德窟。因為在供養人中出現了西夏國師和負責皇宮禁衛軍內宿禦史司正統軍向趙，所以專家一致認為該窟應該是在皇家授意下開鑿的洞窟。洞窟內的壁畫是西夏漢藏藝術結合的典範，畫師高崇德也想讓後人知道這些壁畫出自他之手，但如此高等級的洞窟必然沒有畫師的署名之處。於是，同樣是甘州人的高崇德，就在榆林窟第19窟女供養人（即曹元忠夫人翟氏）的衣裙上，用小刀刻了一行細若遊絲的字：「甘州住戶高崇德，小名那征，畫祕密堂記之。」

「祕密堂」就是榆林窟的西夏第29窟。

涼州會盟

元代，敦煌石窟的壁畫裡很少有傳統漢傳佛教的內容，主要以藏傳佛教藝術為主。究其原因，還要從成吉思汗的孫子闊端說起。征服行動完成之際，黃金家族把「天下」作為一份家族產業分封給宗王貴族。其中，成吉思汗長孫拔都大王封於沙州，擁有河西走廊西部。後來拔都西征，建立了金帳汗國（欽察汗國），覆蓋現在的俄羅斯西部、東歐大部分、高加索部分地區，莫斯科公國都是他的附庸。

以涼州為中心的河西走廊東部，則是窩闊台之子闊端的封地。窩闊台即大汗位後，闊端成為西路軍統帥，冊封涼王，封地囊括了西夏故地和青藏地區。

一二三四年，蒙古滅金，東亞的對手只剩下南宋和吐蕃。要滅南宋，就要佔領青藏和四川，從而形成包圍圈。

一二三九年秋，闊端派多達那波出征青藏高原。雖然蒙古大軍戰力強悍，但在前藏受到了武裝僧人的強烈反抗。多達那波仔細分析了青藏地區的局勢，認為這裡高山阻隔、氣候惡劣，人民排外情緒高漲，靠軍事征服很難取得勝利。在青藏駐留的兩年多裡，多達那波對當地的宗教、軍事、經濟等各方面進行了詳細地調查，最後認為蒙古可以通過宗教手段和平接收青藏。於是，他給闊端寫了一份「請示迎誰為宜的詳稟」，相當於「青藏地區和平解放的可行性報告」。他在這份報告中說明了薩迦派在藏區的影響力，推薦薩迦班智達去涼州進行和平會談。

薩迦班智達是薩迦派的第四代傳人，由於他學識高深，人們尊稱他為「班智達」（等同於玄奘的「三藏」），是名望響徹整個青藏高原的佛學大師。

一二四四年秋，闊端向薩迦班智達發出正式邀請，多達那波作為他的「金字使者」，帶著一封滿是威脅的信來到薩迦寺。薩迦班智達非常清楚，強大的蒙古帝國已經佔領了青藏周邊幾乎所有的土地，此時的雪域就像一座被包圍的孤島。自吐蕃王朝結束後，長期分裂割據、相互仇殺的高原地方勢力根本無力對抗蒙古大軍。為了人民免遭戰爭的屠戮，為了佛法能夠弘揚到更廣大的地區，六十三歲高齡的薩迦班智達決定帶著兩個侄子——十歲的八思巴和六歲的恰那多吉，以及眾多僧人前往涼州。

一二四七年，丘處機的弟子宋德方和尹志平等主持重修山西芮城永樂宮。其中丘祖殿

（一九四二年被日軍焚毀）內的壁畫，記錄了他們隨丘處機前往大雪山與成吉思汗的那次偉大會面。此時，正是道教發展最鼎盛的時刻，也是盛極而衰的轉捩點。

就在這一年，闊端在涼州見到了期盼已久的薩迦班智達，佛教即將代替道教成為蒙古皇室的新思想。闊端作為蒙古王室的代表，薩迦班智達作為西藏地方代表，在涼州開始了長時間的會談。由於當時雙方沒有成熟的會晤制度，會談的過程和詳細內容並未被記錄下來。我們可以想像，他們為了彼此的利益一定有過言辭激烈的交鋒。最後，雙方達成共識，闊端拜薩迦班智達為師，皈依佛教，薩迦班智達則承認青藏高原是蒙古帝國的一部分。

蒙古族因為本身沒有成熟的宗教信仰，外來宗教在蒙古帝國傳播的時候都不會受到強大的阻力。蒙古王室對藏傳佛教的包容，令薩迦班智達十分滿意，為了讓雪域人民知道這次會盟的結果，他寫下了《薩迦班智達致蕃人書》。這是中國歷史上非常重要的一份檔案，標誌著西藏正式納入中國版圖。

《薩迦班智達致蕃人書》很快傳到了西藏，人們無不歡呼雀躍。薩迦班智達積極爭取西藏的利益，使蒙藏之間避免了一場戰爭，雪域高原也迎來了繼吐蕃王朝之後的新繁榮。對於蒙古帝國而言，這次會盟是宗教與政治達成的一次完美交換，藏傳佛教為蒙古提供了珍貴的「天命」。

會盟結束之後，薩迦班智達為了把藏傳佛教從雪域帶到草原，決定留在涼州弘揚佛法。在闊端大力支持下，薩迦班智達在涼州幻化寺講經傳法五年之久，無數僧侶慕名而來學習佛法，藏傳佛教在河西走廊和青海等地傳播開來。

一二五一年，薩迦班智達在涼州圓寂，闊端為他修建了高達 42.7 公尺的靈骨塔。他的遺體雖然沒有回到他深愛的雪域，但他的靈魂依舊在涼州這座偉大的城市裡守護著他為之奮鬥了一生的土地。就在薩迦班智達圓寂後不久，闊端也在同年去世，長眠於肅南皇城灘草原。兩位來自不同地域和民族的涼州會盟代表，同時與河西大地融為一體。這次會盟的精神在他們逝世後的數百年間，仍在持續塑造著中國。

八思巴與忽必烈

就在闊端去世的一二五一年，忽必烈的大哥蒙哥登上汗位元，根據草原兄終弟及的傳統，忽必烈看到了希望。兩年後，忽必烈奉命率軍出征雲南，在六盤山（今寧夏固原境內）駐軍時，邀請八思巴前來相見。

此時，薩迦班智達從雪域帶來的兩個侄子已經長大。他們最初來到涼州，或許就是來充當人質的。另外一個原因是年邁的薩迦班智達知道自己時日無多，遷到涼州之後也許再也無法回到雪域，於是將八思巴和恰那多吉當做自己的傳承人，時刻帶在身邊教授佛法。

八思巴果然不負所托，他的天賦連薩迦班智達都自歎不如，薩迦班智達圓寂後，八思巴繼承了薩迦派首領之位。涼州是蒙元時期河西走廊的文化中心，也是八思巴生命的轉捩點。八思巴就像當年困在涼州的鳩摩羅什一樣，積極從中原儒學和漢傳佛教中汲取營養，這使他的佛學視野走出了雪域的局限。而且八思巴在十歲時就到了涼州，他與蒙古諸王子是自幼的玩伴，弟弟恰那多吉還娶了闊端的女兒。八思巴與蒙古貴族結下了深厚的友情，為他後來進入蒙元政壇奠定了基礎。

一二五三年被忽必烈召見時，十八歲的八思巴也已被稱為「班智達」。忽必烈被比自己小二十歲的八思巴的智慧所折服，也像他的堂哥闊端對薩迦班智達那樣，以八思巴為自己的「上師」。從此，蒙古皇室尊封佛教高僧為上師的政策成為慣例，皇室也牢牢掌握著尊封的權力。這種制度不斷發展，最終演化成了中央管理藏區的宣政院制度。清代依舊延續這種民族政策，維護了青藏高原的和平穩定。

這次會見之後，八思巴和忽必烈既是師徒，也是戰友。忽必烈為八思巴提供了政治支援和官方身分，八思巴為忽必烈提供了天命來源。

忽必烈繼位的合法性有很大問題，因為大汗蒙哥是死於戰場，並沒有指定忽必烈為他的繼承人。一二六〇年，忽必烈宣稱即汗位，引起了蒙古貴族的不滿，弟弟阿里不哥也在和林稱大汗。也許是「阿里不哥」這個名字就註定了阿里果然不如他的哥哥，忽必烈成為汗位之爭的勝利者，但合法性問題還是懸在忽必烈頭頂的一把劍。

八思巴為忽必烈提出佛教轉輪聖王的宗教依據，宣稱他是聖王降臨。這顯然是武則天彌勒佛降臨的翻版。忽必烈開始在全國推行藏傳佛教，攻滅南宋後，連杭州的飛來峰上都出現了藏傳佛教的石刻。八思巴終於完成了叔叔交給他的弘揚佛法的任務。

一二七六年，八思巴終於返回了闊別三十多年的故鄉。八思巴也是一位元語言大師，堪稱雪域的玄奘，他在涼州時掌握了漢語和蒙古語，後來又為蒙古創制了以藏文字母為基礎的蒙古新字：「八思巴字」。晚年的八思巴在薩迦寺整理和翻譯佛經，最終完成了中國歷史上第一部完整的藏文大藏經《甘珠爾》。這部經書經歷了七百多年的歲月洗禮，至今還保存有兩萬多函，因此薩迦寺有「第二敦煌」的美譽。

一座廟抵十萬兵

一二七九年，即八思巴圓寂的前一年，忽必烈消滅了流亡在崖山的南宋殘餘勢力，完成了全國的統一。這時的蒙古帝國囊括了歐洲、亞洲的大部分地區，擁有著古代世界歷史上最廣大的國土、最強大的軍事實力和最多的人口。

與此同時，這是中國歷史上草原民族第一次跨過長江，統治了全部的儒家文化圈。忽必烈一生受儒家文化的影響很深，當他為這個龐大的帝國取名字的時候，就從《易經》「大哉乾元」中選擇了「元」。古代中原王朝的很多國號都與地名有關，比如漢朝得名於劉邦曾被封為漢王，元朝是中國歷史上第一個拋棄地名因素而以傳統經典為依據的朝代。這個名字代表著忽必烈想要開創的不是蒙古人的帝國，而是天下人的國家。

然而，蒙古原有的管理技術十分落後，面對如此廣大的地區和多元的文化，忽必烈該怎樣治理這個國家呢？

縱觀中國歷史，草原民族是具有極大潛力的，但本來不多的人口因遊牧生活而散布在廣袤的區域，人與人之間互動的時間和距離都太長了。這大大稀釋了草原民族的整體動能。想要激發草原民族的整體潛能，就要找到一種可以把所有人連繫到一起的東西。

鐵木真找到的工具是「仇恨」，通過仇恨發起戰爭，通過戰爭產生新的仇恨，草原民族被打造成一架強大的戰爭機器。蒙古政權開始積極向外擴張，幾乎所有的草原兒女都加入了「創業」的大軍，這應該是中國歷史上動員草原底層力量最徹底的一次。當時的人們認為草原很大，草原之外還有很多未知的地域，但「很多」終歸不是「無限多」。當蒙古的鐵騎踏遍整個歐亞大陸時，才發現這個世界是有邊界的，他們已經將擴張的潛力發掘到了極限。

面對這沉重的肉身所帶來的負擔和危險，忽必烈需要新的連繫工具。忽必烈學習中原文化的時候，得到了儒家文化認可的「天命」這個工具。面對民族地區，他受八思巴的啟發，得到了「政教合一」這個工具。

因為管理技術的落後，少數民族建立政權之後，往往建立僧官制度，歸義軍和吐蕃王朝都有很長時間的僧官歷史。佛教作為宗教，天然具有僧團所代表的組織性、經典所代表的思想性、佛教徒所代表的傳播性。這是一種非常有效的組織方式，可以把草原上分散的人們用同一個信仰連繫起來。當所有人都信仰佛教的時候，忽必烈作為轉輪聖王的神權也具有了合法性。

忽必烈十分依賴八思巴，他即位後，尊封八思巴為國師，統領天下佛教徒。

一二六四年，八思巴領總制院（宣政院前身）事，成為西藏地方最高行政長官，統領西藏十三萬戶，政教合一的薩迦地方政權對西藏的統治由此開始。

在這個背景下，藏傳佛教開始在整個帝國流行，甚至一度傳播到了朝鮮，也深刻影響了蒙元和清王朝統治者的信仰和生活。元代敦煌壁畫因此也以藏傳佛教藝術為主流。

為了加強王朝內部連繫和穩固政權，蒙元和清王朝都是基建狂魔，他們除了像今天修高鐵一樣修驛站，還在草原和雪域修建了大量廟宇。

為什麼要建寺廟呢？「廟」字的意思是，在公眾建築下因為一個共同理由而聚集。因為佛教的基礎是眾生平等，所以寺廟是中國古代社會中沒有門檻的基層社會組織，就好比如今的里民活動中心、基層派出所和文化廣場一樣。這些機構，經常被我們忽略，但這些機構每天服務於每一個具體的個人，是讓中央宏觀政策能夠落實的實施主體，是整個社會上下互動的通道，也是讓社會正常運轉的核心力量之一。在王朝的官僚體系正常運行的時候，佛教因為不受地域限制和動員性更強等優勢，被統治者作為補充性的管理系統，與官僚系統相互配合，架構起王朝的組織和秩序。

通過莫高窟出土的《六字真言碑》（圖13），我們就能看到這種效果在元代的具體體現。這塊碑是在涼州會盟一百年後的公元一三四八年，西寧王速來蠻命人刻石立在莫高窟的。碑的上部，刻「莫高窟」三個漢字。碑中央陰刻四臂觀音坐像，坐像三面各有兩列文字：上方第一列是梵文，第二列是藏文；左邊外列是漢文，內列是西夏文；右邊外列是回鶻文，內列是八思巴文。這六種文字都是同樣的意思，即佛教的「唵嘛呢叭咪吽」六字真言。

由此可以看出，敦煌的蒙、漢、藏、西夏、維吾爾等民族以佛教為紐帶，多民族在這裡長期共存，相互影響和融匯。與此同時，各民族在元朝的統治下，進入了統一的文化語境，中華民族作為一個多民族共同體，已經在莫高窟的殘碑上初見雛形。

蒙元從原本以仇恨催動的武力征伐，轉變成以文化和宗教為紐帶的社會治理，這是偉大的政治進步。後來，清王朝也十分贊同這種做法，積極在草原和雪域營建寺廟，康熙皇帝在收到成效之後不禁感歎道：「一座廟抵十萬兵」。

不過，當一座座寺廟在草場裡拔地而起的時候，遊牧的人們為了信仰，不得不圍繞寺廟放牧自己的牛羊，但寺院周圍的草場畢竟有限，草原迎來沙漠化的過程，可怕的沙塵暴從此在草原上肆虐起來。

第十五章

歷史分流時刻的敦煌

搶戲的傅友德

一三五四年，那位唯獨沒有編《西夏史》的元末宰相脫脫，被革職流放到了亦集乃路（今內蒙古額濟納旗）。這裡曾是西夏軍事重鎮黑水城，也是成吉思汗出征河西時的要道。脫脫望著居延海清澈的湖面，應該滿懷感傷。

幾個月前，脫脫率百萬大軍去平定剛剛在江蘇高郵稱王的起義軍首領張士誠，就在將要攻下高郵城時，因為朝廷裡的反對派向皇帝進讒言，元順帝就立刻撤換了脫脫。臨時換將是兵家大忌，高郵城下的元軍不戰自潰，私鹽販子張士誠保住了性命，大元則性命堪憂。

這一戰是元末戰爭的轉捩點，讓各路起義軍看到了勝利的希望，他們掀起了規模更大的反抗。這一戰也大大削弱了張士誠的實力，為朱元璋滅掉張士誠創造了條件。

一三六八年，朱元璋在應天（今南京）稱帝，國號「大明」，開始了對元朝的北伐和西征。

明軍攻佔元大都（今北京）後，元順帝逃回草原，其政權史稱「北元」。

洪武五年（一三七二年），朱元璋對北元發動了新的攻勢，十五萬大軍三路並進，分別由徐達、李文忠和馮勝帶領。這次北伐的主將是徐達，可是馮勝的副將傅友德卻成了這次戰爭的主角。朱元璋任馮勝為征西將軍，出擊甘肅，本來是輔助徐達和迷惑元軍的疑兵，所以沒有明確的作戰任務。馮勝在蘭州的軍營裡無聊到發慌，那時候「蘭州牛肉麵」還沒有被發明出來，貧苦的西北沒什麼可打牙祭的，於是他決定讓部隊分兵在蘭州周圍尋找作戰的時機或野菜，來打發平淡的生活。

傅友德從馮勝的手裡分到了五千人的兵力，他是一個類似於李雲龍的人物，最擅長自己帶著隊伍單幹。他知道蒙古軍隊躲在烏鞘嶺背面的河西走廊，於是就像霍去病當年追趕渾邪王一樣，翻過烏鞘嶺後直撲涼州。

涼州守將失剌罕從來沒有想過有人會翻越高聳的烏鞘嶺，當傅友德的軍隊像火牛一樣衝進涼州城時，正在烤羊腿的他驚慌得連手中的孜然都撒落了一地。黃金家族的騎術曾經縱橫天下，可如今在太平日子裡日漸肥胖的肉身讓蒙古兒郎連翻身上馬都費勁，而他們統治下的人則在悄悄學習這種騎術，傅友德就是其中的佼佼者。傅友德幾乎就是霍去病當年的翻版，涼州第一場勝利之後，他以白駒過隙之速度一舉攻下永昌，殺敵數千人，獲得第二場完勝。

當馮勝收到戰報時，重新認識到了這個屬下的才能，當即決定將西征部隊主力交給傅友德，助他取得更大戰果。

傅友德沿著河西走廊一路向西，連續攻下張掖和酒泉。兩次戰役分別俘虜了元軍的平章（全稱叫「平章政事」，是地方最高長官之一）和將領上都驢（這是個真名字）。這是傅友德的第三場和第四場完勝。

攻下酒泉之後，傅友德突然撤出了甘肅，進入蒙古軍事重鎮亦集乃路。元軍的守將伯顏帖木兒聽說傅友德來了，嚇得連逃跑的欲望都沒有，趕緊打掃街道，準備好烤肉，開門迎降。傅友德帶著軍隊殺氣騰騰而來，面對的卻是蒙古兄弟精心準備的歡迎晚宴，這第五場勝利讓他都顯尷尬了。

傅友德在亦集乃路短暫休息整頓之後，進入草原再尋找戰機，在別篤山遇上元軍，獲得了第六場勝利。元軍聽說傅友德來了，紛紛逃往草原的更深處。傅友德眼見草原西部已經沒有戰機，於是再次回軍甘肅，在瓜州打了西征的最後一戰，至此收復了整個河西走廊。

傅友德在數月之間橫掃甘肅和蒙古西部，創造了七戰七捷的神話，是這次北伐的最大戰果。傅友德的傳奇也被河西走廊的人民所傳頌，正是因為他的最後一戰發生在瓜州，於是瓜州榆林窟第23窟中就有了關於這場戰爭的壁畫。

然而，這幅壁畫並不是明代所畫，而是清代的作品。細心的遊客可能會發現，當我們在莫高窟、榆林窟、西千佛洞等敦煌石窟參觀時，唯獨沒有明代的壁畫。這是為什麼呢？

營建嘉峪關

原來，瓜州之戰後，馮勝奏請朱元璋，把敦煌石窟所在的沙州和瓜州等地拋棄了。這就是「馮勝棄地事件」。棄地的原因，是當時明朝面對的國際形勢。

佔領河西走廊之後，雖然馮勝獲得了巨大勝利，但徐達和李文忠的軍隊都無功而返，北元的問題依然沒有得到解決。新生的明王朝仍舊受到北方蒙古部的軍事威脅，而甘肅東部成了明朝防禦蒙古部的重點。馮勝的兵力有限，五萬人駐守河西走廊都已經捉襟見肘。

此時的西域由成吉思汗的二兒子察合台建立的察合台汗國統治，沙州和瓜州剛好處於蒙古和西域的夾縫之中。而且這裡是平坦的綠洲和戈壁地形，無險可守，很容易受到兩方的聯合攻擊，馮勝已經沒有兵力可以應對了。

如果此時依託河西走廊出征西域，馮勝將面臨兩線作戰的困境。另外，自唐代吐蕃佔領西域之後，這裡先後經歷吐蕃、於闐、回鶻、察合台汗國的統治，與中原脫離六百餘年。所以朱元璋認為這裡是化外之地，緊鄰西域的瓜、沙等州也同時被忽視了。再加上蒙元時期的過度放牧，瓜、沙地區土地沙漠化極為嚴重，在明朝看來，浪費軍力守護這種貧瘠的土地是不划算的。

於是，馮勝在撤軍的時候，就修建了嘉峪關。《肅州新志》中明確說明了修建嘉峪關的目的，即「宋國公馮勝略定河西，截敦煌以西悉棄之」。

嘉峪關位於今天嘉峪關市西五公里處，夾在黑山和文殊山的山谷中部，是河西走廊西段最狹窄的地方，兩山的距離不足十公里，真正扼守著河西走廊的咽喉。自馮勝之後，為加強西北邊防，明孝宗和明武宗時又修建了嘉峪關關樓和東西二樓；嘉靖年間修築關城兩翼長城，與明朝九邊長城連成一體。至此嘉峪關成為明長城最西端的關口，對保障河西地區的國防安全起著重要作用。

後來，為了進一步拱衛嘉峪關的安全，又在嘉峪關以西設置了關西七衛，即安定衛、阿端衛、曲先衛、罕東衛、沙州衛、赤斤蒙古衛、哈密衛等，敦煌地區由沙州衛管轄。後來隨著西域吐魯番王國的強大，敦煌逐步被吞併，明朝將關西七衛的百姓全部遷到嘉峪關內。

一五二四年，明朝封閉嘉峪關，完全放棄敦煌。自此之後的兩百餘年間，敦煌被吐魯番或蒙古部落交替佔據，陸上絲綢之路斷絕，敦煌被中原人遺忘。

海陸絲路的交替

敦煌的拋棄和嘉峪關的封閉，早在一百年前鄭和第一次下西洋的時候就註定了。一三七一年，就在傅友德收復敦煌的前一年，鄭和出生於雲南。鄭和十歲時，朱元璋命傅友德為征南將軍，率軍平定雲貴高原。征服雲南之後，鄭和成為這次戰役的俘虜，被傅友德帶到京師，之後被調入燕王朱棣的府中服役。朱棣通過靖難之役奪得大明皇位，鄭和在這場奪權中立下了汗馬功勞，朱棣賜他姓鄭（原姓馬）。

朱棣派鄭和下西洋的原因，史學界眾說紛紜。明代的顧起元認為，靖難之役後，建文帝逃亡海外，朱棣派鄭和下西洋名為出使，實為尋找建文帝的消息。主流的觀點則認為，朱棣本人好大喜功，大明以天朝上國自居，要通過鄭和出使來德化外邦、耀兵異域和開展貢賜交往。除了朱棣個人的主觀意願，更深層次的原因來自中國經濟重心的南移。

在隋唐及其以前，北方一直是中國的政治、經濟、文化中心，隋唐統一之後，隨著大運河的開通，南方經濟的活力放開，實力逐步逼近北方。安史之亂後，北方陷入藩鎮和民族政權割據混戰的泥潭，南方社會秩序憑藉長江天險而相對安定，北方百姓實在過不了當炮灰的苦日子，紛紛南下逃難，這就是「客家人」形成的原因。南渡的人們帶來了南方經濟發展需要的人力和技術資源，全國經濟重心也隨之南移。

西元七八三年，涇原兵變，長安失守，唐德宗倉皇出逃，關中糧草被搶劫一空，連皇帝本人都快要餓肚子了。正在這命懸一線的生死時刻，使者來報說韓滉運來的糧食已經抵達關中。唐德宗感激涕零，抱著兒子說：「吾父子得生矣！」這裡的韓滉就是中國十大傳世名畫之一《五牛圖》的作者，此時他正擔任浙江東西觀察使，蘇杭已經成為東南的糧倉。

五代和北宋時期，南方經濟持續發展。後來金兵大舉南侵，滅亡北宋，戰爭嚴重破壞了黃河流域所代表的北方經濟圈。南宋建立後，中原人再一次大規模南遷，以蘇杭為代表的江浙地區成為全國的經濟中心。

經濟重心的南移也勢必會改變國家的戰略，兩宋及以後的王朝把視野從原來的陸疆轉移到了海疆上。這一過程的標誌就是泉州逐步代替敦煌的過程。

敦煌和泉州就像絲綢之路孕育出的一對孿生兄弟，如果說敦煌是兩千年陸上絲綢之路的西北大哥，泉州則是一千年海上絲綢之路的東南二弟。在敦煌無比榮耀的光環即將褪去的時候，泉州開始承擔起新的家庭責任。

安史之亂後，西域和河西走廊都被吐蕃佔據，漢武帝張國臂掖的宏偉藍圖被再一次打破。路上絲綢之路中斷，敦煌的生命力不斷流失；海上絲綢之路成為國家新的出路，泉州的機會到來了。

泉州位於晉江的出海口，對面就是臺灣島，狹長的臺灣為泉州阻擋了颱風的影響，是中國南方的深水良港。更重要的是，泉州處於長江以南中國海岸線的中心位置，因而也是南方經濟貿易時交通成本最低的港口。

在唐代，泉州已經成為與交州、廣州、揚州並立的四大對外貿易港。晚唐，泉州出現了專門負責管理海外貿易的機構。五代，泉州人口激增，城市規模擴大到了唐代的七倍以上，並且有了完整的外貿管理機構，一躍成了東方最大的外貿港口。

宋元時期，商業稅成為國家財政的重要來源。宋朝為了應付每年要給遼、金、西夏等國的歲幣，十分重視遠洋貿易。瓷器、茶葉、絲綢等貨物遠銷海外，最遠甚至到了阿拉伯半島和非洲東海岸地區。

一九八七年在陽江海域發現的「南海一號」沉船，就是南宋海上絲綢之路貿易盛況的真實寫照。它是迄今為止，世界上發現的海上沉船中，年代最早、船體最大、保存最完整的遠洋貿易商船，沉船中共出土了十八萬餘件文物精品，切實反映了當時遠洋貿易的巨大規模。考古學家們研究認為，這艘船就是從泉州港駛出的。

明代，經過洪武年間的有效治理，農業經濟逐漸恢復到戰爭之前的水準。手工業方面更是有了長足的進步，尤其是元末黃道婆所代表的紡織技術已經普及，景德鎮所代表的陶瓷業迅速發展。雕版和活字所代表的印刷業蓬勃發展，各種產品日益豐富。此外，明朝的造船和羅盤等技術也已成熟，航海經驗和航海知識已經十分豐富。在此條件下，鄭和終於在西元一四〇五年第一次起航。

鄭和前後七次下西洋，規模最大的一次寶船有二百四十多艘，船員人數達二萬七千四百名，幾乎超過了南洋一個小國家的人口。對比大航海時代歐洲其他探險家的船隊，我們就可以直觀理解鄭和船隊的規模。

鄭和第一次下西洋的八十七年後（一四九二年），哥倫布受西班牙女王派遣出海，發現美洲的哥倫布船隊只有帆船三艘、船員八十八人。一百一十七年後（一五二二年），完成環球航行的麥哲倫船隊也只有帆船五艘、船員兩百多人。

中西方歷史的分流

鄭和遠洋航行的壯舉讓人驚歎，可是明王朝遵從明太祖朱元璋的意旨，後來又一步步收回了對海洋的雄心。苦大仇深的朱元璋骨子裡還是一個農民，因為家人亡故時可憐的朱重八連埋葬他們的土地都沒有，所以他最看重的就是耕田，為了大明這份田產的穩定，他下令實施海禁。

海禁政策深刻影響了此後明清兩代的海洋戰略，泉州也因為海禁幾乎與敦煌同時被大明遺忘。麥哲倫船隊完成環球航行的一年後（一五二三年），明朝「倭亂」爆發，嘉靖皇帝認為「倭患起於市舶，遂罷之」，實行更加嚴厲的海禁政策，泉州港被封閉。僅僅一年後，嘉靖皇帝下令封閉嘉峪關，敦煌被遺棄。這對孿生兄弟同時退出了絲綢之路的歷史舞臺。

在明朝走向封閉的同時，歐洲走向開放。

愛吹牛的馬可波羅不會想到，《馬可波羅遊記》讓後來的歐洲陷入對東方遍地財富的迷狂，從而引發了大航海時代。哥倫布、達伽馬、迪亞士、麥哲倫等探險家紛紛進入海洋，探索抵達中國的道路，新航路不斷被他們開闢出來，人類第一次建立起跨越大陸和海洋的全球性聯繫。各大洲之間的相對孤立狀態被打破，世界開始連為一個整體。

以全球為視野的歐洲人，資本主義開始迅速發展，從而促使工業革命的爆發，歐洲實力在短時間內超過了亞洲。當歐洲的船隊終於抵達馬可波羅所描述的中國時，緊閉的大門在槍炮面前薄如紙片，中國淪為待宰的羔羊。

所以，從這個角度來看，一五二四年嘉峪關的封閉，不僅僅是明朝邊境的一個小鎮被拋棄的小事，而是敦煌所代表的傳統絲綢之路被全球化的浪潮所取代，中西方的歷史從這裡開始走向各自的道路。

從此以後，在蒙昧中醒來的西方國家紛紛打開國門，拼湊成的小帆船在全球的海面上往來如織，地理大發現的新視野帶領著他們走出中世紀沉沉的黑暗，步入了文藝復興和資本主義的新時代。與此同時，專制皇權即將迎來頂峰的中國，則關閉了嘉峪關這座號稱「天下第一雄關」的國門，開始沉浸在天朝上國的美夢中無法自拔。

敦煌的復甦

嘉峪關封閉之後，甘肅的防衛已不是重點，因為女真已經在東北的黑土地上崛起。為了防備努爾哈赤的進攻，明王朝把大量的軍事力量抽調到京畿一帶，這就苦了在甘肅當兵的李自成。

李自成是陝西米脂人，這裡曾經是西夏的領土，因此他常說自己是李元昊的後人。為了混一口飯吃，貧民李自成跑到了甘州（今甘肅張掖）當驛站裡的驛卒，卻常被領導剋扣工資。後來明王朝為了湊出攻打女真的軍費，取消了很多驛站和編制，被裁員的老兵李自成只好投靠了起義軍。

明王朝就在闖王李自成的起義軍和皇太極帶領的八旗軍聯合打擊下滅亡了。清王朝建立之後，敦煌仍然在一片草灘裡無人問津。噶爾丹所建立的準噶爾汗國統治著關外和西域的土地，敦煌石窟淪為牧民們在野外不期而遇的羊圈。

噶爾丹的野心太大，竟然把手伸進了內蒙古。這是康熙無法容忍的事情，因為從蒙古翻過大興安嶺就是大清的龍興之地，祖墳可都在那裡。康熙拉著剛剛趕走沙俄的紅夷大炮，開始了三次御駕親征。一六九七年，就在倉央嘉措被選定為五世達賴喇嘛轉世靈童的前一個月，噶爾丹敗亡，敦煌再一次回到中原王朝的懷抱。

雖然噶爾丹已死，但準噶爾部還是時不時地騷擾敦煌邊境。康熙仿照漢唐的戰略，打算一舉收復西域。一七二〇年，清軍西征準噶爾部，進軍至吐魯番，長期受準噶爾部打壓的維吾爾首領額敏和卓率眾歸順清朝。為了大軍的後勤保障，清廷在張芝的老家淵泉縣修建了柳溝衛城和布隆吉爾城，並設置了安西直隸州，取安定西域之意，管轄範圍與漢敦煌郡基本重合。

由於明朝的棄置，這片古敦煌的土地上人煙稀少。為了充實邊防和安撫新歸附的額敏和卓部，雍正十一年（一七三三年），清廷下令額敏和卓率部萬餘人遷居瓜州。為了迎接額敏和卓的到來，清廷在瓜州修建了回民五堡和漢民五堡。

這些堡都用「工」來命名。筆者現在就居住在「六工村」，家裡二十多畝棉花田就是當年額敏和卓帶領維吾爾同胞開墾出來的，筆者生計全賴於此。寫到這裡，感激涕零，筆者停筆，向西頓首，以謝郡王當年開荒之恩。

乾隆年間，額敏和卓先後參與到乾隆平定準噶爾和大小和卓的戰爭中，成就了乾隆爺十全武功洋洋得意的資本。

天山南北再次成為中原王朝的疆土，這片土地因此命名為「新疆」。

額敏和卓眼見故鄉光復，就在乾隆二十年（一七五五年），率領在瓜州居住了二十多年的部眾返回了吐魯番。

此時，敦煌的人丁逐漸興旺起來。就在額敏和卓來到瓜州之前的幾年，為了充實敦煌的人口，清廷從甘肅五十六個州縣陸續向敦煌開始了大規模移民墾荒屯田。這一階段的移民構成了今天敦煌人的主體，從而形成如今敦煌的人口學特徵和社會文化。

移民文化是創造敦煌的根本，就像四千年前三苗人來到敦煌時一樣，清代的敦煌又迎來了一批新移民，他們同樣帶著四千年歷史的敦煌移民精神，在棄置了數百年的荒原上開拓進取、守望相助。這些移民中的絕大多數人來自今天的甘肅東部和陝甘交界地帶，因此細心的人會發現敦煌人的方言與陝西方言如此相近。他們不僅帶來了陝甘地區的方言和美食，也帶來了濃烈的隴山文化，為敦煌文化增添了新的內涵。

石窟裡的道家與儒家

敦煌石窟是敦煌文化的晴雨錶，清代陝甘地區道教流行。甘肅省平涼市的崆峒山更是道教第一名山，因為黃帝在此山問道於廣成子，被視為道教的祖庭。正因如此，隴山悠久的道教文化和藝術隨著清代敦煌的移民進入了敦煌石窟。

莫高窟沒有清代開鑿的洞窟，敦煌石窟最優秀的道教藝術全部在榆林窟之中，如榆林窟第23窟有全真七子的塑像，是清代敦煌和瓜州地區全真教的祖庭。除此之外，還有龍王洞、藥王洞、蟲王殿、仙姑堂、女媧堂、道長樓、真武塔等洞窟或土塔[4]，內容十分豐富，涉及清代人民求雨、蝗災、求子、祭祖等社會生活的各個方面。榆林窟第12窟（藥王洞）

的藥王，是清代暴發黑死病的時代背景下，安西直隸州的百姓為了抗擊疫情而塑造的孫思邈像。自二〇二〇年伊始，新冠肺炎疫情嚴重影響了人類的社會生活，榆林窟藥王洞在新的疫情時代下給予我們新的思考。

中國傳統文化以儒、釋、道三家為主流，敦煌石窟本身就是佛教藝術聖地，清代時期又加入了道教藝術。儒家文化又是中國傳統文化的核心，那麼，敦煌石窟中有沒有儒家主題的洞窟呢？這個問題一直困擾著敦煌學界。

直到二〇一七年十一月十九日下午，筆者爬上了榆林窟海拔最高的洞窟——第43窟，經過一個下午的考察和整理，確認了這是敦煌石窟唯一的儒家主題洞窟。

榆林窟第43窟內沒有壁畫，現保存著一座泥塑假山和十五尊塑像，假山上的七尊塑像已經被毀，但塑像的題記都清晰可見。塑像的布局如下頁圖所示。

東壁塑像十二身，分別是人皇氏、天皇氏、地皇氏、女媧氏、燧人氏、有巢氏、盤古氏、蒼（倉）頡氏、黃帝有熊氏、天皇伏羲氏、炎帝神龍（農）氏、無（五）龍氏，這顯然是中國先祖信仰當中的「三皇」信仰。

但三皇究竟是哪三皇呢？

歷來眾說紛紜，所以這裡乾脆幾乎把所有歷史上有關於三皇的人物全都塑出來了。南

4. 其中仙姑堂、女媧堂、真武塔等，是筆者在整理《榆林窟內容總錄》時第一次辨識出來的新內容，參見《榆林窟內容總錄未編入內容的整理與研究》，《「一帶一路視野下的敦煌學研究」學術研討會暨中國敦煌吐魯番學會二〇二一年度理事會論文集》，二〇二一年九月。

壁供台上塑有五身塑像，東起為顓頊高陽氏、少昊金天氏、帝嚳高辛氏、帝堯陶唐氏、帝舜有虞氏，顯然這是「五帝」。北壁供台上塑了禹王氏、湯王氏、文王氏、武王氏、至聖先師孔子氏，即夏商周三代帝王和孔子。

由此可見，人物按照三皇五帝和歷代先王的順序，最後以孔子結束。孔子作為儒家的開創者，在這裡被認為是「三皇」、「五帝」、「三王」的繼承者，也是中國古代最後一位聖賢。這是清代敦煌和瓜州地區先賢們的祭祀洞窟，是儒家正統信仰的體現[5]。

綜上所述，如果沒有清代的敦煌移民，敦煌石窟的內涵就會僅僅局限在佛教藝術的殿堂之中，而不會有今天如此豐富的內容。在這個

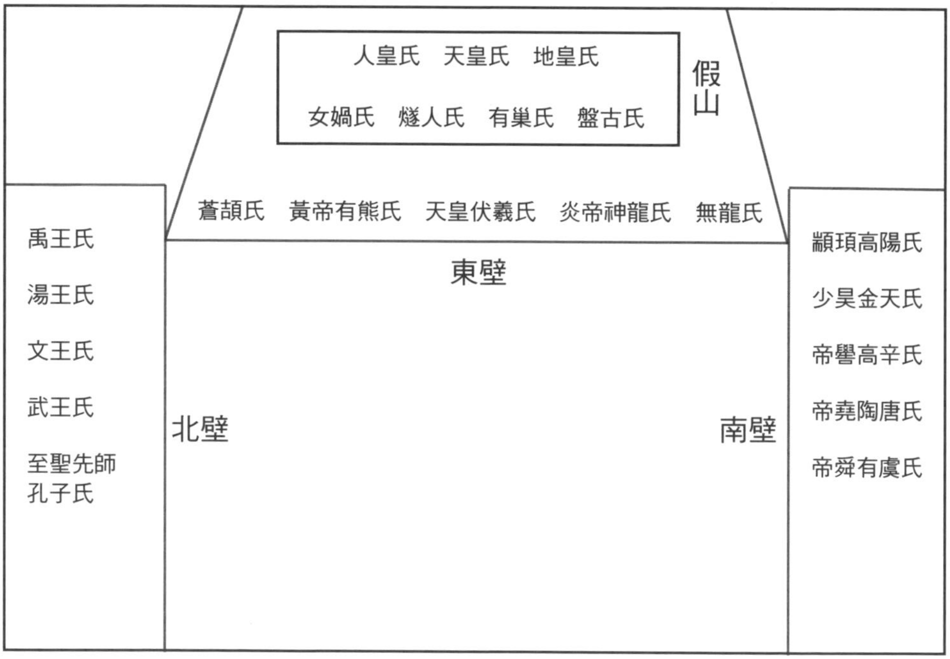

邏輯之中，我們就能夠清醒地認識到榆林窟的重要性。莫高窟的開鑿歷史是由前秦至元代的一千年，榆林窟的開鑿歷史是由唐代至清代的一千二百年，兩者共同組成了敦煌石窟的完整歷史。榆林窟不僅創造了西夏所代表的敦煌藝術第二個高峰，補足了晚期敦煌石窟的缺憾，同時也在萬馬齊瘖的清代，為敦煌藝術添加了道家和儒家的新內容。

筆者在榆林窟第43窟還發現了「大清道光十六年」（一八三六年）的題記，這是目前在敦煌石窟發現的最晚的一個開窟題記。所以第43窟也許就是敦煌石窟最後的一個洞窟，它與曇猷在三五三年於仙岩寺開鑿的第一個窟遙遙相望。

左宗棠的守護

一八六五年，就在乾隆平定新疆的一百一十年後，中亞浩罕汗國在英國支持下進入新疆，六年後俄國也佔領了伊犁。敦煌再次成為軍事前線，敦煌石窟的命運迎來新的挑戰。

在當時東南沿海已經岌岌可危的情況下，清廷面臨著腹背受敵的局面。因為軍費奇缺，李鴻章和左宗棠在朝廷展開了海疆和陸疆的爭論，如果清廷支持李鴻章的意見，敦煌將會再次被拋棄。在左宗棠的據理力爭下，清廷為守住西北的戰略大後方和縱深安全，決定出兵新疆。

5. 可參見邢耀龍《榆林窟第43窟：敦煌石窟僅存的儒家窟》，《敦煌晚期石窟的分期與斷代研究工作坊論文集》，二〇二一年六月。

慈禧太后從社會各界（如喬家大院的東家喬致庸）的手中借來了軍費，一八七六年，左宗棠領兵出嘉峪關，開啟了新疆之戰。

湖南人左宗棠帶領的湘兵來到西北，酷暑和大風導致大軍水土不服，左宗棠命令築路軍隊在道路兩旁栽種楊樹、柳樹和沙棗樹。這些樹木不僅美化環境，還防風固沙，算是中國最早的西北防護林工程。為了紀念左宗棠的功績，人們在稱呼這些樹時就在前面加上了「左公」兩個字。

大將籌邊尚未還，湖湘子弟滿天山。
新栽楊柳三千里，引得春風度玉關。

——楊昌浚《恭誦左公西行甘棠》

至今，瓜州縣鎖陽城鎮一帶仍然有參天的左公柳，在田埂上搖曳著身姿。

一八八〇年，為了收復新疆全境，左宗棠命令士兵抬著一口棺材，再次從嘉峪關出發。沙俄被左宗棠為收復伊犁血戰到底的決心所震懾，返還了伊犁的大部分領土，並簽訂了《中俄伊犁條約》。

凱旋的左宗棠站在嘉峪關的城樓上，望著這片他苦心經營的河山，親自寫下「天下第一雄關」匾額。

玉門關最早的遺址在石關峽，漢唐之際，作為國門的玉門關在國家邊境線的演變中不斷遷移，直到唐代以後，玉門關銷聲匿跡。一三七二年，馮勝修建嘉峪關時，關址就在石關峽，所以大明的嘉峪關就是玉門關生命的延續。

一八八一年，嘉峪關正式開埠通商，封閉了三百多年的國門再次被開啟，中國歷史進入了新的一頁。

令左宗棠萬萬沒有想到的是，他不僅改變了嘉峪關、新疆乃至整個中國的歷史命運，同時也改變了敦煌的歷史命運。那個把敦煌推入世界歷史之中的人，就是肅州（酒泉）巡防營剛剛征來的一個名叫王圓籙的小兵，在某個陽光明媚的下午，他與前來閱兵的左宗棠擦肩而過。

第十六章

王道士與藏經洞

王圓籙來了

一八四九年，全年都沒有什麼大事發生。但此時，幾乎已經被人遺忘的西北小鎮敦煌，卻迎來了即將在半個世紀後改變它命運的人。這一年，湖北麻城縣的一個貧民家裡生下一個男嬰。我們不知道他的父親最初究竟起了一個怎樣的名字，秉持著「賤名好養活」的生存法則，他的名字大概與筆者小時候使用的狗狗、狗蛋、狗娃等如出一轍。當然，後來全世界的學者們都不在乎他原本叫什麼，只知道他給自己起的名字叫做「王圓籙」。

小時候的王圓籙生活十分貧困，麻城的家鄉也是災禍不斷。

一八五一年—一八六四年，南方地區爆發了太平天國運動，湖北成為前線和主戰場，長期的戰亂造成了嚴重的災荒。頻繁的混戰、沉重的賦稅、嚴苛的徭役充斥著小王圓籙十五歲之前的人生，這讓本來就在生存線上掙扎的一家人，面臨更加窘迫的處境。

當晚年的王圓籙回首自己的童年時，幾乎只剩下了那刻骨銘心的饑餓感。這還不是最痛苦的，因為十五歲時的王圓籙遇上了瘟疫，這與當年十五歲時的朱元璋遇上的情況十分相似。朱元璋老家鳳陽與麻城相距三百多公里，從史料對比來看，這次麻城的疫情要比當年鳳陽的疫情還要嚴重，從一八六四年開始，在一八六九年、一八七〇年和一八七一年等年分都有大規模暴發，影響深遠。

王圓籙的家裡大概遭受了與朱元璋一樣的變故，親人們或許就在疫情中接連去世。不知道當時的王圓籙是否還有土地和草席來埋葬親人，只有空蕩蕩的胃裡，那個叫「饑餓」的鬼怪不停地向他發出貪婪的響聲。當家門口那棵曾掛滿桑葚的桑樹的樹皮被鄰居偷去煮湯時，王圓籙只好孤身逃出麻城，去北邊的河南找飯吃。河南雖然一直是北方的產糧大省，但同時也是人口大省，食不果腹的王圓籙冷靜地分析了河南的情況，決定前往陝甘地區碰碰運氣。

此時的陝甘總督就是左宗棠，他剛剛平定了在陝甘地區的捻軍和回亂。王圓籙好不容易餓著肚子翻越巍峨的秦嶺，才發現關中的情況比河南更糟。好在秦嶺的深山裡有很多隱居的道士，終南山自古也是名士雲集，在他們的慈悲之下，王圓籙暫時保住了性命。

中國有句老話叫「當兵吃糧，賣命拿餉」。在古代，很多貧民活不下去的時候往往選擇當兵，因為軍隊再不濟，也能管一口飯吃。前有貧民李自成在甘肅當兵逆襲的成功經驗，王圓籙也打算前往甘肅，加入左宗棠的大營。

王圓籙當然不可能認識大清的中興名臣左宗棠，但一直不怎麼走運的他恰好遇上朝廷決定出兵新疆，左宗棠在甘肅大量征兵。王圓籙積極應徵，來到了西征軍的大本營肅州（酒泉）。左宗棠在平定太平天國時的軍隊號稱「楚軍」，軍隊中的湖北人不在少數，王圓籙應該是托湖北老鄉的關係加入了左宗棠的肅州巡防營。

巡防營屬於地方駐防軍，所以王圓籙並沒有加入西征新疆的隊伍中。孤身一人的他沒有建功立業的願望，唯一的目標只是活下去。

沒有一個人天生不怕死，這是在那個風雲激蕩的時代，一個小人物做出的再正常不過的選擇。我們至今不知道是什麼機緣，也許只是單純地為了活得更好一點，王圓籙從巡防營辭職，受戒成了一名道士，道號「法真」。

這又是一個十分正常的選擇，因為明清時代地方的軍隊裡，常常有剋扣軍餉的情況，李自成就是受害者。王圓籙應該是分析過當時道教用戶市場的，河西地區一直以來就沒有濃厚的道教傳統，直到晚清，東部陝甘地區的移民入住敦煌，道教才成為當地民俗文化的主流。古代的移民一般都是貧民或難民，有香火錢的道士們往往生活富足，不可能跟隨貧民背井離鄉，遷移到荒涼的西北。因此，敦煌及周邊地區的道教信仰缺少大量的神職人員，當個道士可以不交稅、不勞作、有錢花且受人尊重，這是最好的職業選擇。

湖北人王圓籙在這方面條件充足，湖北不僅是中國古代巫術盛行的楚地，也有道教名山武當山，王圓籙在這種文化氛圍中首先是熟悉道教儀軌的。後來又因為在陝甘逃荒的經歷，他先後遊歷了終南山、龍門洞、崆峒山等道教名山，所以積累了豐富的道教知識。左宗棠平定新疆後，他也曾遊歷新疆，回到敦煌時，他鼓吹自己受到了天師的啟示，從此成為有名的道長。

一八九七年，徐志摩出生的時候，王圓籙到達莫高窟。

有很多遊客常常會問：王圓籙作為一個道士，為什麼會住在佛教聖地莫高窟呢？

其實，這是聰明的王道士從經濟學方面考慮的結果。雲遊的生活是十分清苦的，王道士最好的選擇就是擁有一座屬於自己的道觀，但當時的老百姓都極其貧困，實在沒有心思和餘錢為一個剛來敦煌的道士修建獨棟別墅四合院。另外，收香火錢最好的方式就是要有神像，莫高窟就是敦煌神像最多的地方，管他菩薩羅漢，能收香火錢的才是好神像。當時百姓最認可的是《西遊記》裡的神佛，王道士也是《西遊記》的死忠粉，比如王道士在莫高窟第16窟、第96窟等窟的門扇上，請人畫的都是《西遊記》的故事。莫高窟裡現成的塑像符合這些條件，所以這裡就成了王道士的棲身之所。

王道士本來就是半路出家，所以無所謂信仰，起初他覺得能夠混口飯吃就滿足了，但是能力越大責任越大，隨著香火錢越來越多，他也覺得自己作為一個道士不能一直指望著佛菩薩吃飯，於是在莫高窟修建了太清宮的道觀，並在莫高窟第94窟廢棄的佛壇上塑了一尊太上老君像。作為守護佛窟的異教徒，他展現出了崇高的包容心，只是這包容心來自宗教知識的平庸。

敦煌石窟中有一些晚清時期開鑿或重修的洞窟（多在榆林窟，莫高窟極少），一般不會被列入敦煌藝術的範疇之中。筆者曾就此問過一位十分熱愛敦煌藝術的朋友，他立刻帶著鄙夷的神情說：「那些清代壁畫也配叫藝術嗎？它們出現在敦煌這座世界上最好的藝術寶庫之中，簡直是恥辱，應該把它們全部砸掉！」

看到他情緒激動，我只好打住。但是，我總覺得這當中存在一種普遍的偏見。英國藝術史學家貢布里希曾說：「沒有什麼藝術，只有藝術家。」也就是說，世界上本來沒有藝術這件事，我們所說的藝術，只不過是藝術家們對具體的表達問題提出的解決方案而已。

每當聽到有人說「敦煌藝術是世界上最好的藝術」，我總是無法打消心中的懷疑，因為所有的「最好」後面都有專斷色彩。當我們談及敦煌是最好的，那麼景德鎮瓷器呢？青銅器呢？當我們開始用一等、二等或高貴、卑賤來形容藝術時，這種類似「社會達爾文主義」的分類認定，就可能會帶來藝術的災難。

那些清代的壁畫，是當時敦煌一個個具體的小人物最樸素的信仰需求和精神世界的展現。它們是由沒有經過美術訓練的小人物創作出來的，但我們不能因此就將它們剷除。那些沒有太多技法和套路的野生藝術，往往承載著一個小人物對當時世界最純粹的理解，是敦煌歷史最真實的面目。所以，我們不僅要看敦煌的大唐，看敦煌的盛大輝煌；也要看敦煌的晚清，看敦煌的孱弱與落寞。

敦煌最落寞的時刻，是由王道士開啟的。

一九〇〇年六月二十二日，王圓籙正在莫高窟的一層清理洞窟裡的積沙，在另外一個洞窟裡清沙的工人楊某突然跑來告訴他一件事。原來，楊某在休息的時候喜歡抽旱煙，點完煙之後，就將點煙的芨芨草塞進牆壁上的縫隙裡。今天，足足半公尺長的芨芨草往縫隙裡一插，卻不見頭，再一捅，整個芨芨草都竄進牆壁裡了。看來這牆壁裡面是空的，莫不是裡面封印了什麼水怪！他急忙趕來告訴王道士。

王圓籙好歹是個道士，他的主要業務之一就是給敦煌中了邪的人家捉鬼，雖然知道這是騙人的把戲，但捉鬼捉得多了，難免認為自己真的有法力。最不濟，莫高窟裡還有自己雇人塑的太上老君，老君爺的法力一定能震懾住厲鬼。準備好法器之後，王道士讓人鑿開了牆壁。

藏經洞就這樣被發現了！

藏經洞封閉的原因

藏經洞寫本與北京故宮內閣大庫檔案、河南安陽甲骨文、居延漢簡，並稱為二十世紀檔案史的四大發現。

據目前不完全統計，藏經洞出土了從十六國到北宋近六個世紀的各類文物五萬多件。其中包括佛經、絹畫、文書、律令、戶籍、方志、星圖、醫書等各種圖文資料，還有最早的雕版印刷品《金剛經》。這些資料所使用的文字除漢文外，還有藏文、梵文、于闐文、突厥文、回鶻文、吐蕃文、龜茲文、粟特文、希伯來文等多種文字。內容涉及中國古代的政治、經濟、軍事、歷史、哲學、宗教、民族、語言、文學、藝術、科學技術等諸多方面。

藏經洞出土的文獻內容豐富且精細，是小人物書寫的歷史，補足了傳統官修史書大人物歷史觀的缺憾。它幾乎就是一扇中世紀的傳送門，推進了中世紀中國和中亞的歷史學、考古學、語言學、文字學、民族學、宗教學、文學、藝術、書志學、歷史地理學和科技史等各個領域的研究。

藏經洞最初不是用來藏經書的，它的編號是第17窟，原是第16窟甬道上的耳室（正屋兩邊的小房），而第16窟被稱為吳僧統窟。這位吳僧統就是張議潮的老師高僧洪辯。

西元八六二年，這是張議潮前往長安的五年前，洪辯圓寂於敦煌，他的弟子悟真等人在第16窟甬道開鑿了一處小洞窟，當做洪辯的紀念堂。至今，我們依然可以在藏經洞內看到洪辯的塑像。人們注意到洪辯的塑像後背有一個孔，打開之後發現了這位高僧火化之後的舍利。

洪辯的紀念堂怎麼變成了藏經洞呢？藏經洞又是什麼原因而封閉的呢？

通過對藏經洞現存文物的整理，發現其中最早者是西元四〇五年（西涼建初元年）所寫的《十誦比丘戒本》，最晚者是西元一〇〇二年（宋咸平五年）《敦煌王曹宗壽編造帙子入報恩寺記》。

所以，藏經洞應該是在西元一〇〇二年之後的某一年封閉的。對於藏經洞封閉的原因，學術界有各種猜測，主要有以下幾種：

第一種是廢棄說。斯坦因是第一個來到莫高窟的外國人，他看到洞窟裡的經卷散亂地堆在一起，不少文書還是碎片或殘片，所以認為這些經卷遺書應該是當時的僧眾拋棄無用的廢品，但佛法佛典是佛教的聖物，不能隨意丟棄或燒毀，只好用這個石室封存起來。

第二種是避難說。第二個來到莫高窟的外國人伯希和認為，藏經洞的封閉時間剛好在西夏佔領敦煌之前，應該是莫高窟的僧人為了躲避戰亂，臨走前把經卷、佛像、雜書等藏入洞內封閉，並畫上壁畫來掩蓋。他們本來打算等到戰亂過後再回來，誰知這些僧人一去不返，也許是在戰亂中喪失了性命，所以這個祕密再也沒人知道。

中國歷史學家榮新江先生則認為，藏經洞的封閉與伊斯蘭教的東傳有關。一〇〇六年，信仰伊斯蘭教的黑韓王朝滅了于闐國，于闐國與歸義軍政權有姻親關係，曹議金的女兒就嫁給了于闐國王。於闐是著名的西域佛國，國滅後，大批于闐人來到敦煌的親戚家裡避難，同時也帶來了異教徒對佛教毀滅性打擊的噩耗。這比信奉佛教的西夏人想要佔領敦煌的消息更令佛教徒恐懼，為了保存敦煌佛法的種子，於是學習當年秦始皇焚書坑儒時的伏生，把文書全部放在石室裡封存。

第三種是石室藏經說。如果說寺廟是古代的大學，藏經閣就是寺廟必備的圖書館。古代寺院一般都有用來儲存經書的藏經閣或藏經樓，發展到後期，藏經樓和鐘鼓樓成為寺院建築的標配，兩樓往往對稱分布。日本敦煌學專家藤枝晃認為，藏經洞應該就是莫高窟的圖書館。

第四種是裝藏說。文正義先生認為，藏經洞的處理方式與佛教中的「裝藏」儀式十分相似。一尊佛像或一座佛塔完成之後，一般會在內部裝入一兩部佛經，表示佛像或佛塔承載了佛法。麥積山的東崖大佛和張掖大佛寺的室內臥佛都發現了裝藏的經書。在佛教徒看來，佛經的裝藏等同於安置佛的舍利，符合佛教裝藏或供養法物入藏的儀軌。

第五種是末法時代說。沙武田先生認為，當時的人認為末法時代即將來臨，人們害怕未來世界佛教遭受重創，無處尋求佛法，所以就在莫高窟的石室裡預先藏下佛經，為末法時代的到來做準備。

雖然前輩學者們提出了各種假說，但我們終究無法回到藏經洞封閉的那一刻，目前也沒有找到確鑿的證據，所以它封閉的真正原因還不得而知。但自從發現的那天起，它被劫掠、被偷盜、被破壞的歷史卻歷歷在目。

藏經洞文物的流散

一九〇七年，英籍匈牙利人斯坦因到達莫高窟，用十四塊馬蹄銀從王道士手中騙走了二十四箱經書、五箱繪畫和絲織品。現大多藏於大英博物館和大英圖書館以及印度。

一九〇八年，法國漢學家伯希來到敦煌。他精通漢語，直接進入藏經洞挑選文書，用極少的銀兩騙走六千五百卷寫本和大量畫卷。後來他將竊得的敦煌遺書在北京六國飯店公開展覽時，中國學者才知道了藏經洞的發現。

一九一〇年，敦煌知縣奉命移送莫高窟經卷到北京，此時大多數經卷已成為當地百姓「尋寶」的收穫，剩下的文書在長途運輸中又被大小官吏層層竊取。運到北京時，偌大的京城竟然騰不出存放這些國寶的房子，所以暫時放在押運官的家裡。押運官挑選精美的經卷據為己有，因為怕被人發現，就把長卷撕成碎片充數，現大多藏於中國國家圖書館、臺北故宮博物院等地。

一九一一年，由橘瑞超和吉川小一郎組成的日本大穀光瑞探險隊到達敦煌，「買」走了四百多卷文書和兩尊佛像。

一九一四年，斯坦因再臨莫高窟，又帶走五大箱經卷。俄國人奧登堡率團至莫高窟，剝走一些壁畫，拿走了幾十身彩塑，還帶走了莫高窟南北二區洞窟中清理發掘出來的各類文物，以及在當地收購的文物，裝滿了幾大車。現藏於俄羅斯的敦煌遺書共計一萬餘件。

一九二四年，美國人華爾納姍姍來遲。此時藏經洞中的國之重寶早已被瓜分得一乾二淨，他就用化學膠布粘取莫高窟第320、321、323、329、335等窟的唐代壁畫，還劫走了第328窟彩塑供養菩薩像一尊，現藏於哈佛大學的福格藝術博物館。今天我們走進這些洞窟的時候，壁畫被粘走的痕跡仍然觸目驚心。

至此，藏經洞的絕大部分文物都流失到了海外，中國史學家陳寅恪先生因此發出了「敦煌者，吾國學術之傷心史也」的感慨。

一九三四年，為了瞭解流失到國外的藏經洞文物，北京圖書館專門派王重民和向達分別到巴黎和倫敦抄錄藏經洞文獻。為了抓緊時間抄錄更多文獻，兩位先生甚至用儘量少喝水來節省上廁所的時間，中午僅靠麵包充饑。他們抄錄的資料成為國內敦煌學的起步基礎。

後來，各國紛紛依託各自佔有的藏經洞文書，掀起了敦煌研究的熱潮，從而形成了一門國際顯學「敦煌學」。

由於日本在敦煌學的研究上起步很早，後來為了侵華的目的，積極推動中國古文獻的研究，以至於學術界有了「敦煌在中國，敦煌學在日本」的傳言，中國學者絕不能忍受這樣的傳言，懷著對藏經洞文物命運的悲痛，毅然埋頭於敦煌學的研究之中。

之後，「敦煌研究院」和「中國敦煌吐魯番學會」成立，國內敦煌學人才紛紛湧現，成就了今天敦煌學的面貌。

世界上沒有一個岩洞能抵得上它的豐富，然而，藏經洞裡的文物卻並不在中國。這是中華民族心靈的傷疤，人人痛心疾首，矛頭直指王道士。

如何評價王道士

一九三一年，王道士死在莫高窟。從發現藏經洞以來，他從未離開過這裡。一百年來，如何評價王道士一直是爭論不休的話題。筆者想透過一個少年的成長過程，來看看他對王道士的評價。

「完全可以把憤怒的洪水向他傾瀉，但是，他太卑微，太渺小，太愚昧，最大的傾瀉也只是對牛彈琴，換得一個漠然的表情。」

教室裡，語文老師講著新學期的第一課《道士塔》。這是十四歲的少年第一次知道王道士的故事，他依稀記得上完那節課的感受，那是一種懵懂少年純粹且深刻的恨，恨那個時代，恨掠奪者的奸詐，更恨王道士的無知。斯坦因二十四大箱、伯希和近六千卷、華爾納十二幅壁畫，那些數字就像少年身上的肉，一點點被剝離的痛感，「賣國賊」是他對王道士的第一個評價。

少年漸漸長大，正是那種痛感讓他保持了對敦煌磅礴的熱愛。

二十三歲，少年成為敦煌研究院的一員。那對王道士的恨，使他立刻投身到研究藏經洞的議題中。在戈壁裡守窟三年，才發現，他曾痛恨的王道士只是一個被時代洪流裹挾的小人物而已。

就是那個小人物，來到莫高窟的第一件事，就是把攢來的香火錢用來重修破舊的寺院和洞窟。他還發明了水渠運沙的方法，直到曾任敦煌研究院院長的樊錦詩到來的時候，人們還在使用這個方法清理洞窟裡的積沙。

王道士在敦煌招徒納信，組織人員修建房屋、開墾荒地、種植樹木。莫高窟從他開始進入了有人看管的階段，不再淪為牧民的羊圈。他在莫高窟的生活設施建設，為常書鴻等第一批莫高窟守護者提供了基礎物質條件。

其實在剛發現藏經洞時，王道士曾步行五十里，第一時間向縣令彙報。縣令嫌棄他送來的不是金條，而是發黃了的廢紙，王道士只好失望而歸。他不甘心，雇了毛驢，頂著被土匪劫殺的危險，啃著乾饃走了八百里，到酒泉拜見肅州道台。這位道台認為經卷上的書法比不過自己的，所以不再理會。多次上書無果的情況下，他只好憑一己之力，守著莫高窟。

斯坦因第一次來到藏經洞時，看到的是王道士安置的木門，而鑰匙緊緊掛在王道士的褲腰帶上。時任英國駐印度教育大臣的斯坦因非常聰明，得知王道士的偶像是玄奘，就騙他說自己是印度來的當代玄奘，想要取回玄奘當年從印度帶到大唐的真經，來救度苦難的印度人民，並且願意資助王道士修整莫高窟。王道士看著雙手合十、滿臉虔誠的斯坦因，覺得這是件功德，所以才同意斯坦因拿走經書。然而，印度的苦難就是英國人造成的，這是多麼諷刺的一件事！但王道士不可能知道，他只知道這個英國人有甘肅官方開具的路引，一路受官兵的保護，他也沒有能力拒絕。

義大利史學家克羅齊說：「一切歷史都是當代史。」所以，當評價王道士的時候，我們首先要將他放置於他的歷史時代中，而不能用我們今天的眼光、道德、法律去要求古人。當我們瞭解了那個小人物的全部細節，就會知道，在歷史裡的王道士，做了那個時代的凡人所能做到的最大的努力。把任何一個當時的小人物放在他的處境裡，都不可能比他做得更好。這是少年看待王道士的第二個階段。

有人說，在那個動盪的時代，連故宮的文物都是靠軍隊護送才能確保周全，藏經洞文物的命運卻全部繫於王道士一個人，這是那個時代的悲哀。外國人帶走了藏經洞文書，也許正是它們能夠保存至今的真正原因（其實，因為紙張技術不同的問題，最初保護得並不是很好）。但是，我們要回到一個最根本的問題：無論是在當時還是現在，王道士將這些國家寶藏給了斯坦因等外國們，是做對了嗎？這種行為顯然是錯的，無論王道士在那個時代多麼辛苦和不容易，他做的事還是錯的。

雖然人往往不能做超越自己時代的事，但總還要有「對錯」的觀念，要有在做一件事時的敬畏和自省，以期待對未來產生積極的影響。絕大多數人無法穿越歷史的迷霧，但這種希望穿越的本心卻從不應該消失。我們在對任何人或事做評價的時候，應該要面向未來，因為我們今天看待事物的方式，往往會成為下一代看待事物的基礎。如果當孩子們閱讀到這一章時，得出了王道士在他那個時代做了對的事的結論，孩子們也會認為只要在自己的環境中做了對的事就行了。少年小時候的村子裡重男輕女、歧視女性，那麼，那些一輩子也不出村的人就應該重男輕女、歧視女性嗎？這沒道理。這是少年評價王道士的第三個階段。

至此，關於王道士的評價就可以畫上句號了嗎？隨著少年在敦煌學研究中的不斷深入，他發現自己始終無法對王道士蓋棺論定，這其中有兩個至關重要的原因：

一是，隨著學術研究的發展，那批由王道士打開的藏經洞寶藏在各個領域開始發揮新的價值，它們作為古代文化的一部分，在今天和未來的世界仍舊參與塑造著一代代人，只要這種塑造過程沒有停止，我們就無法對王道士的影響做最後評價。

二是，歷史是層累的，每一個時代會產生新的道德和認知，與此同時，每個時代的人都會對王道士產生新的討論，只要我們討論一次，關於王道士的「這個雪球」就會向前滾動一次，我們今天對王道士所有的討論也屬於王道士的一部分，王道士的歷史還遠未結束。

在歷史的長河中，我們每一個人都不可能擔任終極審判者的角色，我們只是雪球劃過歷史這面山坡時，黏連其上的一片小小的雪花。所以，少年對於王道士的第四個階段的評價也呼之欲出，那就是：不要輕易對歷史做出蓋棺論定的評價，歷史還遠未結束。

這個打開國家寶藏，一手將敦煌推到世界眼中的小人物，在送走一批批求經的外國人之後，仍舊守護著眼前的佛窟，日出而作，日入而息，直到生命的盡頭。身後的那些罵名即使響徹天地，他也聽不見了。

唯有經書和山川日月，知道那些日子裡，道士的所思所想，所作所為。

一九〇〇年，在王道士發現藏經洞的兩個月後，八國聯軍攻佔了北京城，敦煌和中國的歷史一同進入了最激蕩的時刻。此後的半個世紀，中國發生了千年未有的巨變，一個新的國家即將在苦難中誕生。

在王道士仙逝六年之後，紅軍戰士來到了敦煌石窟暫避風雨，而迎接他們的也是一位守窟的道士。

郭元亨來到榆林窟

榆林窟是隱於戈壁深處的一顆明珠，在南山的懷抱裡安然酣睡。清晨，道長樓裡傳來一聲綿長的咳嗽聲，榆林峽谷曲折而又粗糲的崖壁，能讓老道長聽到自己的三次回音。那個瘦弱的、黑色的背影，已經在榆林河畔守了半個世紀，他就是榆林窟的郭老道。

一八九六年，是王道士來到莫高窟的前一年，張掖市高台縣南華鄉一座破敗的村莊裡，有一個男嬰出生。他本名叫郭永科，七歲時父親就去世了，為了活下去，他只好去地主家當短工。

一九二六年，剛剛成立的國民革命軍開始北伐，馮玉祥為了回應北伐，在西北大量徵兵。所謂徵兵，其實就是抓壯丁。古代有俗語說「關西出將」，西北地方自古以來名將輩出。但在民國時期，有太多鐵骨錚錚的西北漢子還沒有摸過槍，就在戰場上糊裡糊塗地喪生了。筆者的曾祖父也曾被西北軍抓過壯丁，聽說本來要參加「中原大戰」，後來不知什麼原因被遣散，終於逃過一劫。郭永科也從軍閥的搜捕中逃了出來，從此不敢回鄉，只好一路向西。

幸好年輕的郭永科有一膀子力氣，他一邊逃難，一邊打短工，一直逃到了踏實堡（今甘肅省瓜州縣鎖陽城鎮）。榆林窟位於踏實堡的四十里處，此時的石窟由一位名叫馬榮貴的道長看護，郭永科覺得當道士總比當短工強一點，為了更好的生活，他打算拜馬榮貴為師。

當時道長收徒弟一般只收兒徒，就是自小跟著道長，培養如父子一樣的感情，長大後給自己養老送終。馬榮貴見此時的郭永科已經三十歲了，不願意再收他，郭永科卻十分堅持，常常在農閒時前來侍奉馬道長。前後三年，郭永科都不改初心，馬道長被他的堅持所感動，正式收他為徒，並賜道號「元亨」。

對比郭元亨與王圓籙的命運，同樣是貧民的身分、家破人亡的遭遇、逃難的經歷、當道士的選擇和守護敦煌石窟，可以發現他們在四十歲之前是何其相似。甚至，兩人或許也相遇過，因為莫高窟和榆林窟之間歷來連繫十分緊密，作為敦煌地區最有威望的道長，王道士是當地的道教首領，也可以說是郭道長的頂頭上司。然而，兩個人後來的命運和在歷史上的評價卻截然不同。

就在郭元亨成為道士的一年後，王道士仙逝，郭元亨是否跟著師父馬榮貴前往敦煌弔唁，我們不得而知。此後的日子，郭元亨師徒幾人住在榆林窟旁邊平坦的蘑菇台子，種著幾十畝薄田，安穩度日。

守護象牙佛

然而，馬榮貴的內心其實從未安穩過，因為他懷揣著一個巨大的祕密。這個祕密關乎榆林窟前後幾代道長守護在這裡的意義，已經年邁的他十分擔心自己一旦遇害，幾代守窟人的心血將化為泡影。是時候選擇一個新的繼承人了。馬榮貴看中了郭元亨，於是就在榆林窟道長樓的密室裡給這個親傳弟子講起了象牙佛的故事……

乾隆年間，額敏和卓返回新疆後，瓜州遷移進了各族人民，有位名叫吳根楝的喇嘛雲遊到了榆林窟。他見雪山之下、戈壁之中的榆林窟是修行的聖地，所以打算留在這裡守護這座神聖的佛窟。此時的榆林窟已經廢棄了三百餘年，窟前的房屋衰破不堪。吳根棟四處化緣，終於籌得資金，雇來勞力清理洞窟裡的積沙。就在清理出榆林窟第5窟唐代涅槃大佛的同時，在佛頭位置發現了用黃綾層層包裹著的稀世珍寶象牙佛（圖14）。

傳說，這件國寶是玄奘經過瓜州時，為感謝石槃陀等人幫助他取經的恩情，而留在瓜州的。也許就是為了安置這件國寶和紀念玄奘取經的功勞，初唐的瓜州人在榆林河畔開鑿了榆林窟。在明代嘉峪關封閉之後，供奉在榆林窟裡的象牙佛也銷聲匿跡了。

直到吳根棟發現它之後，象牙佛才再次成為榆林窟的鎮窟之寶。榆林窟發現象牙佛的消息成為整個河西地區宗教界的大事，百姓認為這是佛陀顯靈，榆林窟從此香火旺盛。

一八〇七年，吳根棟在榆林窟圓寂。榆林窟第4窟前的土塔，就是他的舍利塔，他的舍利後來存放在榆林窟第4窟和第5窟之間沒有編號的洞窟內。在圓寂之前，他將象牙佛傳到了楊元道長的手中。

一八七三年，被左宗棠從陝西趕走的當地武裝頭目白彥虎率眾進犯瓜州。他們在經過河西走廊的時候聽說了國寶象牙佛，就綁架了楊元道長，嚴刑逼問象牙佛的下落。楊元道長誓死不從，就被殘忍地殺害於榆林窟西崖的木樓中，成為因保護象牙佛而犧牲的第一人。

楊元道長的弟子李教寬為了完成師父交給他的使命，懷揣著象牙佛，連夜離開了榆林窟，所有人都不知道他的去向。就在土匪們漫山遍野地尋找他時，左宗棠在嘉峪關內設肅州大營，王道士作為肅州士兵中的一員，或許參與過這次剿匪行動。雖然瓜州的土匪被迅速平定，但象牙佛和李教寬都不見了蹤跡。

第三代榆林窟的主持道長嚴教榮是李教寬的師弟，為了尋找象牙佛，他一直苦苦打探著李教寬道長的去向，終於從一個金塔縣來的老香客那裡知道了李教寬後來的故事。

李教寬出走後，為了躲避土匪，一路化緣來到左宗棠主政的肅州。肅州兵營裡的王圓籙就在此後不久出家當了道士，不知是否師承於李教寬。李教寬隱居在肅州南山，成為當地有名的隱士，死裡逃生的他又在肅州染上了惡疾。李教寬覺得自己命不久矣，為了保護師父捨命守護的象牙佛，就將它託付給朋友盛居士。盛居士的同鄉梁貢聽聞此事，認為佛寶應該供奉於佛寺，所以力勸盛居士將象牙佛供養在金塔縣的塔院寺。

一九〇四年，當嚴教榮知道這件事的來龍去脈後，與同鄉張榮、王祖英、溫國民等二十四人組成迎國寶的工作組，走訪瓜州各村各戶進行募捐。百姓紛紛慷慨解囊，捐財捐物，前後歷時三個月，花費了二百一十八兩白銀後，終於將象牙佛迎回了榆林窟。

我們今天之所以能夠知道這件事，是因為在榆林窟標誌性建築四合院裡，保存有一塊迎回象牙佛之後書寫的匾額，完整記錄了這件事情的經過。

花費大半生找回來的象牙佛，嚴教榮十分擔心它再一次被人盯上，八十多歲的他已經沒有精力保護它了，於是就把這個任務託付給了徒弟馬榮貴。

之後，搶奪象牙佛的慘劇又在戈壁裡上演。

嚴教榮收留的金客（瓜州金礦存量豐富，古代常有偷偷進山採礦的人，稱「金客」）貪圖象牙佛，拿刀逼問他象牙佛的所在，嚴教榮守口如瓶，金客一怒之下殺死了嚴教榮，搶走他身上的銀兩之後逃之夭夭。嚴教榮成為守護象牙佛犧牲的第二人。

守護象牙佛的重擔落到了弟子馬榮貴的肩上。清末的亂世之中，整個國家都面臨著被蠶食的命運，慈禧連皇家的園林都無法保住，在匪徒橫行的南山地區，榆林窟的道長們孤立無援。馬道長深知「匹夫無罪，懷璧其罪」的道理，只要這件國寶還在榆林窟的峽谷裡，招來的不僅僅是朝聖的信徒，更多的是竊寶的大盜。於是，馬榮貴大張旗鼓地向安西直隸州府報了案，謊稱象牙佛已經被金客搶走。師父下葬的時候，他的悲痛之情令當地百姓動容。

收了弟子郭元亨之後，馬榮貴覺得自己終於可以把肩頭沉重的擔子交給他了，就在榆林河畔詳述了象牙佛的前世今生。馬榮貴把象牙佛交給了郭元亨保管，並囑託他：「不到太平盛世，不可讓象牙佛現世。」

每一任榆林窟的道長將象牙佛傳給自己的弟子時都於心不忍，因為死神的鐮刀也會懸在最疼愛的弟子的頭頂。

污濁惡世之中，象牙佛就像是催命符。

覬覦國寶的土匪們依然賊心不死，他們在馬榮貴前往昌馬的路上截住他，逼他交出象牙佛。任憑馬榮貴百般解釋，土匪根本不為所動，馬榮貴深知在劫難逃，趁土匪不注意，飛身躍下懸崖，成為守護象牙佛犧牲的第三人。

郭元亨聞知此事後悲痛欲絕，但他來不及傷感，趕緊在山裡找到了一處高懸的老鷹窩，將象牙佛藏了起來。

馬榮貴跳下山崖的時候，唯一的一個念頭在腦袋裡閃過：郭元亨能守住象牙佛嗎？

死裡逃生

郭道長後來找到了師父的屍骨，將他安葬之後，繼續回來守護榆林窟。與此同時，中原大地上掀起了一場驚天動地的革命。

共產黨領導的工農紅軍已在神州大地上燃起熊熊烈火，在第五次反「圍剿」失敗後，紅軍被迫走上長征的道路。歷經艱難險阻，走了兩萬五千里的征程後，一九三六年十月，紅一、二、四方面軍於甘肅會寧勝利會師。三大主力會師後，中國共產黨中央委員會、中央革命軍事委員會按預定作戰計畫，命令紅四方面軍一部分先行西渡黃河，配合紅一方面軍共同發起寧夏戰役。然而，國民黨軍胡宗南部隊提前打通了增援寧夏的道路，隔斷了黃河兩岸紅軍的聯繫，寧夏戰役被迫中止。

為策應黃河以東紅軍的行動，紅四方面軍位於黃河西岸的兩萬餘人按照中央部署組成紅軍西路軍，由陳昌浩、徐向前率領，於一九三六年十一月翻越烏鞘嶺，挺進河西走廊。一九三七年三月，在與國民黨軍閥馬步芳、馬步青的部隊艱苦作戰四個多月後，歷經了古浪、永昌、臨澤、高臺、倪家營子、康隆寺等大大小小七十多場敵眾我寡、力量懸殊的戰役後，紅軍西路軍損失慘重。

為了躲避馬家軍的圍剿，紅軍西路軍左支隊穿著單衣，腳踩著草鞋，鑽進了白雪皚皚的祁連山。經過四十三天的艱苦跋涉，終於走出雪山，此時部隊人數由西進時的兩萬人變成了八百多人。他們在石包城的牧民諾爾布藏木的引領下，沿著榆林河，來到了郭元亨修道的蘑菇台。

一九三七年四月二十二日，郭道長晨起鍛煉，望見河灘上有人爬上來，一個個面黃肌瘦，眼睛因長期缺鹽而泛著綠光。郭道長以為這是從原始森林裡跑出來的「野人」，嚇得他急忙關上了院門。從門縫裡偷偷觀察的時候，院門外的一幕讓他驚呆了。他看到一群瘦弱的年輕娃娃，整齊地排列在荒灘上，像一排榆林窟前的胡楊；他看到灰色的軍服被西北風撕裂成一條條的碎布，風中的戰士卻安靜得像磐石。

郭道長被亂兵散勇折磨怕了，儘管這支部隊看起來與眾不同，但他卻不敢有任何造次，他戰戰兢兢地請敲門的戰士進屋，奉茶作揖，謙卑至極。連長見狀連忙扶起郭道長，向他說明他們的來歷。郭道長這才知道這支隊伍的名字叫「紅軍」，它的紅，就像正在凜冽的西風裡飄揚的那面紅旗，散發著磅礴的生機。

飽受軍閥、兵痞、土匪淩辱欺負的郭道長，第一次見到這樣秋毫不犯的士兵，看到這樣的隊伍，他覺得師父所說的太平盛世即將到來，象牙佛出世也有望了。其實，郭道長與紅軍的緣分頗深，如果他在故鄉抓壯丁的時候沒有逃走，或許會被馮玉祥編入回應北伐的隊伍中，也將會和後來的紅軍將領們提前相遇。

老道長握著程世才將軍的手激動不已，連忙吩咐徒弟搬出道觀裡的存糧，幾乎是傾其所有。他支援了左支隊小麥二石四鬥（折合九百六十斤）、黃米六鬥（折合二百五十斤）、麵粉二百餘斤、胡麻油三十斤、硝鹽四口袋以及羊二十隻。他看到紅軍連馱這些物資的牲口都沒有，不忍紅軍將士背著沉重的口糧穿越前方的戰火，就將平時耕地的兩頭牛和自己平時騎的一匹馬獻給了紅軍西路軍。

紅軍西路軍將士被郭道長的熱情深深觸動，程世才將軍請參謀將郭道長所贈之物一一記錄下來，寫成一張欠條，並署了自己的姓名。同時他告訴郭道長，不管未來局勢怎樣，也不管這一路自己能否存活下來，只要紅軍西路軍有一人逃出生天，只要革命火種不滅，未來就一定會有革命隊伍再次來到這裡，到時只要出示這張欠條，人民的軍隊一定會幫助他。

在郭道長道觀的磨坊裡，紅軍西路軍召開了西征以來的最後一場會議，計畫攻下安西縣城（今甘肅省瓜州縣）之後，逐步撤到新疆境內。但因為情報有誤，再加上馬家軍擁有河西走廊優良的軍馬，他們迅速馳援，導致紅軍西路軍攻打安西縣城的戰役付出了慘痛代價。紅軍西路軍只好又跑進山裡，從王家屯突圍，經過白墩子（玄奘取經時的驛站）和紅柳園的血戰，最後到達入疆門戶星星峽時，只剩下四百多人。這是紅軍西路軍的最後一戰。

新疆不再是馬家軍的地盤，他們回軍之後，沿河西走廊一路搜捕流散在鄉間的紅軍西路軍戰士。當他們聽說郭道長曾援助過紅軍西路軍時，便發兵包圍了蘑菇台。程軍長萬萬沒有想到的是，寫給郭道長的借條反而差點害死他。

馬步康的兵痞們搜出了借條，將借條撕成碎屑後，開始嚴刑拷打郭道長。而且，這群人在安西縣城就聽聞榆林窟藏有絕世瑰寶象牙佛。他們先是當著郭道長的面殘忍殺害了他的弟子，見郭道長仍然不吐露象牙佛的所在，就扒光他的衣服，把他捆綁在紅軍乘涼過的榆樹上，馬鞭一次次在乾瘦的肉身上濺出血花。一次次昏死過去，一遍遍又用涼水澆醒。他們本來想用鹽水泡過的馬鞭抽打，可卻找不見一塊鹽巴，正是那些獻給紅軍的鹽救了老道長的性命。

在非人的拷打之下，郭道長也沒有交代象牙佛的事。兵痞們覺得一個平凡老百姓肯定受不了這個苦，看來這裡真的沒有象牙佛。眼看著這個老道士奄奄一息，兵痞們就把他扔在了河灘上。他們將蘑菇台僅剩的一點糧食和錢財搜刮一空後，又在榆林窟損毀若干精美的壁畫，然後揚長而去。

也是郭道長命不該絕，鄉民王登貴經過蘑菇台的時候來找道長討口水喝，見到了滿身血污的郭道長。他發覺郭道長鼻息尚存，就趕緊駕車飛奔回踏實鄉接來了郭道長的好友梁克仁大夫。此時郭道長的身上已經爬滿了啃食爛肉的蛆蟲，梁大夫用土法為郭道長做了清除和包紮之後，剩下的只能聽天由命。也許是守護象牙佛的責任還沒有完成，郭道長在強大的生命意志下終於活了下來。然而，活過來的郭道長的後背肌肉大部分僵死、生殖器也脫落了，左胳膊萎縮殘廢，身上更是不見一處完整的肌膚。

劫後餘生，郭道長並沒有因擔心自己的性命而離開榆林窟，而是依舊進入了守窟的日常，耕田除草，誦經悟道。也許因為見過了紅軍西路軍，郭道長對自己幫助過的這支軍隊懷有堅定的信心，他一直在茫茫戈壁的無人區裡等待著程將軍和共產黨軍隊的再次到來。

重見天日

一九四一年，是郭道長傷癒的一年後，荒涼的戈壁裡，終於有個人來陪他說說話。這個人就是張大千。

自五四運動之後，中國的仁人志士發起了對中國文化和藝術的重新思考。在藝術領域，正值現代主義美術思潮在歐洲風起雲湧，印象派、野獸派、立體主義畫派橫空出世，給西方傳統繪畫帶來巨大衝擊。以徐悲鴻為代表的絕大多數藝術家批判晚清以來的殘山剩水，主張向西方學習。就在畫家們從西方全盤引進現代主義美術的同時，張大千決定到敦煌去。

張大千也來到了榆林窟，當他見識到榆林窟中唐第25窟和西夏第2窟等洞窟的壁畫之後，驚為神來之筆。張大千在醉心於精妙壁畫藝術的同時，也不忘從郭道長處打聽象牙佛的消息。

張大千提出願用兩千塊大洋買下象牙佛，郭道長深知象牙佛是榆林窟歷代守窟道人用生命守護的至寶，絕不僅僅是自己的收藏，他連死都不懼，白銀當然打動不了他的心。他婉言謝絕了張大千的提議，並一再表示自己從未見過象牙佛，張大千只好作罷。不久，國民黨創黨元老、時任國民黨監察院院長的于右任在張大千的陪同下來榆林窟視察，他以國家的名義向郭道長打聽象牙佛的蹤跡，郭道長仍然用回答張大千的話回覆了他。

自紅軍走後，郭道長等了十年，河西走廊依舊是軍閥當道、土匪橫行。更令他焦慮的是經歷酷刑之後的身體一天不如一天了，他的弟子已經被土匪殺害，所以急需物色一個新的弟子來繼續守護象牙佛的祕密。但因為人人都知道郭道長的慘痛經歷，周邊的鄉民都不願意讓自己的孩子因為當郭道長的弟子而招來殺身之禍。郭道長只好獨自一個人守著榆林窟。他本以為自己只能帶著象牙佛的祕密入土，而他期待的紅軍將士終歸沒讓他失望。一九四九年九月二十八日，人民解放軍接管了安西縣城，開始組建新的安西縣政府。郭道長聽說安西縣城裡現在是共產黨的軍隊，人民解放軍不久就迅速解放了全中國，他感到師父說的太平盛世就要到來了，象牙佛也到了現身的時刻了。

一九五〇年三月的一天，是郭道長飽經滄桑的心最激動的時刻。他從榆林河裡打來清水，好好洗了一個熱水澡。當他撫過溝壑縱橫、血痂無數的後背時，不禁放聲大哭。自從師父被人殺害之後，他孤身一人在榆林峽谷裡堅守了近二十年，這一刻，他終於可以放下重擔了。他的哭聲久久地在榆林峽谷裡迴蕩，好似龍吟，又似萬佛峽（榆林窟也稱萬佛峽）裡的佛陀投來的悲憫。洗完澡之後，他穿上珍藏多年的新衣，拄杖徒步到踏實鄉政府，報告了自己埋藏象牙佛的事。政府派了兩名工作人員，跟隨郭道長取回深埋地下的象牙佛。

三月的榆林窟依然寒風刺骨，郭道長帶著兩人終於來到了祕藏國寶的鷹窩旁。郭道長顫顫巍巍地刨開鷹窩裡的砂石，從裡面取出一個鏽跡斑斑的鐵盒，他小心翼翼地揭起鋪滿盒子的黃綢一角，一尊精美絕倫的象牙佛在晨光中泛著聖潔的光澤。

象牙佛出世之後，由於安西縣沒有專門的博物館，所以當地短暫保存之後，在一九五四年轉交給了甘肅省文物管理委員會。一九五六年，象牙佛收藏於甘肅省博物館，一九五八年又被移交到今天的國家博物館（原中國歷史博物館）。直至今日，象牙佛作為國家禁止出境文物，一直保存在國家博物館的文物庫房裡。

上交完象牙佛之後，郭道長的故事還沒有結束。

他因救助紅軍西路軍及守護國寶象牙佛而被推選為安西縣人民委員會委員、甘肅省人民代表大會代表、政協甘肅省委員會委員。他還俗後成為敦煌文物研究所（敦煌研究院前身）的文物保管員，繼續守護著全國第一批重點文物保護單位——榆林窟。

一九七六年，八十歲的郭道長守護榆林窟的時間剛好整整五十年，七月十八日，他在榆林窟溘然長逝。筆者的前輩同事們遵照他的遺囑，把他的遺體葬在救命恩人梁克仁大夫的墓旁。他的墓就在今天鎖陽城遺址的東側，他的精神魂魄仍舊守護著瓜州城。

最後，我們可以對比一下守護敦煌石窟的兩位道士。

王道士守護莫高窟，他在莫高窟的一系列開創性的活動，不僅使莫高窟進入了有人看管的歷史，也使莫高窟有了基本的生存條件，為後來的國立敦煌藝術研究所奠定了物質基礎。但是，他發現藏經洞之後，各國探險家紛紛來到敦煌，造成中國文物的巨大損失。自此，王道士的功過之爭在歷史上紛紛揚揚，難有定論。

郭道長守護榆林窟，他雖然與當地道教領袖王道士有同樣的生活經歷，但在後來的人生軌跡上卻大相徑庭。同樣是守護石窟和國寶，他用一生堅守自己的責任，即使多次面對瀕臨死亡的絕境，依然不向匪寇低頭，用生命守住了象牙佛。他對紅軍西路軍慷慨解囊，冒著被馬家軍殘殺的風險援助了困境中的紅軍戰士。郭道長用他的一生，為國家文物、敦煌石窟和革命事業做出了巨大貢獻，但他的故事卻鮮有人知，就如同他守護的榆林窟一樣，安然地隱於戈壁深處。

榆林窟做為我國的文化瑰寶，至今仍然保存如此完整，與一代代的守窟人有莫大的關係。從喇嘛吳根棟到達榆林窟開始，棄置在戈壁中數百年的榆林窟，開始了有人看護的歷史。直到一九七六年郭道長仙逝，榆林窟歷經一位喇嘛和五位道長的守護，整整一百七十年。這在那個動盪的年代裡，是文物保護界的奇蹟。其中，三位道長為護國寶而犧牲，郭道長也遭受酷刑，這種守護精神成了敦煌石窟珍貴的精神財富。

一九四三年，張大千再臨榆林窟，他每次來幾乎都拜託郭道長為他準備飯菜。這次做飯時，有一個名叫常書鴻的中年人給他當助理，後來兩人從做菜的夥伴變成了守護石窟的戰友。郭道長仙逝之後，常書鴻不僅派人接管了榆林窟，也繼承了一百七十年的守護精神，發展到了今天，成就了敦煌研究院的「莫高精神」。

第十八章

守窟人的日常

敦煌守護神常書鴻

一九二七年，當郭元亨來到榆林窟的時候，常書鴻去了法國。民國時期的中國藝術界掀起了用西方美術改造中國傳統美術的思潮，以徐悲鴻為代表的藝術家們開始積極向西方現代藝術學習，紛紛出國留學。

杭州因為靠近上海，西學的風氣也最早影響到這裡，西子湖畔出生的常書鴻打算也去徐悲鴻所在的法國。他終於考上了里昂中法大學，後來，又轉到巴黎高等美術學校繼續深造。在法國留學的十年間，他的繪畫技藝突飛猛進，並取得了卓越的成就，許多油畫作品獲金獎或被國家博物館收藏。在法國的常書鴻備受藝術界的賞識和尊重，他完全可以像一位法國紳士一樣，在風景如畫的塞納河畔搖晃著紅酒杯，香榭麗舍大道上傳來鳶尾花的香氣，巴黎生活優雅得像一幅油畫。

一九三五年秋，一天，常書鴻悠閒地在塞納河畔逛街，在一個舊書攤上，他偶然看到伯希和編輯的《敦煌圖錄》的畫冊。看到祖國的書籍讓他倍感親切，隨便翻開之後，伯希和拍攝的四百幅關於敦煌壁畫和塑像的照片讓他十分震驚。第一次，他知道了祖國還有這樣一座藝術寶庫，從此種下了一個念頭：到敦煌去！

他從伯希和那裡得知藏經洞文物流失的情況之後，十分擔憂敦煌石窟的命運，所以加緊了回國的準備。一九三六年秋天，他終於回到北平任教。常書鴻還沒來得及安定下來，盧溝橋事變就在第二年爆發了。自此，他跟著西南聯大的師生開始了大半個中國的奔波。在躲避戰亂的時候，他一直掛念著敦煌，夢想早日前往莫高窟。

一九四三年，就在斯坦因去世的這一年，常書鴻終於來到了他夢寐已久的敦煌。此時，在于右任的提議下，國民政府決定成立敦煌藝術研究所。于右任本打算讓張大千出任所長，張大千以閒雲野鶴慣了，拒絕了留在敦煌的想法，並推薦常書鴻擔任第一任所長。為了讓常書鴻能夠在貧苦的敦煌生存下去，張大千在臨走之前交給常書鴻一幅莫高窟的蘑菇地圖，沒有糧食了可以找這些蘑菇充饑。莫高窟之所以有這些救命的耕地和蘑菇，則全賴王道士在莫高窟四十年的苦苦經營。

曾經住在塞納河畔的常書鴻一家，來到了莫高窟的宕泉河畔，他們的生活發生了巨變。常書鴻一家四口住在莫高窟破敗的上寺（今敦煌研究院院史陳列館），桌、椅、床都是用土磚堆成的；飲用水取自宕泉河，鹼性很大，讓他們拉了好幾回肚子之後才適應過來。冬天是最慘的，敦煌最冷可以到攝氏零下二十幾度，只能把宕泉河的冰面砸碎了取水。房子裡也不可能有暖氣，煤炭緊缺的時候，只好把燒熱的磚放在被窩裡取暖。冬天更不可能有什麼菜，儲存的野菜吃完了，就在鹼水煮出來的麵條裡滴幾滴醋來掩蓋鹹澀的味道。

更令人恐懼的是充盈天地的孤寂，莫高窟被戈壁和荒漠包圍，沒有交通工具的他們，走一天路才能到敦煌城。在莫高窟的生活恰似一場沒有期限的疫情隔離或荒野生存。好在還有壁畫，常書鴻樂此不疲。但在巴黎生活過的妻子陳芝秀實在無法承受這種艱苦和寂寥，在莫高窟生活一年多之後棄家出走。常書鴻發現後，趕緊向玉門方向追去，他在途中精疲力竭後昏死在戈壁中，幸虧被玉門油礦工人發現才救回一命。

被送回莫高窟之後，他還沒有從家庭破裂的痛苦中走出來，緊接著又收到國民政府撤銷藝術研究所的命令。一切的努力轉眼化為泡影。此時，他完全可以遵命返回重慶，成為國民政府的要員，但一想到失去保護的敦煌將會重遭破壞的厄運，他決心留下來。

與此同時，他的接班人正在蘭州等他。

守窟人的賡續

一九四四年，張大千從敦煌回到家鄉之後，在四川舉辦了敦煌壁畫臨摹品展覽。正在成都國立藝專學習的段文傑看到這些作品之後激動異常，由此萌生了去敦煌臨摹的想法。第二年，剛剛畢業的段文傑本打算去綿陽老家看一下自己的妻子和兩歲的兒子。但對遙遠敦煌的熱情一下子覆蓋了鄉愁，他計畫到敦煌畫一年就回來。

汽車一路上翻越難於上青天的蜀道，還遭遇了一次翻車，段文傑差點喪生。就在他到達蘭州的時候，還沒來得及歡慶抗日戰爭的勝利，就聽到了一個令人沮喪的消息：國立敦煌藝術研究所被撤銷了。段文傑不能相信這是真的，在蘭州等待的時候，他見到了行色匆匆的常書鴻。常書鴻決定去重慶找教育部斡旋，申請保留研究所，讓段文傑在蘭州等他的好消息。等了一天又一天，與段文傑結伴而來的三個同學已經不抱任何希望，離開了蘭州另尋出路。段文傑無依無靠，只好做文書維持生計。一年後，他終於等到了從重慶回來的常書鴻。

常書鴻的努力終究沒有白費，不僅敦煌藝術研究所可以繼續辦下去，而且莫高窟也多了一個段文傑。段院長後來回憶自己初到莫高窟時的情景：放下行李，做的第一件事就是奔向洞窟，激動得「像一頭餓牛闖進了菜園子」。

在洞窟裡，段文傑總會忘記自己究竟看了多長的時間，以至於常常錯過了午飯，就算身體已經發出了饑餓的信號，他還以為那是自己想看更多的壁畫而發出的貪婪響聲。面對近五百個精美洞窟，他欣喜若狂，壁畫原作可比張大千的臨摹品更加撼人心魄。但是，他也看到因為自然的風化脫落和人為的煙薰火燎、手劃刀刻，這些稱絕一時的壁畫滿身傷痕。

幾乎每個敦煌人都是這樣，來到敦煌之後，本來計畫看看就走，可一旦進入洞窟裡，腳底下就生了根，逐漸長成莫高窟前對抗風沙的樹。受兩位先生的影響，從一九四七年開始，來到莫高窟的年輕人越來越多。

一九五六年，為響應國家建設大西北的號召，正讀高二的李雲鶴從山東出發，原本打算前往新疆，途經敦煌時到莫高窟探望舅舅。沒想到常書鴻先生看中了這個高個子的年輕後生，讓他留在莫高窟工作。轉正後，常書鴻讓李雲鶴從事壁畫彩塑的保護工作，從此他成為新中國第一位壁畫醫生。

一切都是從零開始，有人笑話他是泥瓦匠，他就先從敦煌壁畫的泥土入手，一點點摸索，一做就是六十多年。他研製出了大量的修復工具和修復技術，很多獲得國家專利，並成為行業標準。如今，年逾九十歲的李雲鶴仍然在修復壁畫的第一線。作為同事，我們幾乎每天都可以在棧道上相遇，老先生爬十幾公尺高的臺階從來不讓我扶。閒暇之餘，我倆就在榆樹下曬太陽，陽光灑在臉上，溫暖和煦。

一九六一年，施萍婷從蘭州藝術學院調到莫高窟工作。她原是解放軍戰士，後來又作為志願軍的一員參加了抗美援朝戰爭。戰爭結束後，一九五六年進入蘭州大學歷史系學習。進入敦煌文物研究所之後，她先後從事文獻研究和考古工作。軍人出身的她延續了部隊的作風，在學術上極其嚴格，大大推進了國內敦煌學研究的進展。

在杭州時，每逢施老師生日，筆者和馮培紅先生都在西子湖畔陪她度過。敦煌在西北，她在東南，對敦煌的思念成為她晚年生活的全部內容。一聽我是從敦煌來的，就激動地握著我的手說：「你是千佛洞來的嗎？我當年去的時候跟你一樣年輕哦！」年事已高的她已經記不得很多事了，但莫高窟的事樁樁件件都記得。她總說：「少年我是解放軍戰士，青年我是抗美援朝戰士，中年我是文物戰士。」

一九六三年，北京大學歷史系考古學專業畢業的樊錦詩再次來到莫高窟。就在一年前，經學校安排，她和另外三名同學到敦煌文物研究所實習。那次實習的經歷讓年輕的樊錦詩對敦煌產生了濃厚的興趣，畢業分配工作時，她選擇再到敦煌去。

然而，此時的樊錦詩已經與考古學家彭金章相愛，彭先生被分配到了武漢大學，兩人必須做好異地戀的準備。她曾笑著跟我們說：「這是我和老彭的一次戰鬥，最後還是老彭敗下陣來。」

一九八六年，彭先生放棄了他在武漢大學的事業，調到敦煌研究院工作，兩人分居十九年後終於再次團聚。

在莫高窟，年輕同事們從來不叫她「樊院長」，而是親切地稱呼她「樊奶奶」。即使退休了，她依舊心繫敦煌，幾乎每年大年三十都會到敦煌，與大家一起吃一頓餃子，照一張全家福。

這些後輩來到莫高窟之後，常書鴻不再孤單了。他就像一位大家長，守護莫高窟的同時，也守護著每一個來到這裡的年輕人。他深知這些年輕人才是敦煌的希望，因為守護敦煌不能僅靠他一個人，他需要和榆林窟的歷代道長們一樣找到接班人。常書鴻以他的艱苦卓絕的創業精神感召了一代又一代的新敦煌人，使敦煌石窟保護、研究、弘揚的隊伍不斷擴大，成為守護敦煌的中堅力量，因此，常先生被稱為「敦煌的守護神」。

自常書鴻先生之後，敦煌研究院又經過了段文傑、樊錦詩、王旭東等為代表的幾代守護人。直至今日，敦煌研究院已成長為國內石窟保護的最大群體，而關於守護石窟的故事仍在繼續。

所有的日子終將歸於日常，最後，我們以今天敦煌一個小人物的日常結束本書。

守窟人的一天

「喔……喔……喔……」

東崖下的雞鳴，擾亂了守窟人舒緩的鼾聲。他昨夜夢中手持三尺重劍，正要去阻攔莫高窟第285窟的五百強盜，但就是這一聲雞鳴，驚碎了身後雄壯的冰河鐵馬，只化作一口寒氣，將榆林窟攝氏零下二十三度的清晨又吹冷了一分。

他從薄薄的三合床板上起身，再從高架床的二層跳下來的時候，發現這個支撐過三位守窟人的鐵傢伙越發老態龍鍾，四根床腿在宿舍裡打著戰，像極了忘記從山下帶秋褲的自己。他揭開鏽成咖啡色的煤炭爐子，昨夜丟進去的小半桶煤，早已燃盡。沒有了取暖設施的小屋，像一台品質不錯的冰箱。「今天又沒有留下火星，算了，不點了吧。」反正白天也不回宿舍，他索性就不點這個爐子了。

在冬天的榆林窟，洗漱是一件很刺激的事。水是昨天提好的，只見水面上已經泛出薄薄的冰絲，他用一隻紅色的瓢舀上水，倒進老張夫妻結婚時用過的那只紅色的鴛鴦盆裡。窗外漏進來的光散布在水面上，冰絲把它們反射得波光粼粼，好似微縮的西湖美景，那兩隻長著翠綠色翅膀的鴛鴦也似乎游動了起來，像極了老張的愛情。清晨睡眼惺忪，他看到這樣的情景有些恍惚，一把水掬到臉上，幻象和睏意立時全無，一下子就進入了工作狀態。

洗漱已畢，把洗臉水往房前的樹根下一潑，榆林窟的一天正式開始。第一件事，是把辦公室的那個長相稍微好看些的煤炭爐子給點著（宿舍裡的爐子只是自己看，辦公室裡的爐子鐵銹少一些，要招待遠方來客）。這樣那些下了山的同事回來的時候，一進辦公室就有洋洋的暖意。辦公室裡的桌子、板凳擦一遍，犄角旮旯掃一遍，再把半山腰的大鐵門打開，就可以迎接八方遊客了。

第一波來到榆林窟的，往往是昨夜下山與家人團聚的同事，他們給他帶來了在城裡代買的速食麵，還有一摞新蒸出來的大餅。他在鋼盆裡泡好麵，再從煤炭爐子裡摸出一顆剛剛烤熟的馬鈴薯，掰碎了浸在麵湯裡。一口下肚，仿佛把熾熱的火炭灌進肚子裡，輕易地就能抵禦住榆林峽谷底傳來的寒。

早飯吃罷，正拿起那本翻破了的《中國建築史》，第一個遊客已經叩響了接待部的玻璃窗。先把人讓進來，在火爐旁驅一驅寒。閒聊時得知是來自上海的遠客，在城市叢林中終於擠出一點時間，就獨自來西北走一遭。待身子熱起來，再喝過一杯熱水，他就帶著遊客上了東崖。

洞窟上的鐵門正在褪去昨夜的薄霜，洞窟裡並沒有傳說中的冬暖夏涼，只是稍高溫度中帶著山洞裡特有的寒。然而，這麼孤零零的兩個人全然忘卻了這裡的寒意，牆壁上絢麗的丹青散發出大唐的光，一個講，一個聽，忘記了時間的流逝。最後一個洞窟講完，告別這位遊客後，他的靈魂似乎又從壁畫上抽離，安靜地坐到書桌前，繼續啃食剩下的章節。

下午的時間往往過得很快，冬日的榆林窟就是這樣，一整天也沒有多少人來。陽光均勻地灑在東崖上，像是一隻肥貓，慵懶而溫和。他在辦公桌前一看就是一個下午，直到峽谷全部暗起來。傍晚，從食堂的趙師傅那裡領到四個包子，和著一碗蛋湯嚥下，就去監控室值班。

那時候（二〇一七年），榆林窟的人員緊缺得厲害，每一個時段只有一個人值班。河岸邊的值班小屋，跟筆直的榆林峽比起來，真像一個柴窩。尤其是在夜晚十一點十七分的時候，榆林河的水聲被岩壁烘托得越來越大，仿佛是那一隻噩夢裡的猛獸，將要一口吞下這個瘦弱的小屋。他提了一根橡膠棍出來，就像壁畫裡的石槃陀，要跟狂狷的榆林河搏鬥似的，顯得英勇而悲壯。其實，他只是打算在河對岸再巡視一次，從而完成今天的值班任務。

接班的同事在午夜十二點之前趕來，他可以回到宿舍休息了。

在宿舍裡，好不容易把火爐子再次點著，煤炭的熱氣還沒有散發出來的時候，他開始寫下生活的詩——

他的生活

他的生活，像一棵成熟的花椒樹
密密麻麻

淩晨寫詩、跑步
乘通勤車去單位、領鑰匙、與玄奘對視

中午在河邊的食堂裡吃了十分鐘的飯
奔回接待處

下午把高處洞窟前的棧道爬了四遍，那是東崖
半月板呼喊時，烈日正濃

傍晚回城，揪住木製樓梯，爬到五樓的住處
做熟一碗漿水麵

深夜裡寫書、洗腳、瑜伽
再不濟時，就把音樂聲調大

哎！他多麼笨啊！
連這點生活也沒辦法填滿
燈熄了
就想你了

明天又是守窟的一天，他一邊想著，一邊緩緩進入夢鄉。後來，那聲雞鳴再也沒有按時響起，因為那隻雞已經成年，成為守窟人抵禦寒氣的一道美食。後來，榆林窟有了標準化食堂，守窟人不用再養雞、種菜、喝河水，在新宿舍的暖氣裡，十分容易孕育出睏意。

當然，沒有雞鳴，他也能按時起床，按季生長。

附錄一：敦煌大歷史年表

時間	敦煌事件	中國事件	世界事件
舜時代	三苗人來到了三危山	大禹開始治水	米諾斯文明剛剛開始
公元前 967 年	周穆王對河西地區的犬戎發起征伐		這一年前後，所羅門王在耶路撒冷修建了猶太教神殿
公元前 771 年	犬戎入侵中原，攻破西周的國都鎬京，春秋時代開始		公元前 776 年，希臘召開了第一次奧林匹克運動會，古希臘文明進入了興盛時期
公元前 205 年 -202 年	冒頓進攻月氏，佔領敦煌	楚漢爭霸，劉邦最終獲得勝利	第二次布匿戰爭（前 218 年-前 202 年）結束，羅馬稱霸西地中海地區
公元前 121 年	霍去病獲得河西之戰的勝利，敦煌第一次納入到中原王朝的版圖		羅馬格拉古兄弟改革（前 133 年-前 121 年）宣告失敗
公元前 111 年	敦煌建郡	漢武帝平定南越和東越地區	羅馬元老院向北非朱古達國王宣戰，史稱「朱古達戰爭」（前 111 年-前 105 年）
公元前 100 年	解憂公主前往烏孫和親，從敦煌出關	蘇武和常惠出使匈奴	蓋烏斯·馬略多次當選羅馬執政官，開始了馬略改革（前 107 年-前 86 年）
5 年	《四時月令五十條》寫在了懸泉置的牆壁上	王莽稱帝，西漢歷史即將結束	奧古斯都（前 63 年-14 年）在羅馬帝國的統治到達頂峰，元首制由他確立
102 年	班超進入玉門關	四年後，漢和帝逝世，東漢從此衰落	公元 1 世紀後半期，由月氏後裔建立的貴霜帝國開始強大起來
192 年	草聖張芝逝世	董卓被殺，東漢末年的諸侯爭霸開始	公元 2 世紀末期，康居、大宛、花剌子模紛紛脫離貴霜，貴霜帝國開始衰落

303 年	索靖在鎮壓八王之亂中逝世	八王之亂後，中原北方進入十六國時期	貴霜帝國已分裂為若干小國；羅馬皇帝戴克里先（284 年-305 年在位）開啓「四帝共治」
353 年	敦煌第一個洞窟（仙岩寺）開鑿	王羲之舉辦蘭亭雅集	君士坦提烏斯二世短暫統一羅馬帝國
366 年	樂僔開創莫高窟	前秦苻堅開始了統一北方的計劃	此時笈多王朝統一了北印度
400 年	李暠在敦煌建立西涼國；法顯路過敦煌，受到李暠的資助	398 年，鮮卑族慕容德正式稱帝，建立南燕	395 年羅馬帝國分裂；在超日王（380 年-415 年在位）的統治下，笈多王朝達到鼎盛
439 年	北魏太武帝滅北涼	北魏統一北方，涼州僧人曇曜前往平城	汪達爾王國在北非地區建立，開始從海上襲擊西羅馬帝國
525 年	北魏宗室元榮出任瓜州刺史	元榮在敦煌任職期間，北魏分裂為東魏和西魏	嚈噠人佔領了印度大部分領土，笈多王朝即將滅亡
565 年-576 年	於義擔任瓜州刺史	北周武帝發動滅佛，並統一北方	薩珊王朝和拜占庭帝國戰爭頻發
609 年	隋煬帝西征	玄奘第一次進入寺院	拜占廷帝國的希臘化即將開始
627 年	玄奘來到瓜州	這一年是唐太宗貞觀元年，貞觀之治開始	拜占庭帝國希拉克略重創波斯軍 隊，薩珊王朝衰落；穆罕默德守住了麥地那，阿拉伯帝國開始形成
645 年	玄奘回國，榆林窟在此後開鑿	唐太宗第一次出征高句麗	阿拉伯帝國打敗了拜佔庭帝國和薩珊帝國，並佔領埃及
733 年	張守珪打敗吐蕃，保住了瓜州	張守珪遇上安祿山	732 年，哈里發的軍隊被法蘭克王國擊敗，阿拉伯帝國的大規模征服運動落下帷幕
786 年	吐蕃佔領敦煌	韓滉運米，解京師糧荒	拜占庭帝國發生聖像破壞運動

848 年	張議潮起義	唐武宗和朗達瑪贊普滅佛運動結束，吐蕃王朝分裂	聖像破壞運動被制止；阿拉伯帝國開始分裂成多個王朝
910 年	張承奉在敦煌建立西漢金山國	三年前，唐朝滅亡	911 年，加洛林王朝在東法蘭克王國的統治終止
1036 年	党項人佔領敦煌	兩年後，李元昊建立西夏	1035 年，克努特大帝去世，北海帝國開始解體
1227 年	蒙古人佔領敦煌	成吉思汗逝世	1228 年，十字軍開始第六次「東征」
1524 年	嘉峪關封閉，敦煌被明朝拋棄	朝廷停止海上貿易	1522 年，麥哲倫船隊完成環球航行
1836 年	敦煌石窟最後一個紀年洞窟——榆林窟第 43 窟開鑿	1840 年，鴉片戰爭爆發	法國巴黎凱旋門建成；英國憲章運動開始
1900 年	王道士發現藏經洞	袁世凱鎮壓山東義和團	八國聯軍侵華戰爭爆發
1931 年	王道士於莫高窟逝世	918 事變爆發，拉開了日本侵華戰爭的序幕	世界正在經歷經濟大蕭條
1937 年	郭元亨救助紅軍西路軍	七七事變爆發，全面抗日戰爭開始	德、義、日三國結成法西斯聯盟
1941 年	張大千來到敦煌	我國進入抗日戰爭中期	日軍偷襲珍珠港
1943 年	常書鴻來到敦煌	抗日戰爭進入後期	史達林格勒戰役結束，是第二次世界大戰的轉折點

附錄二：敦煌瓜州歷史古蹟一覽

名稱	始建年代	位置
西千佛洞	北朝	敦煌市西南 35 公里
漢長城	漢代	敦煌市西北 80 公里
陽關	漢代	敦煌市西南 70 公里
玉門關	漢代	敦煌市西北 80 公里
大方盤城	漢代	敦煌市西北 60 公里
敦煌古城	漢代	敦煌城西
白馬塔	北朝	敦煌市古城南部
莫高窟	前秦	敦煌市城東南 25 公里
西晉墓	西晉	敦煌市城東 6 公里
懸泉置	漢代	敦煌市東 64 公里
六工古城	漢代	瓜州縣西 22 公里
破城子	漢代	瓜州縣城東南 35 公里
踏實大墓	漢代	瓜州縣城東南 40 公里
鎖陽城	漢代	瓜州縣城東南 70 公里
榆林窟	唐代	瓜州縣城南 70 公里
東千佛洞	唐代	瓜州縣城東南 86 公里

國家圖書館出版品預行編目資料

敦煌大歷史 / 邢耀龍著 . -- 初版 . -- 臺北市 : 商周出版 ; 英屬蓋曼群島商家庭傳媒股份有限公司城邦分公司發行 , 2023.10
面 ;　公分 .

ISBN 978-626-318-895-2 (平裝)

1.CST: 敦煌學 2.CST: 文化史

797.9　　112016870

線上讀者回函卡

敦煌大歷史

作　　者 / 邢耀龍
圖片提供 / 邢耀龍（p3-p15）、MOOK出版（p16-27）
企劃選書 / 彭子宸
責任編輯 / 彭子宸

版　　權 / 吳亭儀、林易萱、江欣瑜
行銷業務 / 周佑潔、賴玉嵐、賴正祐
總 編 輯 / 黃靖卉
總 經 理 / 彭之琬
第一事業群總經理 / 黃淑貞
發 行 人 / 何飛鵬
法律顧問 / 元禾法律事務所 王子文律師
出　　版 / 商周出版
台北市104民生東路二段141號9樓
電話：(02) 25007008　傳眞：(02)25007759
E-mail：bwp.service@cite.com.tw
發　　行 / 英屬蓋曼群島商家庭傳媒股份有限公司 城邦分公司
台北市中山區民生東路二段141號2樓
書虫客服服務專線：02-25007718；25007719
服務時間：週一至週五上午09:30-12:00；下午13:30-17:00
24小時傳眞專線：02-25001990；25001991
劃撥帳號：19863813；戶名：書虫股份有限公司
讀者服務信箱：service@readingclub.com.tw
城邦讀書花園：www.cite.com.tw
香港發行所 / 城邦（香港）出版集團有限公司
香港灣仔駱克道193號東超商業中心1樓；E-mail：hkcite@biznetvigator.com
電話：(852) 25086231　傳眞：(852) 25789337
馬新發行所 / 城邦（馬新）出版集團 Cite (M) Sdn. Bhd.
41, Jalan Radin Anum, Bandar Baru Sri Petaling, 57000 Kuala Lumpur, Malaysia.
Tel: (603) 90563833 Fax: (603) 90576622 Email: service@cite.my

封面設計 / 李東記
內頁排版 / 芯澤有限公司
印　　刷 / 韋懋印刷事業有限公司
總 經 銷 / 聯合發行股份有限公司
地址：新北市231新店區寶橋路235巷6弄6號2樓
電話：(02)2917-8022 傳眞：(02)2911-0053

■2023年10月24日初版一刷

ISBN 978-626-318-895-2
Printed in Taiwan　　eISBN9786263188945 (EPUB)
定價480元

原著作名：《敦煌大历史》
作者：邢耀龍